信阳师范大学商学院学术文库

国家自然科学基金项目"双碳"战略下数字经济发展对碳减排的影响：
理论机制与实证研究（72203197）

中原文化青年拔尖人才计划和河南省高校社会科学创新人才支持计划
（2021-CX-054）

中国城市韧性的时空格局演变及驱动因素研究

黄 杰 ◎ 著

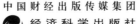

中国财经出版传媒集团

经济科学出版社

Economic Science Press

·北 京·

图书在版编目（CIP）数据

中国城市韧性的时空格局演变及驱动因素研究／黄
杰著．—北京：经济科学出版社，2024.3
　ISBN 978－7－5218－5339－1

　Ⅰ.①中…　Ⅱ.①黄…　Ⅲ.①城市发展-研究-中国
Ⅳ.①F299.2

　中国国家版本馆 CIP 数据核字（2023）第 208181 号

责任编辑：顾瑞兰
责任校对：李　建
责任印制：邱　天

中国城市韧性的时空格局演变及驱动因素研究
黄　杰　著
经济科学出版社出版、发行　新华书店经销
社址：北京市海淀区阜成路甲 28 号　邮编：100142
总编部电话：010－88191217　发行部电话：010－88191522
网址：www. esp. com. cn
电子邮箱：esp@ esp. com. cn
天猫网店：经济科学出版社旗舰店
网址：http://jjkxcbs. tmall. com
固安华明印业有限公司印装
710×1000　16 开　15.75 印张　210000 字
2024 年 3 月第 1 版　2024 年 3 月第 1 次印刷
ISBN 978－7－5218－5339－1　定价：69.00 元
（图书出现印装问题，本社负责调换。电话：010－88191545）
（版权所有　侵权必究　打击盗版　举报热线：010－88191661
QQ：2242791300　营销中心电话：010－88191537
电子邮箱：dbts@ esp. com. cn）

总　序

　　商学院作为我校 2016 年成立的院系，已经表现出了良好的发展潜力和势头，令人欣慰、令人振奋。办学定位准确，发展思路清晰，尤其在教学科研和学科建设上成效显著，此次在郑云院长的倡导下，拟特别资助出版的《信阳师范学院商学院学术文库》，值得庆贺，值得期待！

　　商学院始于我校 1993 年的经济管理学科建设。从最初的经济系到 2001 年的经济管理学院、2012 年的经济与工商管理学院，发展为 2016 年组建的商学院，筚路蓝缕、栉风沐雨，凝结着教职员工的心血与汗水，昭示着商学院瑰丽的明天和灿烂的未来。商学院目前拥有河南省教育厅人文社科重点研究基地——大别山区经济社会发展研究中心、理论经济学一级学科硕士学位授权点、工商管理一级学科硕士学位授权点、理论经济学河南省重点学科、应用经济学河南省重点学科、理论经济学校级博士点培育学科、经济学河南省特色专业、会计学河南省专业综合改革试点等众多科研平台与教学质量工程，教学质量过硬，科研实力厚实，学科特色鲜明，培养出了一批适应社会发展需要的优秀人才。

　　美国是世界近现代商科高等教育的发祥地，宾夕法尼亚大学沃顿于 1881 年创建的商学院是世界上第一所商学院，我国复旦公学创立后在 1917 年开设了商科。改革开放后，我国大学的商学院雨后春笋般成立，取得了可喜的研究成果，但与国外相比，还存在明显不足。

我校商学院无论是与国外大学相比还是与国内大学相比，都是"小学生"，还处于起步发展阶段。《信阳师范学院商学院学术文库》是起点，是开始，前方有更长的路需要我们一起走过，未来有更多的目标需要我们一道实现。希望商学院因势而谋、应势而动、顺势而为，进一步牢固树立"学术兴院、科研强院"的奋斗目标，走内涵式发展之路，形成一系列有影响力的研究成果，在省内高校起带头示范作用；进一步推出学术精品、打造学术团队、凝练学术方向、培育学术特色、发挥学术优势，尤其是培养一批仍处于"成长期"的中青年学术骨干，持续提升学院发展后劲并更好地服务地方社会，为我校实现高质量、内涵式、跨越式发展，建设更加开放、充满活力、勇于创新的高水平师范大学的宏伟蓝图贡献力量！

"吾心信其可行，则移山填海之难，终有成功之日；吾心信其不可行，则反掌折枝之易，亦无收效之期也。"习近平总书记指出，创新之道，唯在得人。得人之要，必广其途以储之。我们希望商学院加快形成有利于人才成长的培养机制、有利于人尽其才的使用机制、有利于竞相成长各展其能的激励机制、有利于各类人才脱颖而出的竞争机制，培植好人才成长的沃土，让人才根系更加发达，一茬接一茬苗壮成长。《信阳师范学院商学院学术文库》是一个美好的开始，更多的人才加入其中，必将根深叶茂、硕果累累！

让我们共同期待！

前　言

《中共中央关于制定国民经济和社会发展第十四个五年规划和二〇三五年远景目标的建议》中明确提出，"建设海绵城市、韧性城市，提高城市治理水平，加强特大城市治理中的风险防控"。党的二十大报告再次强调，"坚持人民城市人民建、人民城市为人民，提高城市规划、建设、治理水平，加快转变超大特大城市发展方式，实施城市更新行动，加强城市基础设施建设，打造宜居、韧性、智慧城市"。立足于新发展理念，建设韧性城市已成为新时期提高城市治理水平、促进城市高质量发展的重要战略举措。在党和政府的高度重视下，中国城市韧性水平日渐提升。然而，立足于百年变局与世纪疫情，当前中国发展的内外部环境复杂多变，决定了不同城市面临的不确定性扰动和未知风险空前多样，且各城市在资源禀赋、区位条件、产业结构、基础设施、公共服务等方面的区域差异性与空间异质性特征尤为明显，从而导致各城市的韧性水平差异显著。需要特别指出的是，城市韧性的空间差异势必会进一步对城市系统、城市可持续性发展以及区域协调发展提出严峻挑战，亟待予以高度重视。据此，构建科学合理的评价指标体系，精确定量测度中国城市韧性水平，探究中国城市韧性的空间差异及驱动因素，有助于为"十四五"时期中国城市韧性的提质增效及韧性城市建设的统筹推进提供强有力支撑。

本书全面梳理了国内外关于城市韧性研究的相关文献，发现在主要测度方法、核心研究内容等方面，中国城市韧性研究都有待进一步完善和深入。第一，本书使用 2005～2018 年我国 282 个地级市的面板数据，将中国经济板块划分成东中西三大地区以及纵向南北两大地区，从经济、社会、生态、基础设施四个维度出发，构建了中国城市韧性水平指标评价体系，利用熵值法测度了中国城市韧性的综合水平。第二，本书运用二阶段 Theil 指数测算了中国城市韧性的总体空间差异，并依照东中西和南北方的空间尺度进行分解，进而揭示其差异大小及来源。第三，利用 Kernel 密度估计、Markov 链等方法对全国和各地区城市韧性的时空动态演进趋势进行了深入探究，同时运用多种收敛性方法对中国城市韧性的收敛性进行系统探究。第四，从经济增长、市场规模、技术创新、对外开放、财政规模、金融效率六个方面出发，运用地理探测器模型识别各因素对中国城市韧性空间差异产生的驱动强度，继而考察中国城市韧性时空演进特征的深层次原因。同时，本书进一步利用空间杜宾模型实证检验了上述六个因素对城市韧性的影响。第五，本书采用 ARIMA - GM 组合模型，设置四种未来发展情景，模拟预测 2025～2035 年中国城市韧性及其分维度的动态发展趋势，旨在从宏观视角探究其协调发展水平的总体趋势。第六，根据实证结果而提出中国城市韧性的优化路径与提升建议。

研究结论如下：第一，在空间分布格局上。中国城市韧性呈现"点—面"扩散的不平衡分布态势，韧性水平较高的城市主要集聚分布在珠三角、长三角城市群周围；城市韧性空间分布上的"东强西弱，南强北弱"格局与城市韧性增速上的中快东慢、南快北慢格局并存。第二，在空间差异上。中国城市韧性发展的总体差异在样本期内整体呈上升趋势；从横向东中西三大地区看，东部地区是城市韧性发展水平最高的地区，但其高韧性城市并未有效推动东部地区城市韧性的整体发展，其城市韧性发展的内部差异最大。从纵向南北两大地区看，南方地区内部差异显著大于北方地区。第三，从差异的空间来源看。我国各区域城市韧性水平存在较大差异，但无论是从横向东中西三大区域还是纵向南北方两大地区来看，省内差异一直是总体差异的主要来源。从结构来源看，在全国整体层面，经济韧性的贡献最大，其次是生态韧性和基础设施韧性，社会韧性的贡献最小；在区域层面，东部地区、西部地区和南北双方的城市韧性差异的主要结构来源均为经济韧性，中部地区城市韧性差异的主要结构来源为社会韧性。第四，在动态演进趋势上。中国城市韧性发展水平整体保持长期稳定发展态势，当城市韧性水平达到一定高度之后，高水平地区与低水平地区存在一定的极化现象。城市韧性动态演进过程中存在显著的空间效应，城市韧性水平较高的城市对相邻城市有一定的拉动作用，城市韧性水平较低的城市对相邻城市有一定的抑制作用。中国城市韧性存在一定程度的"马太效应"，处于低水平、高水平的城市发生转移的可能性较小，总体上具有维持原状态的稳定性，城市韧性发展易出现自我强化，呈现"高者更高，低者愈低"的极化特性。第五，在收敛性分析方面。在全国层面，中国城市韧性不存在 σ 收敛；在地区层面，除西部地区外，其他地区均不存在 σ 收敛。从纵向看，南方地区和北方地区均不存在 σ 收敛。绝对 β 收敛和条件 β 收敛的检验结果显示，中国城市韧性总体以及各地区均存在绝对 β 收敛和条件 β 收敛。经济增长、市场规模、技术创新、外贸水平、财政规模、金融效率等因素能够在一定程度上加快城市韧性的收敛。第六，在驱动因素方面。从中国城市韧性外源因素来看，每万人专利授权数对中国城市韧性空间差异的驱动强度最大，外贸依存度、固定资产投资额和人均社消零售总额的驱动强度依此减弱，但任何两个因素的交互驱动强度均大于单一因素。空间杜宾模型结果显示，市场规模、技术创新和财政规模对中国城市的提升具有显著的正向推动作用。第七，从中国城市韧性的预测分析。本书设置四种未来发展情景，模拟预测2025~2035年中国城市韧性及其分维度的发展趋势。多情景预测结果表明，中国城市韧性总体及四个分维度指数均处于上升趋势。第八，在总结上述研究结论的基础上，提出推动中国城市韧性跨区域协同提升的实现路径。

目　录

第一章　绪　论

———— 第一节　研究背景及意义 ————

一、研究背景

(一) 现实背景：城市自然灾害频发

自 1978 年改革开放以来，中国的城市化建设已取得显著进展，这一过程在 2018 年的数据中得到明确体现。根据 2018 年的数据，中国城市化率已达 60.6%，较 1978 年的 17.9% 提高了超过 40 个百分点，年均增长率达到 3.1%。这表明，中国正处于城市化建设的高速增长阶段，此阶段城市化率通常处于30%～70%，城市化进程呈现出迅猛的发展态势。然而，随着中国城市化水平快速提升，也伴随着一系列外部冲击和挑战，威胁着中国城市化的可持续发展。这些挑战包括交通拥堵、环境污染、极端天气事件、传染性疾病等问题，涉及城市规模控制、区域协调发展、产业协同配套等多方面内容，不仅影响城市生活质量，并且加剧中国城市发展的脆弱性。最新的 EM - DAT 国际灾害数据库数据显示，自 1978 年以来，我国已经历 1861 次灾害事件，其中洪水、风暴等自然灾害占比最高，达到39%，这些自然灾害对城市和城市化进程构成了严重威胁。随着城市系统的复杂性不断增加，城市内各部分之间的依赖性也在不断加强。因此，上述自然灾害往往具有系统性特征，一旦发生，就可能引发一系列次生灾害与衍生风险，对中国经济和人员安全造成巨大损失。因此，尽管中国城市化建设取得巨大成就，但也需要更加注重城市以及经济增长韧性的提升，以便更好地应对外部冲击和确保城市的可持续发展。

2008 年被视为中国自然灾害影响最严重的一年，给国民经济社会带来了沉重负担，直接经济损失甚至占当年国内生产总值的 3.68%。该年，中国遭受了一系列严重的自然灾害事件，给各地区发展带来了极大挑战。首先，2008 年 1 月，南方地区遭受历史上最严重的冰雪灾害，涉及 21 个省、市、自治区，对当地造成了严重影响，这场灾害直接导致经济损失高达 1516.5 亿元，给南方地区的经济和基础设施造成严重破坏。同年 5 月 12 日，四川汶川地区发生了里氏 8 级大地震，造成巨大的人员伤亡和财产损失，直接经济损失高达 8523.1 亿元，这是一场极具破坏性的自然灾害事件。近年来，中国还频繁受到台风和强对流天气的影响，其中 2019 年 8 月，超强台风"利奇马"正面登陆浙江温岭，给该地区带来巨大的灾害。这场台风导致 1402.4 万人受灾，直接经济损失高达 537.2 亿元，进一步凸显出自然灾害对我国的威胁和挑战。

除极端天气和自然灾害外，大规模的公共卫生危机事件也一直考验各城市的风险抵御能力。2002 年，非典型性肺炎（SARS）疫情席卷多个国家和地区，给全球经济带来高达 299 亿美元的经济损失。2009 年，美国暴发甲型流感病毒（H1N1）感染，影响了全美 20% 的人口，对公共卫生和社会运行造成了巨大冲击。然而，自 2020 年初以来，新冠（COVID-19）疫情的大规模暴发更是严重影响了全球范围内的生产生活，对各个国家和城市产生了巨大的影响，并深刻改变了全球经济发展轨迹。并且，新冠疫情对经济社会的影响仍在衍化之中，带来一系列其他风险与次生危机，深度、广度和方向都具有很大不确定性。以 2020 年为例，中国国内生产总值与全国固定资产投资

（不含农户）分别仅同比增长 2.3% 与 2.9%，社会消费品零售总额同比下降 3.92%；为支持疫情防控和经济社会发展，全年财政赤字率拟按 3.6% 以上安排，赤字规模比上年增加 1 万亿元，同时发行 1 万亿元抗疫特别国债①。这一系列事件不仅对政府管理部门、专家学者和社会民众提出了巨大挑战，也让我们更加深刻地认识到国家、社会和城市在抵御风险、适应风险以及风险后期快速恢复能力的重要性，更加昭示出必须不断提升城市风险管理和危机响应体系的紧迫性，以确保城市的可持续发展和人民的生活安全。面对不断涌现的新风险和新挑战，城市的韧性建设和危机管理变得愈加迫切，进一步凸显出保护城市和社会稳定的重要性。

（二）理论背景：韧性概念逐步从生态韧性扩展到城市韧性

"韧性"这一术语源自"恢复到原始状态"的概念。生态学家霍林（Holling，1973）首次在生态学领域中引入了韧性的概念。此后，随着韧性概念在不同领域的广泛应用，各学科开始吸收并塑造了韧性思想，包括生态学、灾害学、城市规划学、地理学、管理学、经济学等领域。然而，不同学科对于城市韧性的定义存在差异。从生态学角度看，城市韧性是指城市系统在面对外部干扰时，能够吸收和适应这些干扰因素，并保持其主要特征和关键功能的能力。这意味着城市在应对环境变化和挑战时能够维持生态平衡和生态多样性。从灾害学视角看，城市韧性被定义为系统、社区或社会在面对灾害因素时，能够有效地抵御、吸收和承受灾害的影响，并迅速恢复的能力。这包括了减少灾害风险、有效的应急响应和灾后重建。在城市规划学方面，城市韧性被定义为城市系统具备足够的抵抗力，能够在遭受重大灾害冲击时，应对外部干扰，并迅速恢复到原有状态。这强调了城市规划、基础设施建设和城市管理的角色，以确保城市的可持续性和适应能

---

① 数据来自李克强总理 2020 年政府工作报告。

力。从地理学角度看，城市韧性表示城市系统不仅具备抵御风险和灾害的能力，更加强调系统在长期适应过程中通过学习来提高对未来不确定性的适应能力。这包括城市的地理位置、资源管理、气候变化适应和社会发展的综合考虑。从经济学角度看，经济韧性是指经济系统抵御外部冲击（风险冲击）的能力。根据刘哲希等（2020）研究，"十四五"时期中国经济将处于资本和劳动等"老动力"减弱而 TFP 和人力资本等"新动力"不足的过渡期，基准情形下经济潜在增速将降至 5.1% 左右。考虑到外部环境、新冠疫情、经济与金融风险三大主要不确定性因素影响，潜在增速可能进一步下滑。预计中国将在 2023 年前后人均国民总收入达到高收入国家门槛值，但不能简单等价于跨越"中等收入陷阱"。中国真正跨越"中等收入陷阱"，还面临经济增长方式转型、壮大中等收入群体等重要挑战。综合而言，韧性概念在不同领域中有着多样化定义，但均强调了城市系统应对外部压力、适应变化和迅速恢复的能力，以确保城市的可持续性和强稳定性。

综合各领域的城市韧性定义后可以清晰地看到，城市韧性的主要应用涵盖了五个核心研究领域，即气候条件的变化、城市规划、城市社区、能源和灾害。上述研究领域的根本目标都是提高城市居民的生活质量，保障其福祉和安全。通常情况下，城市韧性的定义涵盖了四个关键方面，包括抵抗力、恢复力、适应力和转变力。从联合国国际减灾战略的角度看，城市复原力被定义为城市在应对各种不同的灾害、冲击和压力时，通过适应或者转型的方式，确保城市的长期可持续性，以及维持基本功能、特征和结构的坚固性。洛克菲勒基金会则将城市韧性定义为城市中的各层面，包括个人、社区、机构、企业和系统，当其在应对各种慢性压力和急性冲击时，能够坚强地生存下来并适应新的情况。这一全面的定义有助于更好地理解城市韧性在不同领域的应用范围及其重要性。

总之，城市韧性是一项跨学科、系统化的概念，旨在提高城市在各种风险挑战面前的应对能力，并确保城市的可持续发展以及城市居民的生活质量。这一理念在不同研究领域的广泛应用反映出了其多样性和关键性，有助于建设更加安全、健康和可持续的城市环境。

城市韧性概念包含五个主要维度，分别是经济韧性、社会韧性、生态韧性、基础设施韧性以及制度韧性。上述维度共同构成了城市在面对外部压力和挑战时的全面应对能力。首先，经济韧性是城市的一个关键维度，涉及城市不断调整自身经济结构和规模，以适应外部冲击的能力。这表现为城市在其发展过程中经常受到来自外部的各种经济因素的综合冲击，而城市必须不断动态调整以保持经济活力及可持续发展性。其次，社会韧性与城市的社会结构和稳定性密切相关，它包括社会团结、整合、凝聚和调适等方面。社会韧性代表了社会结构在面对各种冲击和破坏时，继续保持其结构和特性的力量和能力。再次，生态韧性强调了生态系统在遭受急性冲击和长期压力时，能够最大限度地减轻危机并快速恢复的能力。这一维度强调了良好的生态环境如何减少生态脆弱性，提高抵抗风险和灾害的能力。然后，基础设施韧性是城市面对灾害时的关键因素，包括城市在灾害发生时抵御、吸收损失并迅速恢复正常运行状态的能力。这一维度可以进一步细分为社会基础设施、交通基础设施、水资源基础设施、能源基础设施、网络基础设施等不同领域。最后，制度韧性强调了制度在运行过程中面对各种不确定因素或未知变量的冲击时所具备的包容性、调适性和创新性。制度韧性融合了制度经济学理念，指向了制度的延续性，表现为制度在应对各种挑战时的适应和创新能力。上述五个维度共同塑造了城市韧性的多层面概念，强调了城市在各个层面上都需要具备应对外部冲击的能力，以确保城市的可持续发展和居民的生活质量稳步提升。

（三）政策背景：韧性城市建设已经成为制约中国城市高质量发展的瓶颈

党的十八大以来，党和国家高度重视发展与安全的兼顾。党的十九大报告首次将"坚持总体国家安全观"上升为坚持与发展中国特色社会主义的基本方略。2020 年 7 月召开的中央政治局会议将"更为安全"纳入高质量发展阶段的目标定位。党的十九届五中全会首次将"统筹发展和安全"纳入"十四五"时期国家经济社会发展的指导思想，提出"把安全发展贯穿国家发展各领域和全过程"。党的二十大报告着重指出"以新安全格局保障新发展格局"并强调以经济安全为基础。清华大学中国经济思想与实践研究院（ACCEPT）宏观预测课题组（2023）的研究显示，当前中国经济增长仍面临消费增速下滑、地方政府债务难以持续、房地产市场短期风险与长期拐点交织、民营经济活力不足、青年失业率持续走高、外需对中国经济增长贡献下降等问题，经济增速仍处于潜在增速之下。中国正值城镇化推进的关键时期，考虑到城镇化建设是新时代经济发展的重要引擎，更加需要高度重视其发展的健康性与可持续性。事实上，为进一步提升城市的韧性水平以应对各种不确定性扰动和未知风险，各级政府已经采取了一系列支持政策。2016 年，北京市率先开始了韧性城市建设，将其纳入《北京城市总体规划（2016 年—2035 年）》。此举使北京成为全国首个将韧性城市建设纳入城市总体规划的城市，具有里程碑式的意义。同年，上海市在《上海市海绵城市专项规划》中明确了建设韧性城市的目标，计划在 2040 年前后建立具备抵御雨洪灾害能力的韧性城市。随后，越来越多的地方政府开始在城市规划中强调强化韧性城市建设。2017 年，中国地震局将"韧性城乡"纳入《国家地震科技创新工程》的四项科学计划之一，推动中国工程和社会韧性的建设。2020 年，国务院安全生产委员会发布《国家安全发展示范城市建设指导手册》，强调通过创建国家安全发展示范城市来提高城市的安全保障水平。此外，2020 年住房和城乡建设部还制订了以"防疫情、补短板、扩内需"为主题的城市体检方案，其中将"安全韧性"作为城市体检的八项核心指标之一，并纳入城市建设工作计划。同年，习近平总书记在《求是》杂志上发表了题为《国家中长期经济社会发展战略若干重大问题》的重要文章，强调了在生态文明思想和总体国家安全观的指导下，制定城市发展规划，以打造宜居、韧性和智能城市，建立高质量的城市生态和安全系统。在《中共中央关于制定国民经济和社会发展第十四个五年规划和二〇三五年远景目标的建议》中，明确提出了建设宜居、创新、智慧、绿色、人文和韧性城市的目标，以提高城市治理水平和强化特大城市治理中的风险防控。这被视为提升城市治理水平和促进城市高质量发展的重要举措。《2022 年新型城镇化和城乡融合发展重点任务》中，国家发展和改革委员会进一步明确了建设韧性城市的目标，并将增强城市发展韧性作为一项新趋势。上述政策举措表明，城市韧性政策已经提升到国家宏观战略层面。在党和国家的高度重视下，中国城市韧性水平不断提高，特别是在应对新冠疫情的挑战中，中国成为全球首个成功恢复城市系统稳定运行的国家。

然而，需要特别关注的是，不同城市在实践中将面对各自独特类型的不确定性干扰和未知风险。不同城市之间存在显著的资源禀赋、地理位置、基础设施状况等方面的差异，这些因素都会对城市的韧性水平产生复杂而深远的影响。正因如此，不同城市在韧性水平上往往表现出多样性，每座城市都有其独特的风险挑战和发展机遇。城市韧性建设的空间分布不均衡特点凸显了城市系统面临的复杂性与不确定性。这种不均衡性将对城市系统的运行、城市的可持续发展以及实现高质量协调发展提出严峻挑战。因此，亟待根据各城市的特点和需求，制定差异化的韧性建设策略，以便更好地满足不同城市的需求，并促进整体城市体系的稳健性和可持续性。城市韧性的不均衡性也提醒我们，城市之间可以互相学习和分享最佳实践，以共同提高全球城市面对未来挑战的准备和应对能力。

在此背景下，构建科学合理的城市韧性综合评价指标体系，准确测度中国 282 个地级市的城市韧性发展水平，深入探讨城市韧性发展的时空差异及其驱动因素显得尤为重要。那么，现阶段中国的城市韧性发展水平究竟处于什么位置？各地区之间的发展差异有多大？城市韧性的未来演进趋势如何？本书正是基于对上述问题的深入思考，以及对中国城市韧性的发展差异进行系统探讨。

二、研究意义

（一）理论意义

在城市韧性的评价方面，目前理论界和实践界尚未就城市韧性的内涵和评价方法达成一致意见。不同学者对城市韧性的理解和实证分析方法存在较大差异，为宏观战略的规划和实施带来了许多不确定因素。本书在已有文献的基础上，试图通过构建一个科学的城市韧性综合测算指标体系，对中国城市韧性水平进行科学测量，从而拓宽城市韧性研究的方法和视角。此外，本书还关注了城市韧性的空间差异、收敛性、驱动因素及提升路径。通过采用二阶段 Theil 指数、空间 Kernel 密度估计方法，以及 Markov 链等技术，深入研究了中国城市韧性的空间差异及其分布动态演进趋势。使用 σ 收敛和 β 收敛模型对中国城市韧性的收敛性进行实证考察，同时，采用地理探测器模型对中国城市韧性空间差异的驱动因素进行深入探究，进一步丰富了城市韧性研究的方法体系。通过这一研究，我们希望能够为城市韧性的测量和分析提供更为全面和科学的方法，有助于更好地理解中国城市的韧性特点，为城市发展策略的制定和实施提供更准确的理论与决策依据，尤其是考虑到全球经济下行期城市发展环境复杂多变。这对于增强城市的应对能力，提高城市的可持续性，以及更好地满足居民利益诉求都具有重要意义。

（二）现实意义

城市作为一个复杂系统，难以避免地受到各种潜在风险的冲击，包括自然灾害、突发公共事件、安全生产事故以及经济金融危机等。城市韧性作为一种崭新的城市风险治理理念，致力于提高城市对不确定性风险的抵御、缓解和适应能力，旨在建设拥有高度韧性的城市。这一概念正迅速崭露头角，成为当今经济学、地理学等学科亟待深入研究的新议题。本书旨在通过对中国城市韧性发展水平进行准确研究，深入探讨其空间差异及影响因素。该项研究能够帮助我们更清晰地了解当前中国城市韧性建设的现状，精准识别中国城市韧性均衡发展所存在的现实差距，同时也能够解析中国城市韧性建设的影响因素。通过实证考察上述问题，能够更准确地把握中国城市韧性的发展状况，揭示韧性发展差异的根本原因，有助于中国在跨区域范围内协同提升城市韧性。因此，本书的研究不仅在学术领域具有重要价值，更在实际应用中具有深远的意义。在坚持中国经济韧性强、潜力足、回旋余地广、长期向好的基本面没有改变的理念下，通过深入探讨城市韧性，可以更好地开展城市规划，使其能够更灵活、更有韧性地应对各种未知挑战，提高城市的可持续性和居民的生活质量。尤其是借助于城市韧性问题的分析，进一步辨析新时期要素资源空间优化配置的主线，聚焦于城市群/都市圈建设而打造新增长极，将有助于形成经济发展的"新结构性红利"，这对城市未来发展和人们幸福感提升具有重要现实意义。

第二节 研究目标及内容

一、研究目标

本书主要围绕"中国城市韧性的空间差异及驱动因素研究"这一核心主题而展开分析，具体研究目标如下。

第一，从经济、社会、生态、基础设施四个维度出发，构建城市韧性的综合评价指标体系，以准确测度中国城市的韧性水平，并对中国城市韧性的空间差异及其主要来源进行有效探讨，旨在明确中国城市韧性的空间分布格局及其形成原因。

第二，深入探讨中国城市韧性的分布动态演进趋势，采用 σ 收敛和 β 收敛模型对中国城市韧性的收敛性进行实证考察，以准确把握中国城市韧性的发展规律，以推动我国城市韧性的提升。

第三，全面考察中国城市韧性空间分异的驱动因素，利用地理探测器从区域、时间等视角探测中国城市韧性空间分异的关键驱动因素，为推动中国城市韧性跨区域协同提升的政策提供实证经验。

第四，实证检验中国城市韧性的影响因素，利用空间杜宾模型深入探究了影响中国城市韧性提升的重要因素，为中国城市韧性提升政策的制定提供实证依据。

第五，在上述分析的基础上，提出促进中国城市韧性提升的路径和对策建议。为"十四五"时期中国城市韧性水平的提质增效和韧性城市建设的统筹推进提供有力支撑。

二、研究内容

为实现上述研究目标，本书从以下部分展开研究，首先，利用熵值法量化 2005～2018 年中国 282 个地级市的城市韧性水平，进而在实证分析中综合采用标准差椭圆技术、探索性空间数据分析、二阶段 Theil 指数、Kernel 密度估计方法、Markov 链等理论和方法考察城市韧性水平的时空演变特征；其次，利用多种收敛性检验方法对中国城市韧性的收敛性进行检验；最后，借助地理探测器模型及空间计量模型对中国城市韧性的关键影响因素进行检验，并对中国城市韧性进行情景模拟预测。遵循上述研究思路，本书各章节的内容概要如下。

第一章为绪论。首先，论述中国城市韧性空间差异问题的研究背景及现实意义。其次，围绕城市韧性水平的量化测算、空间差异以及空间差异的动态演进及驱动因素，对相关研究成果进行系统梳理。

第二章为文献综述与理论基础。首先，从学科视角出发，对城市韧性的概念及相关研究等内容进行深入阐释。其次，结合相关研究引出本书研究对象，即中国城市韧性的空间差异、动态演进及驱动因素研究。最后，对城市韧性的相关理论进行梳理，为本书提供理论基础和研究假设。

第三章为中国城市韧性的测度及空间分布格局。首先，在科学构建城市韧性水平的综合评价指标体系的基础上，运用二阶段时变熵值法测算出 2005~2018 年中国 282 个城市的韧性水平，并对其进行深入分析，从多方面探究其演变趋势。其次，根据全局 Moran's I 指数从整体范围描述中国城市韧性的空间分布，利用局域空间相关性检验描述中国 282 个城市不同区域单元之间的局域集聚性。再次，运用 ArcGIS 软件里的热点分析（Getis – Ord $Gi*$）模块对中国城市韧性水平进行冷热点计算，并通过 Jenks 自然断裂点方法将 Z 值分为热点区、次热点区、随机分布区、次冷点区、冷点区。最后，运用标准差椭圆技术，考察中国城市韧性的空间分布演变特征。

第四章为中国城市韧性的空间差异及其来源。首先，采用二阶段 Theil 指数测算中国城市韧性的总体空间差异，并从横向东中西和纵向南北方的空间尺度进行分解，以揭示中国城市韧性的差异大小，其次，从空间和结构双重视角出发，揭示中国城市韧性空间差异形成的主要来源。

第五章为中国城市韧性的分布动态演进。首先，利用无条件 Kernel 密度、空间静态 Kernel 密度和空间动态 Kernel 密度估计方法，客观分析中国城市韧性的分布动态演进趋势。其次，利用传统 Markov 链和空间 Markov 链对中国城市韧性在全国和区域层面的转移概率进行分析。

第六章为中国城市韧性的收敛性分析。本部分基于前面的城市经济高质量发展水平实证分析结果，运用 σ 收敛、绝对 β 收敛和条件 β 收敛模型，深度挖掘出全国层面和区域层面城市韧性发展的空间收敛情况，探究其收敛类型和收敛机制，对于中国城市韧性空间差异演化趋势的识别具有重要参照价值。

第七章为中国城市韧性时空分异的驱动因素分析。首先，运用地理探测器因子探测分析和交互探测分析方法，从内、外源驱动因素对全国 282 个城市分时期和分地区对城市韧性的时空分异的驱动因素分析。其次，运用空间计量模型，对影响中国城市韧性的关键要素进行实证分析。

第八章为基于 ARIMA-GM 的中国城市韧性多情景预测。科学设置四种未来发展情景，采用 ARIMA – GM 组合模型预测中国城市韧性的发展趋势。基于城市韧性综合指数及其经济韧性、生态韧性、基础设施韧性、社会韧性四个分维度，分别预测在 2025 年、2030 年以及 2035 年的发展水平，从而在宏观上探究中国城市韧性的未来发展趋势。

第九章研究结论及建议。本章在总结全书主要结论的基础上，根据研究结果并结合中国城市韧性的发展现状，从理念更新、多元协作、机制完善等角度出发，提出中国城市韧性提升的主要路径，并对后续研究进行展望。

第三节　研究方法及技术路线

一、研究方法

本书在借鉴国内外研究成果的基础上，基于适应性循环理论、可持续发展理论、韧性理论等相关理论和方法，坚持实证分析与规范分析相结合、综合分析与典型案例分析相结合、静态与动态相结合、归纳法与演绎法相结合的研究方法，对中国城市韧性问题进行了系统而深入的研究，大体分为以下方面。

第一，文献研究与比较研究相结合。本研究不仅需要对国内外研究现状进行全面系统的梳理，更需要把握研究区域城市韧性发展的实际状况，对中国各区域城市韧性的基本特征和演化趋势进行对比分析，以探索其一般性发展规律，因此本书采用文献研究与比较研究相结合的方法进行分析。文献研究法主要应用于本书的文献综述以及城市韧性评价指标的构建方面。通过综合国内外相关文献，本书能够系统地总结前人在城市韧性领域的已有研究成果，了解不同学科学者对于城市韧性的定义、影响因素、评价方法等方面的观点，从而为本研究提供理论基础和研究框架。比较研究则主要应用于横向东中西三大区域及南北方向两大地区的城市韧性发展水平及其演进趋势进行对比分析。通过对不同地区城市韧性的比较分析，可以发现各地区的异同点和特点，探讨影响城市韧性的因素在不同区域之间的差异，进一步深化对城市韧性发展规律的理解。比较研究还有助于为不同地区城市的发展提供参考和建议，根据不同地区的基本特点而制定有针对性的城市韧性发展策略。

第二，在城市韧性测度指标体系构建方面，定性分析将帮助我们理解不同指标之间的关系，以及其在城市韧性测度中所发挥的作用。通过归纳和综合不同维度的城市韧性指标，可以构建一个更全面的城市韧性指标体系，有助于深入研究城市韧性的多维度特征。从经济、社会、生态、基础设施四个维度选择 29 个指标构建城市韧性发展指数指标体系时，定性分析将有助于理解每个指标的重要性和在城市韧性发展中的作用。这有助于我们明晰指标的选取原则，确保指标的代表性和有效性。此外，在实证分析中，也将综合采用标准差椭圆技术、探索性空间数据分析、Theil 指数、Kernel 密度估计方法和 Markov链等定量分析方法来研究城市韧性的时空演变特征。这些方法将有助于量化城市韧性水平的变化趋势，以及不同城市之间的差异和关联。最后，在城市韧性的收敛分析中，我们将借助 σ 收敛和 β 收敛模型进行实证考察。这些定量分析方法将有助于了解不同城市在韧性发展方面的趋同或趋异性，为城市韧性政策和规划设计提供科学依据。

第三，静态和动态分析相结合。静态分析不涉及时间变量，主要关注某一时间点的经济现象，是一种对经济现状的静止考察方法。本书对 2018 年城市韧性发展区域测算结果进行分析，以及使用 Theil 指数分析法和基于分位数回归方法来探讨影响因素，都属于静态分析。这些方法帮助我们了解城市韧性在特定时间点的状态和影响因素，为当前的城市韧性状况提供了详细的描述和解释。动态分析涉及时间变量，关注经济变动的实际过程，是一种对经济现象随时间变化的研究方法。本书使用 Kernel 密度估计方法和 Markov 链估计方法来研究城市韧性发展地区差异的变化趋势、演变特征和转移情况，均属于动态分析。这些方法允许我们跟踪城市韧性在不同时间段内的变化情况，识别出城市韧性的发展趋势和地区之间的变化关系。本书中的静态分析和动态分析相互补充，共同为城市韧性的研究提供全方位视角。静态分析帮助了解城市韧性的现状和影响因素，而动态分析则揭示了城市韧性的演化过程和趋势，从而为城市韧性的发展提供更深入的认识。

二、技术路线

根据上述内容安排，本书研究沿着如图 1 - 1 所示的技术路线展开。

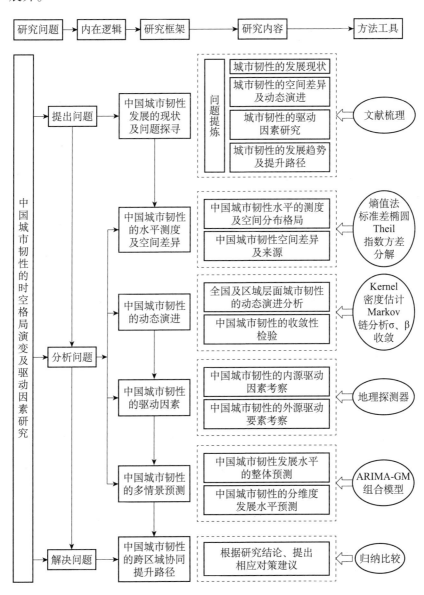

图 1-1 研究技术路线

────── 第四节 研究区域的地理概况 ──────

一、本书的研究区域

中国疆域辽阔，地理位置、经济发展水平、生态资源禀赋以及国家区域发展战略等方面的异质性，决定了城市韧性在地区层面上存在明显差异。从区域角度对城市韧性进行研究，无论是对城市韧性的区域差异进行测度还是对其影响因素进行研究，首先要对区域划分进行界定。不同的区域划分方法决定了不同的研究结果。关于城市韧性的区域划分，本书以行政地理区域为标准，除传统的横向划分为东中西三大地区外，还引入纵向的南北两大地区划分方式，从而更加全面地认识中国城市韧性在区域发展上的不均衡、不充分问题，也为全面促进中国区域协调发展提供有价值的参考意见。

（一）东中西地区范畴界定

1986 年，全国人大六届四次会议通过的"七五"计划正式将中国划分为东部、中部和西部三个地区。根据国家发展改革委的解释，中国东中西三大地区的划分，不是行政区划，也并非完全根据地理概念的划分，而是基于政策及经济发展水平进行划分。因此，东部是指最早实行沿海开放政策并且经济发展水平较高的省市，即北京、天津、河北、辽宁、上海、江苏、浙江、福建、山东、广东、海南；中部是指经济次发达地区，即山西、内蒙古、吉林、黑龙江、安徽、江西、河南、湖北、湖南；而西部则是指经济欠发达的地区，即四川、贵州、云南、西藏、陕西、甘肃、青海、宁夏、新疆、广西。

（二）南北方地区范畴界定

本书从地理空间的角度来划分南北区域，与东中西板块相呼应，并提高研究创新性。中国政府网在介绍中国区域地理时，将中国大陆地区以东部季风区秦岭—淮河线为界（北纬32°~34°），北面称为北方地区，南面为南方地区①。北方地区属于温带季风气候，降水量较少，主要耕地为旱地，种植主要作物为小麦和杂粮；而南方地区则属于亚热带季风气候，降水量较多，主要耕地为水田，种植作物主要为水稻，形成"北麦南稻，南船北马"的区域差异。秦岭—淮河作为南北区域的分界，被广泛接受和应用，是学术研究中最为常见的划分方式。

二、研究区域的发展差异

（一）自然因素差异

从自然地理的角度来看，东部地区以南亚热带季风气候和温带季风气候为主，平原、丘陵较多，海岸线漫长，地势相对较低，河流与湿地资源较为丰富，但人口密集，城市化进程迅速，环境承载压力较大；中部地区以温带季风气候为主，四季分明，南部气候相对湿润；北部地区则较为干燥，平原、山地居多，煤炭等矿产资源较为丰富；西部地区自然地理条件相对复杂，以温带大陆性气候和高原气候为主，温差较大，降水量相对较少，以煤炭、天然气、稀土为代表的矿产资源比较丰富，地形复杂多样，包括高山、高原、盆地、沙漠及峡谷等地貌。其中，西南地区以喜马拉雅山脉和青藏高原为特征；西北地区以天山、昆仑山和祁连山等山脉为主，形成了干旱的塔克拉玛干沙漠和巴丹吉林沙漠。秦岭—淮河以北的北部地区属于温带季风气候，夏季高温多雨，冬季寒冷干燥，以平原和高原为主，包括黄土高

---

① 南北地理差异主要依据气候、人文民俗、农业耕作方式和自然景观差异进行划分，资料来源于《区域地理》，中国政府网，2020-10-29，网址：http://www.gov.cn/guoqing/2005-09/13/content_2582640.htm。

原、华北平原和东北平原，地下水位较高，适合种植小麦、玉米、棉花、豆类等农作物，此外，还有一些草地和林地资源可供畜牧业和林业发展；秦岭—淮河以南的南部地区以亚热带季风气候为主，夏季高温多雨，冬季温和少雨，包括平原、盆地、高原和丘陵等，以长江中下游平原和四川盆地为代表，适合种植水稻，有色金属、稀土金属、非金属矿产等矿产资源也较为丰富。例如，江西的钨、铜、铀等矿产资源在全国都具有重要地位。

（二）社会经济因素差异

从人均 GDP 角度看，得益于地理区位优势及政策倾斜优势，东部地区人均 GDP 在 2020 年达到了 75193 元，其中北京市、上海市、南京市、苏州市、无锡市、深圳市人均 GDP 在 15 万元以上，人均 GDP 在 10 万 ~ 15 万元的城市有 24 个，整体处于较高水平；中部地区 2020 年人均 GDP 为 57644 元，其中鄂尔多斯人均 GDP 在 15 万元以上，包头市、乌海市、合肥市、芜湖市、马鞍山市、武汉市、宜昌市、长沙市人均 GDP 在 10 万 ~ 15 万元，整体处在一般水平；西部地区人均 GDP 在 2020 年为 55852 元，其中克拉玛依市人均 GDP 达到了 180871 元，榆林市人均为 112974 元，其余城市人均 GDP 均低于 10 万元，整体处于较低水平。由此可见，相比于中部和西部地区，东部地区经济发展水平最高，中部地区与西部地区人均 GDP 差异并不明显，但西部地区区域内差异较为显著。南部地区 2020 年人均 GDP 达到了 70470 元，人均 GDP 超过 15 万元的城市有上海市、南京市、无锡市、苏州市、深圳市，有 24 个城市人均 GDP 在 10 万 ~ 15 万元；北部地区为 57015 元，北京市、鄂尔多斯市及克拉玛依市人均 GDP 超过 15 万元，人均 GDP 在 10 万 ~ 15 万元的城市有 9 个。由此可知，南部地区经济发展水平明显优于北部地区。综上所述，从区域视角看，中国经济发展水平存在明显的空间差异，东部地区优于中西部地区，南部地区优于北部地区。

从城镇化率来看，东部地区 2020 年平均城镇化达到 65.7%，城镇化率在 60% 以上的城市有 75 个，整体城镇化率处在较高水平；中部地区 2020 年平均城镇化率为 61.1%，54 个城市城镇化率在 60% 以上，整体城镇化率处于一般水平；西部地区 2020 年平均城镇化率为 57.7%，19 个城市城镇化率在 60% 以上，整体城镇化率水平较低。东中西三大地区平均城镇化率在区域间差异并不明显，但区域内差异较为显著，西部地区区域内差异最为明显。南方地区 2020 年平均城镇化率为 61.3%，城镇化率在 60% 以上的城市有 78 个；北方地区 2020 年城镇化率为 63.3%，城镇化率在 60% 以上的城市有 69 个。南北地区城镇化水平在区域内与区域间差异并不显著。

（三）人文方面的发展差异

以普通高等学校在校人口数与常住人口的比值来衡量地级市人口结构，其中东部地区 2020 年平均比值为 0.0115，北京市、天津市、石家庄市、沈阳市、上海市、南京市、杭州市、济南市、广州市和南宁市比值均在 0.04 以上，低于地区平均水平的城市有 84 个；中部地区 2020 年平均比值为 0.0087，其中太原市、长春市、哈尔滨市、合肥市、南昌市、郑州市、武汉市和长沙市比值均在 0.04 以上，低于地区平均水平的城市有 85 个；西部地区 2020 年平均比值为 0.0091，其中重庆市、成都市、昆明市、西安市比值均在 0.04 以上，低于地区平均水平的城市有 47 个。可见，三大地区在人口结构上均存在区域内与区域间的显著差异。南方地区 2020 年平均比值为 0.0103，高于 0.04 的城市有南京市、合肥市、南昌市、武汉市、长沙市、广州市、南宁市、重庆市、成都市和昆明市，低于地区平均水平的城市有 120 个；北方地区 2020 年平均比值为 0.0094，高于 0.04 的城市有北京市、天津市、石家庄市、太原市、长春市、哈尔滨市、济南市、郑州市和西安市，低于地区平均比值的城市有 96 个。南北两大地区在人口结构上的区域间差异并不明显，但区域内差异显著。

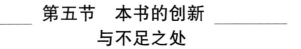

第五节　本书的创新与不足之处

一、创新之处

第一，在传统研究范式中，通常将重点放在全国范围或东中西三大地区的分析上。然而，随着中国经济的迅速发展与综合国力不断增加，近年来出现了"南方地区经济增长较快、而北方地区增长较慢"的新趋势。南北方地区的经济差距已成为专家学者研究的热门议题，并引起各界广泛关注，决定了单纯依赖东中西三大地区的学术分析已经凸显出局限性。考虑到此背景，本书在研究城市韧性区域差异时，不仅进行了传统的东中西三大地区的横向分析，还深入探讨了南北两大地区的纵向差异。这一创新视角旨在更全面、更准确地理解中国城市韧性的区域差异，为实现城市韧性的均衡和可持续发展目标提供更加精准的指导。通过将南北方地区纳入研究，本书可以更好地反映出中国经济发展中所面临的新挑战。鉴于南北方地区的不同特点和发展模式可能导致城市韧性面临不同的考验和机遇，深入研究这些地区的韧性差异对于制定有针对性的政策和战略至关重要。本书的研究有望为决策者提供更具洞察力和前瞻性的数据信息，帮助其更好地引导城市韧性建设，促进全国各地城市的均衡发展和可持续繁荣。这一创新视角将有助于我们更好地应对日益复杂和多变的城市挑战，实现城市的韧性和可持续性发展。

第二，在传统的城市韧性指标体系中，主要侧重于经济系统、社会系统、技术网络系统等维度的考量，而综合性评估的方法相对较少。此外，传统指标的选择主要集中在经济和社会两大方面，但城市韧性的发展主体还涉及生态和基础设施等多维度。这一不足意味着传统的城市韧性指标体系在构建上可能存在一定的局限性。因此，本书在构建指标的选择方面采取了一种更为全面和创新的方法，不仅包括了经济和社会类相关指标，还充分涵盖了生态和基础设施等领域的相关指标。此外，本书对这些指标进行了深入的拓展与延伸，以确保测算结果更加真实和贴切地反映中国城市韧性发展的实际状况。通过引入这些创新性的指标，能够更全面地评估城市韧性的各方面，不再局限于传统指标层面，这有助于更准确地理解城市韧性的多维度特征，为城市韧性发展提供更全面的参考和指导。同时，有助于更好地应对城市面临的复杂挑战，推动城市韧性的全面提升，实现城市的可持续发展。

第三，在实证分析中，本书采用了标准差椭圆技术、探索性空间数据分析、Theil 指数及其分解法、Kernel 密度估计方法和 Markov 链等多种方法。这些方法的综合应用，有助于更全面、更深入地探讨城市韧性发展的多方面。首先，标准差椭圆技术用来测定城市韧性发展的地区差异。该方法有助于揭示不同地区之间的韧性水平差异，提供了洞察城市韧性分布的关键工具。其次，探索性空间数据分析了一种更立体的研究城市韧性发展的方式。有助于深入挖掘城市韧性的空间特征，识别出可能的模式和趋势。Theil 指数及其分解法则有助于分析城市韧性发展的动态演进趋势和分布特征。该方法有助于了解不同地区城市韧性的演变过程，并揭示了其中的一般性规律。此外，Kernel 密度估计方法在研究城市韧性的空间分布时发挥了关键作用，有助于更清晰地看到城市韧性的空间分布图，继而识别出高韧性和低韧性区域。同时，借助 σ 收敛和 β 收敛模型，本书对中国城市韧性的收敛进行了实证考察，并对中国城市韧性的关键驱动因素进行检验，以及对中国城市韧性进行多情景预测。这些研究有助于深入了解中国城市韧性发展的空间差异、未来演进趋势及其关键驱动因素，为未来城市韧性的提升提供重要参考。通过多种实证方法的组合，本书得以更全面地分析城市韧性发展的多个方面，深化对中国城市韧性发展的理解。这将有助于制定更有针对性的政策和战略，推动城市韧性的提升，并促进城市发展的协调和均衡。

二、不足之处

第一，本研究受到数据可获得性的限制，在构建中国城市韧性评价指标时，存在一定的不足或不全面。后续工作中，需要在数据搜集工作上增加反映城市韧性中制度韧性方面的指标，实现对中国城市制度韧性的全面测度与评价。此外，为了避免与城市韧性指标体系中的相关指标重叠，本书选取经济增长、市场规模、技术创新、对外开放、财政规模、金融效率六个方面作为外源性影响因素，指标内容有待进一步改进和完善。

第二，在对中国城市韧性发展水平进行测度时，本研究主要从宏观角度分析了地区、省域尺度下城市韧性水平及其构成的时空演变特征，未来可以从中观和微观层面的产业和个人视角出发，如研究绿色产业发展、居民低碳行为对城市韧性的具体影响，以期获取更具有针对性的对策建议，这将是极富学术价值的研究线索。

第三，本研究的主要目的是评估中国城市韧性的发展历程及差异变化趋势，为政府部门制定政策法规和相关学者开展研究提供便利。后续研究可以运用双重差分模型研究政府政策对城市韧性的影响方向及程度，这将有利于及时对政策进行调整，提升中国城市韧性水平。

第二章 文献综述与理论基础

―――――― 第一节 概念界定 ――――――

一、韧性概念

"韧性"一词源自拉丁语中的"resilio",它的含义是指事物能够恢复到原始状态。在 16 世纪,法语借用了这个词,赋予了它撤回或取消的含义,演化为现代英语中的"resile",至今仍然在使用。随着时间的推移,韧性的概念逐渐渗透到不同的学科领域,经历了丰富的发展历程,相关内涵不断扩展。在 19 世纪中期,随着第一次工业革命后西方工业的崛起,韧性开始广泛应用于机械学领域,用来描述材料或金属在外力作用下产生形变后能够恢复原状的能力,也可以理解为物体在韧性变形和破裂过程中吸收能量的能力。20 世纪 50 年代至 80 年代,西方心理学领域开始使用"韧性"一词,用以描述个体在经历精神创伤后的康复和适应情况,强调了"心理韧性"的概念。自 20 世纪 90 年代以来,学者们开始将韧性理念从自然生态学领域扩展到人类生态学领域。因此,这一概念逐渐渗透到多个学科领域,包括生态学、组织行为学、地理学、工程学、经济学、社会学、产业生态学、产业工程学等,不同领域对韧性的理解和应用各有不同。在生态学领域，霍林（Holling，1973）和皮姆（Pimm，1984）使用韧性理念来描述生态系统的稳定性和恢复力。在组织行为学领域，康姆福特（Comfort，1994）应用韧性理念来描述系统在受到扰动后的功能恢复过程。在地理学领域，艾杰尔（Adger，2000）采用韧性理念来描述社区系统应对社会、政策和环境压力的能力。在工程学领域，菲克塞尔（Fiksel，2006）使用韧性理念来描述系统在遭受干扰时维持结构和功能的稳定性。在经济学领域，露丝（Rose，2007）利用韧性理念来描述系统克服干扰、重新焕发活力的能力。在社会学领域，伍德等（Wood et al.，2010）将韧性理念用于描述系统在灾难面前自我救助的能力。在产业生态学领域，朱和鲁思（Zhu and Ruth，2013）运用韧性理念来描述系统在经历干扰后，维持生态效率和能源流动的能力。上述不同领域对韧性概念的理解和运用，丰富了理论界对韧性的认识，强调了它在各种复杂系统和环境中的重要性。这也反映了韧性作为一个跨学科的概念，具有广泛的适用性和实际意义。

二、城市韧性概念

随着城市化进程的加速和环境风险的不断增加，城市系统需要更具动态响应的能力，以增强城市对于各种扰动和风险的应对能力，这是实现城市安全和可持续发展的重要途径与必要之举。韧性理念由于具有动态和演化等特征，因此逐渐运用于城市研究中，最终形成"城市韧性"概念。城市韧性最初由欧洲规划界提出，随后国际地方环境协会（ICLEI）也将城市韧性列入议程中（Aylett，2015），这促使许多学者从不同的角度对城市韧性进行研究。然而，由于不同学者出于学科视角和研究目的的不同，对于韧性的理解和解释存在较大的差异，即使城市面临相同的挑战，城市韧性的定义也可能存在很大的差异性。比如，阿尔贝蒂（Alberti，2004）和皮克特（Pickett，2004）从农业和生物科学角度认为，城市韧性是指城市系统结构在经历扰动后与重组前，其吸收和化解变化的能力。布朗（Brown，2012）从环境科学角度阐明，城市韧性是指其生态容量能够保证在动态演进过程和气候变化情况下的适应水平，并拥有最强大的能力恢复与重新组织的能力。沃德克（Wardekker，2010）从管理学角度认为，城市韧性可以承受扰动来限制城市发展所遭遇的影响，通过减少或抵消伤害和破坏并允许系统作出反应，来恢复和快速适应这种干扰。邵亦文和徐江（2015）从城市规划学角度认为，城市韧性是指城市通过前期的规划建设，具备了充足的准备以应对外界的不确定扰动，在城市的社会秩序、经济稳定、公共安全等各方面实现城市的正常运转能力。上述不同的定义和解释反映了城市韧性概念的多层次性和多维度性，同时也强调了在研究和实践中需要综合考虑不同领域的观点，以更好地理解和应对城市面临的复杂挑战。城市韧性的多样性也提供了丰富的研究视角，以满足不同城市和各类环境的具体需求。

第二节 文献综述

从国内外相关研究进展看，学者们从概念引入经验分析、从理论推演到指标体系的构建、测度模型到实证分析，构建了一个初步的理论分析框架与研究体系雏形（张明斗和李维露，2020）。概括而言，相关研究内容主要分为以下几个方面：（1）城市韧性与气候变化。这一领域的研究关注城市如何应对气候变化带来的严峻挑战。例如，蒋（Chiang，2018）的研究强调了洪水易发区社区的韧性，李涛等（2020）总结了国内外城市面对气候灾害时韧性城市建设的经验。（2）城市韧性与城市规划建设。这一领域侧重于探讨如何通过城市规划和建设来增强城市韧性。研究者提出了将城市与自然环境相结合的方法，设计能够应对突发公共事件的韧性城市空间规划。萨缪尔森等（Samuelsson et al.，2018）研究发现，城市环境和自然环境之间存在相当大的质量差异。当前城市规划实践需要承认这些差异，以限制对生物圈的影响，并促进人类福祉提升。王峤和臧鑫宇（2021）从城市空间环境优化的角度总结发现韧性城市的实施具有更加直接的紧迫性和必要性。（3）城市韧性与防灾减灾。这一领域关注城市如何减少灾害风险，提高应对能力。研究者们调整不同规模城市的灾害风险管理模式，并确定城市灾害韧性的各类影响因素。丹妮拉（Daniela，2018）认为，技术进步能够促进教学和学习，从而将其转化为可持续社会经济增长和发展的杠杆。陈为公等（2021）研究发现，城市灾害韧性影响因素可划分为7级3阶的多级递阶结构。其中，城市管治能力是最关键的根本影响因素，应急信息完善度是最重要的中间影响因素，经济调节能力是最有效的直接影响因素。（4）城市韧性治理模式。这一领域的研究侧重于分析代表性城市韧性建设实践案例，探索符合国情的本土化韧性城市建设经验，以提高韧性城市建设的制度化水平。研究者们聚焦于城市韧性治理模式的演化和创新。朱正威等（2021）研究发现，中国韧性城市建设呈现出明显的问题导向特征，正在经历由简单借鉴到自主创新、由强调城市局部功能强化到追求城市系统韧性提升的积极转变，同时也存在对风险的不确定性缺乏系统准备、常态与应急管理缺乏有效衔接、大城市韧性建设的制度化不足等短板。（5）城市韧性的社会动力机制。这一领域研究城市韧性的社会动力机制，包括城市经济发展、居民失业率等因素对城市韧性的影响。胡德克（Hudec，2018）的研究从城市恢复力的视角分析了这些因素对城市韧性的影响。这些研究领域共同构建了城市韧性研究的多维度框架，有助于更好地理解和应对城市面临的各种挑战。上述研究不仅在学术界产生了深远影响，也为城市规划和政策制定提供了强有力的支持。

一、城市韧性的测算研究

已有研究在城市韧性的测算方面积累了一系列丰富成果，空间分析、模型构建、大数据等理论和方法的引入为研究城市韧性提供了相对充足的技术手段。现有文献多基于综合指标评价（陈晓红等，2020；张明斗和冯晓青，2019；Feng et al.，2020）、GIS 空间叠加分析法（Prawiranegara，2014；孙阳等，2017；Kaaviya and Devadas，2021）、遥感模型评价（王文瑞等，2021；李亚和翟国方，2017；Guptha et al.，2021）、韧性网络评价（潘竟虎和魏石梅，2021；路兰等，2020；彭翀等，2018）、函数模型法（Caro，2017；Meerow et al.，2016；Breathnach et al.，2015）等研究方法对城市韧性进行分类评估，并尝试构建不同维度的城市韧性评价指标体系。需要指出的是，由于城市系统的复杂性、开放性、综合性等特征，基于特定方法构建城市韧性某一方面的评价指标体系，着重考察的是城市韧性发展过程中的局部特征，通常不具备城市韧性的普遍特性。基于此，采用多维度综合衡量城市韧性水平成为当前主要评价方法（赵瑞东等，2020）。就目前情况而言，以城市韧性整体为对象构建韧性评价体系，通常包括经济、社会、生态、设施等度量指标，但不同学者在指标组合上存在些许差别。乔林等（Joerin et al.，2012）、卡特等（Cutter et al.，2014）从基础设施、社会、经济、体制和自然（环境）五方面构建了城市社区韧性评价指标体系；胡德克等（Hudec et al.，2018）将城市韧性分为经济、社会和社区管理能力三个维度；随后，康托科斯塔等（Kontokosta et al.，2018）在胡德克等（Hudec et al.，2018）研究的基础上增加了基础设施和环境两个维度；帕尔等（Pal et al.，2018）从制度、基础设施、经济和社会四个维度构建了城市韧性评价指标体系；拉巴卡等（Labaka et al.，2019）则从治理能力、应对策略、基础设施、区域合作四个维度对城市韧性进行综合评价。与此同时，众多学者也从经济、社会、基础设施和环境等多个角度尝试构建城市韧性评价指标体系。例如，杨莹等（2019）从自然环境、建成环境、社会、经济和制度五个维度构建城市韧性评价指标；白立敏等（2019）采用经济、社会、生态、基础设施四个维度对城市韧性进行测度；在此基础上，孙亚南等（2021）认为，社区韧性也是城市韧性关键组成部分；王光辉和王雅琦（2021）则从经济、社会、生活、生态和灾害五个维度构建了城市韧性评价指标体系；刘彦平（2021）从经济、环境、文化、社会和外部形象五个维度构建了城市韧性发展指数评价指标。

二、城市韧性的空间差异研究

在城市韧性空间差异方面，卡罗（Caro，2017）和布拉特纳赫等（Breathnach et al.，2015）分别运用非线性平稳过渡自回归模型和偏离份额分析法，研究区域间城市韧性水平的差异及其空间相互作用，发现城市韧性存在显著空间差异且各区域韧性的关联程度较高。孙阳等（2017）利用 ArcGIS 的空间分析和叠加功能方法对长三角地区 16 个地级城市韧性程度及其空间状态做出评价，研究发现，长三角地级城市韧性空间分异特征显著，其北翼城市与南翼城市相比韧性较高。张明斗和冯晓青（2018）通过对比中国 30 个省市区地级以上城市的韧性发展情况进而验证空间差异的存在。刘彦平（2021）利用极值法对中国 288 个城市的韧性水平进行了测评，研究发现，地区间城市韧性存在显著的不平衡问题。张明斗和冯晓青（2019）利用层次分析法测算了长三角城市群 16 个地级及以上城市的韧性水平，研究发现，长三角城市群城市韧性具有显著的区域差异，总体呈现"东部高、南北边缘低"的空间分布格局。张鹏等（2018）运用 Theil 指数及其分解、空间计量等方法实证分析山东省 17 个城市韧性水平的时空分异格局，研究发现，山东省总体韧性差距表现出先增后减的趋势。孙亚南和尤晓彤（2021）借助 Theil 指数测度了江苏省各地市城市韧性发展差异，研究发现，江苏省城市韧性发展空间异质性显著，韧性总水平呈现出"南强北弱"的空间分布格局。张明斗和李维露（2020）利用 σ 和 β 收敛法实证考察东北地区 34 个地级及以上城市韧性水平的空间收敛性，研究发现，东北地区城市韧性水平呈现出 σ 发散和 β 发散的趋势。陈晓红等（2020）运用 ARCGIS 空间分析工具、BP 神经网络模型等方法探讨"哈—长"城市群城市韧性的时空格局演变规律及动态模拟，研究发现，"哈—长"城市群城市韧性在演化过程中，空间差异呈逐渐增大趋势。朱金鹤和孙红雪（2020）利用探索性空间数据分析等方法，分析中国三大城市群 55 个城市的城市韧性空间格局演变规律，研究发现，三大城市群各个城市的城市韧性具有显著的差距。王文瑞等（2021）利用遥感技术和地理信息系统平台考察兰州市的城市韧性时空特征，研究发现，兰州市城市韧性存在显著的区域差异。鲁飞宇等（2021）利用 Kernel 密度估计、泰尔指数等方法对长三角城市群工业韧性的时空演变特征进行探讨，研究发现长三角城市群工业韧性存在不同空间尺度的"核心—边缘"分异格局。

三、城市韧性的分布动态演进研究

目前，针对城市韧性空间差异分布动态演进的研究主要采用以下三种方法：一是网络分析法。魏石梅和潘竟虎（2021）通过计算中国 346 个地级及以上城市间要素流强度，构建了城市信息、交通、经济及综合联系网络，研究发现，城市的信息、交通、经济和综合联系网络整体上呈现以"胡焕庸线"为界的"东密西疏"的分布格局，但空间结构各有特点。路兰等（2020）利用社会网络分析法，从经济、社会、生态三个维度构建多维城市功能关联网络，研究发现，金融危机爆发对各维度关联网络的形成均产生了负向效应。彭翀等（2018）借助 Gephi 社会网络分析工具，构建长江中游城市群经济、信息、交通三类联系网络，研究发现，三类网络的空间聚集状态分异，但整体的聚集程度较高且水平大致相当。二是探索性空间数据分析方法。白立敏等（2019）采用莫兰指数考察中国地级以上城市韧性的全局自相关和局部空间自相关，研究发现，中国城市韧性呈现集聚特征，并且城市群地区的韧性高于其他地区。三是空间不平衡分析方法。理论界在研究城市韧性差距时，大多采用 Theil 指数及其分解法、σ 收敛法和 β 收敛法，继而得出城市韧性存在空间差异性，且在高度集聚下呈现空间非均衡性。张鹏等（2018）运用 Theil 指数及其分解法考察了山东省 17 个城市的城市韧性时空分异格局，研究发现，城市韧性总体差异表现出"先增后减"的趋势，地带间差异是山东省城市韧性空间非均衡的主要原因。张明斗和李维露（2020）通过 σ 收敛法和 β 收敛法实证分析了东北地区 34 个地级及以上城市韧性水平的空间收敛性，研究发现，东北地区城市韧性水平呈现出 σ 发散的趋势，东北地区、吉林省和黑龙江省也呈现出 β 发散的趋势。

在空间尺度选取上，郑等（Zheng et al.，2018）和修春亮等（2018）围绕城市层面进行研究，通过对北京、大连等各县市区的城市韧性进行评估，发现城市韧性的发展有逐渐集聚趋势。孙亚南和尤晓彤（2021）、张鹏（2018）围绕省域层面进行研究，通过对江苏省和山东省的城市韧性空间结构展开讨论，发现城市韧性的集聚趋势逐渐加强。陈晓红等（2020）、张明斗和冯晓青（2019）、孙阳等（2017）考察了中国城市群的空间特征，发现城市群城市韧性存在空间极化现象，特别是"哈—长"城市群和长三角城市群。魏石梅和潘竟虎（2021）、白立敏等（2019）、张明斗和冯晓青（2018）围绕中国城市韧性的总体空间特征，选用地市区域单元，从地级城市尺度考察城市韧性的空间格局演变特征。

在城市韧性的收敛性分析方面，目前相关研究较少。陈等（Chen et al.，2021）利用 σ 收敛考察中国城市韧性的收敛特征，发现城市韧性并未表现出明显的收敛迹象。张明斗和李维露（2020）通过 σ 收敛和 β 收敛法实证分析了东北地区 34 个地级及以上城市韧性水平的空间收敛性，研究发现，东北地区城市韧性水平呈现出 σ 发散的趋势，吉林省和黑龙江省则呈现出 β 发散的趋势。

四、城市韧性的影响因素研究

在城市韧性的影响因子方面，大致可以划分为自然因素和经济社会因素两大类。自然因素主要通过影响城市生态韧性对城市韧性产生影响，部分研究使用韧性的影响因子来量化系统韧性，仁（Ren，2019）研究发现，气候（降水、日照时长和温度等），水文（地表和地下水资源）和土地覆盖因子等因素是城市生态韧性的主要影响因子。其中，土地覆盖是生态系统服务和韧性重要且被广泛研究的影响因子（Liu et al.，2019；Shi et al.，2015）。研究表明，城市化加剧了土地覆盖的破碎化，从而降低了城市生态韧性。除自然因素外，GDP、人口、土地利用、产业结构、基础设施、制度安排等社会经济因素对城市韧性也有重要影响。陈等（Chen et al.，2021）运用地理加权回归模型，分析中国281个地级市城市韧性的驱动机制发现，综合微观和宏观影响因子排序，作用强度表现为"市场容量＞外贸水平＞人力资本＞金融机构规模＞市场潜力＞创新投入＞金融机构效率＞外商投资＞基础设施投资"。史玉芳和牛玉（2023）运用QAP方法分析关中平原城市群城市韧性的影响因素，发现地理空间邻近、经济发展水平、对外开放度、政府财政支持、科技发展水平、交通基础设施差异矩阵均对关中平原城市群韧性空间网络结构变化的影响显著。张思思等（2023）通过时间固定效应的动态SDM模型分析，发现数字经济发展水平、经济外向性和政府科教重视程度的增加均会显著提高本市韧性水平。人口集聚程度、数字经济发展水平和城市发展类型对其他城市的韧性水平会产生正向影响。麻学锋和胡双林（2022）运用障碍度模型和灰色关联度模型分析旅游城市的城市韧性内部、外部影响因素，发现在内部驱动因素方面表现出"经济韧性＞生态韧性＞社会韧性＞工程韧性"的特征；外部驱动因素表现出"固定资产投资占GDP比重＞公路通车里程＞城市人口密度＞住宿和餐饮业从业人员比重＞

科教支出占公共预算支出比重"的特征。

城市系统作为一个复杂的适应系统,具有一个社会经济子系统,其自身的城市功能直接有助于系统韧性的提升,如参与社会生产、提供劳动力居民就业、提高生产力和改善城市居民生活。同时,它通过与生态环境子系统的相互作用间接影响系统韧性,也直接影响城市韧性。

五、文献述评

综上所述,诸多学者在城市韧性方面进行了大量的理论和实证研究,也取得了许多有重要价值的研究成果,为本书的研究提供了基础和参照。但通过最新文献汇总分析看,针对全国地级市层面城市韧性的空间差异、分布动态演进及驱动因素方面的研究依然比较缺乏。

第一,在研究对象上。目前绝大多数对城市韧性的研究都是按照东中西三大地区进行划分。显然,这种划分方式因其区域经济特征细化而存在一定的局限性,忽略了中国城市韧性南北方地区的空间特征。近年来,中国经济韧性出现了"南快北慢、南升北降"的新趋势,南北方地区差距已被众多专家学者关注。因此,有必要从南北方地区划分出发,探讨中国城市韧性的空间特征,以期更为全面精准地把握城市韧性发展的区域特征,并为其开出行之有效的政策药方。

第二,在研究视角上。尽管近年来中国理论界和实践过程均对城市韧性建设给予较多关注,但目前针对我国城市韧性评价方面的研究与国外相比,起步相对较晚、研究基础相对薄弱。目前研究只是基于现有统计数据进行城市韧性简单测算,对城市韧性的内涵、理论框架认知尚未达成共识,从而导致不同学科对城市韧性的概念理解及分析视角均存在较大差异。自然科学主要侧重于环境层面韧性的研究;社会科学则侧重于人文层面韧性的研究,通过社会要素来降低对城市的影响。鉴于研究视角的差异,大多数框架从灾害、社会等单一视角进行研究，缺乏统一的理论框架。而城市韧性的发展不仅包括生态环境层面还包括人文层面，只有将二者共同纳入同一个理论分析框架内，才能更加准确科学地测算出中国城市韧性发展水平，才能为中国城市韧性水平的提升提供支持。

第三，在研究方法上。首先，现有关于城市韧性空间差异及其分布动态演进方面的研究，其方法较为单一，难以科学准确地反映出中国城市韧性的发展差异及其动态演进特征。因此，有必要综合运用多种分析方法对其进行实证考察。本书综合采用标准差椭圆技术、探索性空间数据分析、Theil 指数、Kernel 密度估计和 Markov 链方法考察城市韧性水平的时空演变特征，最后借助 σ 收敛和 β 收敛模型对中国城市韧性的收敛进行实证考察，以期得出更为科学、准确的研究结论，为中国城市韧性的跨区域均衡发展政策的制定提供借鉴。其次，在现有研究对中国城市韧性影响因素的检验中，一方面，大多采用传统计量模型，未考虑城市韧性的空间溢出效应；另一方面，现有研究并未对中国城市韧性空间分异的驱动因素进行深入探究。显然，只有全面考察中国城市韧性的空间溢出效应及其空间分异的关键驱动因素，才能更好地为韧性城市建设的相关政策制定提供实证支持。

────── 第三节　理论基础 ──────

一、城市脆弱性理论

高速增长的城市化水平对社会、生态和城市基础设施造成了巨大的影响，如严重的气候变化、不可再生自然资源的枯竭和地区干旱，以及植物和动物物种的多样性消失、森林砍伐、海洋污染的蔓延、臭氧层的破坏和温室气体的增加等问题都加剧了城市发展的脆弱性（欧阳虹彬和叶强，2016）。城市脆弱性研究已是城市可持续发展研究中与城市韧性并存的另一大热点话题。脆弱性概念最早在自然灾害领域得到应用，怀特（White，1974）将脆弱性描述为系统在遭受外部冲击后受到影响程度的大小。随着学者和机构对脆弱性研究的不断深入，脆弱性逐渐发展应用到经济、社会、生态等诸多领域。当脆弱性发展到城市领域时，继而演化出城市自然灾害脆弱性（Lankao and Qin，2011；Pelling and Uitto，2001）、城市经济脆弱性（Mansur et al.，2016；Ellena，2020；Contreras and Chamorro，2020）、城市社会脆弱性（Ebert，2009；Wisner and Uitto，2009；Uejio，2011；Fraser and Naquin，2022）、城市生态脆弱性（Hong et al.，2016；Kang et al.，2018；Tang et al.，2021）等衍生概念。学术界对于城市韧性与城市脆弱性间的关系持有很多不同的观点，有的学者认为，城市韧性与城市脆弱性是相互包含的关系（Mehmood，2016）；还有学者认为，两者是一组完全相反对立的概念（Ajibade，2017）。而上述两种观点都过于片面绝对，前者是将两个概念过分地糅合，后者却将二者彻底割裂。后来被大多数学者所支持沿用的观点是卡特（Cutter，2008）提出的，即城市韧性和城市脆弱性两个概念是互相重叠的，彼此互为组成要素，两者既有相同的目标又有差异的模式。脆弱性研究凭借其独特的理论与方法论价值和广阔的实践应用前景，成为当代地理学以及相关学科诠释人类活动的生态与环境效益，以及人地相互作用机制的重要科学途径和学科前沿的重大科学问题。

国内学者方创琳和王岩（2015）提出的城市脆弱性概念在城市研究领域引起了广泛关注和认可。他们认为，城市脆弱性是指城市在发展过程中，应对内外部自然要素和人为要素干扰的能力。当城市的这种抗干扰能力低于一定的临界阈值时，城市将进入脆弱状态。城市脆弱性综合体现了城市在资源、生态环境、经济和社会等方面的脆弱性。这一观点得到了学术界的广泛认可和支持，因为它有助于深入理解城市面临的多维挑战以及城市在不同领域的脆弱性表现。城市脆弱性的概念有助于决策者、规划者和研究者更好地理解城市系统的弱点，并采取相应措施来提高城市的韧性和可持续性。这一观点为城市规划和管理提供了重要的理论支持，有助于城市更好地应对未来的不确定性和风险。

二、韧性理论

韧性理论在广泛意义上更强调组织系统应对风险冲击的全程动态调整过程，包括事前防范的抵抗吸收阶段、事中稳定的调整适应阶段和事后复苏的恢复更新阶段。"韧性"最初意为"反弹"或"回到原始状态"，韧性概念最先被运用于工程学和心理学。1850 年左右，韧性被用来描述机械工程中物体受力作用后恢复的能力；20 世纪中后期，韧性被用于描述精神受创患者的恢复情况（Alim et al.，2008）。这些早期运用较为注重系统恢复和回到初始状态的能力，类似于"恢复力"，偏向于工程思维，即"工程韧性"（Holling，1996）。经过半个世纪的研究，学术界对韧性的研究体现出"工程系统—生态系统—社会生态系统"的轨迹，表现出三方面的递变规律。在认知前提上，从脆弱性逐渐转向强调弹性（Troell et al.，2009；Costanza，2012）；在认知角度上，从单一、简单系统到复杂系统；在认知目的上，从追求平衡到适应变化。城市作为典型的社会生态系统，演进韧性被广泛应用于城市领域研究，用于指导应对风险和可持续发展的问题。尤其是在气候变化、灾害频发以及不确定因素增多的背景下，韧性作为一种以"适应变化""灵活应对"复杂环境的系统性思维，为城市的可持续发展提供了新思路。20 世纪 90 年代，韧性研究被引入人类系统，城市作为人类生态学必不可少的研究主体，韧性思想被应用于城市研究（Wyman et al.，1991；Miller and MacIntosh，1999；Zimmerman et al.，1999；Andreea et al.，2022；Shi et al.，2022；Chen and Quan，2022；Hong et al.，2022）。

　　城市韧性是一个复杂而多维的系统，由众多要素交织而成，包括城市经济、社会结构、制度体系、生态环境以及关键的基础设施等。这些要素之间存在紧密的相互关联，形成了一个高度复杂的耦合系统。城市韧性的本质在于城市系统在应对各种自然灾害和人为干扰等外部挑战时，所展现出的适应性、恢复能力和学习能力。这不仅包括对当前危机的有效应对，还包括对未来时期的充分准备和灵活调整。在城市韧性的建设过程中，一个核心原则是多元参与和协作。城市韧性的构建需要各利益相关方的积极参与，包括市民居民、社区组织、企业界、政府部门以及各类非政府组织。这种多元协作的方式有助于整合各方资源和智慧，提高城市系统的整体韧性水平。城市韧性的成功建设依赖于这些利益主体的紧密合作与资源共享，以共同迎接城市面临的各种挑战，创造更为可持续和安全的城市环境。

三、适应性循环理论

　　2001 年，霍林提出了适应性循环理论，用于表征社会—生态系统受到外部冲击后的相互作用及其韧性演化（Holling，2001）。当前，基于适应性循环、强调综合反馈和跨尺度动态交互的社会—生态系统韧性理论已成为城市韧性研究的基准。系统中行为者管理韧性的能力被定义为适应性，社会—生态系统的适应性可理解为人或团体机构管理韧性的综合能力（Folke et al.，2006）。适应性是社会—生态系统组分的功能（Peltoniemi and Vuori，2004），这种管理能力决定着系统能否成功过渡到理想状态，或者避免过渡到不良状态。城市系统的适应性关系到其能否持续发展，通常情况下，能够妥善处理和转移自身不良状态（环境破坏、社会不平等、经济萎缩等）的城市往往更具有适应性，所以识别当前发展状态和缓慢变量（环境污染、社会矛盾、经济下滑等）的阈值，对韧性城市研究者和从业人员来说至关重要。该理论认为，城市系统的发展包含四个阶段，分别是开发、保存、释放和重组阶段（Westley et al.，2013；Abel and Cumming，2006）。在开发阶段，系统潜力值较低，但潜力值不断增长，关联度逐渐增强，表明系统受外界的影响逐渐减小；在保存阶段，系统经过自身长时间的积淀、内部各主体间联系增强，潜力值达到最大；在释放阶段，虽然系统内部的关联度较高但处于不断下降态势，系统内的元素联系变得程式化，此时，韧性值较低；在重组阶段，韧性强的系统通过创造新的重构机会来支撑进一步发展，再次进入开发阶段，往复实现适应性循环，但也可能由于缺少必要的能力储备，从而脱离循环，最终导致系统失败。

四、扰沌理论

扰沌理论模型也称作"多尺度嵌套适应性循环"理论模型，是冈德森和霍林（Gunderson and Holling，2002）为避免在系统动态变化过程中，将适应性循环看成封闭的递进循环过程而提出的，表示自适应周期在多个尺度中相互作用，如图 2 – 1 所示。该模型通过"记忆"或"反抗"相互依赖而形成一种扰沌，主要是研究系统的跨尺度联结和相互嵌套性，描述系统进化方向（Gunderson and Holling，2002）。扰沌模型为社会、经济和生态系统跨尺度交互、多时空变化提供了可视化三维模型（Gunderson and Holling，2001），主要包括两层含义：一是各阶段不一定是连续或固定的；二是系统功能不是一个单一的循环周期，而是一系列嵌套的自适应循环，他们在多种尺度范围、不同时间段内以不同的速度运作和相互作用（Berry，1964）。从城市系统角度看，多尺度嵌套适应性循环反映的是城市和区域之间错综复杂的跨尺度作用和影响。因此，城市系统演化的轨迹取决于自上而下或自下而上的相互作用，这些跨尺度的影响在城市系统中非常重要。此外，城市系统在受到干扰和压力时，能够发挥韧性功能，此时，城市系统的韧性不仅表现出持久性和稳定性，也表现出利用干扰所带来的机会实现转型和创新（Walker and Holling，2004）。需要强调的是，虽然适应性循环和多尺度嵌套适应性循环并未提供测度韧性的框架，但提供了理解韧性的框架，即随着系统的不断适应和变化，韧性也在持续变化（Davoudi et al.，2013；Engle et al.，2014；Datola et al.，2019；Ji et al.，2021；Su et al.，2022；Pugliese et al.，2022；Bottero et al.，2020）。

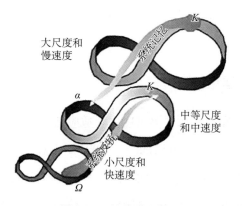

图 2-1   扰沌理论模型

五、可持续发展理论

可持续发展（sustainable development）的概念最早出现在 1972 年斯德哥尔摩的联合国人类环境研讨会上（Sohn，1973），会议参加者主要是全球工业化和发展中国家的代表，其主要目的是共同界定人类在缔造一个健康和富有生机的环境上所享有的权利。此后，"可持续发展"理念在世界各国受到广泛重视。可持续发展观作为人类发展的新一代发展观已成为全球共识，是人类文明进化的一次历史性重大转折，它强调经济、社会和生态的可持续发展，强调公平、平等和共同发展，最终达到人与自然共生与和谐发展（Basiago，1998；Jacobs，1999；Kanapathy et al.，2019；Wojtkowiok，2020）。自可持续发展理念提出以来，各国政府、机构、社区和企业分别将其作为自身的指导方针和发展目标。早期"安全防御"思维下的可持续性可通过一种或几种僵化的城市形态和模式（如精明增长、新城市主义）实现；而现实中的城市系统无法在自身扰动和外部压力的情况下保持单一、静态的可持续，韧性思维恰好为人们提供一个崭新的视角，以"安全无忧"的方式来应对不确定性变化和威胁，从而保持城市格局完整性和功能运行的持续性。所以，从韧性角度来看，城市系统发展并不是通过减少动态变化或优化性能来维持系统稳定状态，而是客观承认未知变化对城市发展的威胁，同时强调城市系统整体格局的完整性及功能的正常运行。合理的城市发展只有在既具有韧性又具有可持续性的情况下才能实现（Sharifi and Khavarian，2020；Hepburn et al.，2021；Asghar et al.，2022；Zhao and Wang，2023）。合理的城市发展是不收敛的，即不存在更好的发展形式。如果发展是不可持续的，不具有韧性，就被认为是不合理的城市发展。不合理的城市发展是趋同的，最终意味着城市环境的破坏。在理性和非理性城市发展的两个极端之间，往往存在着两种类型的亚理性城市发展，即可持续但无韧性的发展模式和有韧性但不可持续的发展模式。

六、人地系统理论

近年来，人们逐渐认识到自然界与人类社会是相互依存的，需要将两者进行有机结合并统一起来。国内学者提出"人地关系地域系统（简称人地系统）"理论，人地关系是地理学研究的核心内容之一，吴传钧（1991）明确提出，"人地关系地域系统是由人类活动和地理环境两个子系统交错构成的复杂开放系统""地理学研究目标就是协调人地关系，重点研究人地系统中的优化"等论断，随后发展成为人文地理学的基本理论之一。随着社会经济活动以及人类开发利用活动的不断增强，人的作用强度、范围也越来越大，并强烈改变着区域自然环境。因此，人地关系协调理论也成为指导协调人地关系和生态文明建设的重要理论（陆大道，2002；方创琳等，2019；Yang et al.，2020；Cai et al.，2021），如在典型地域系统演化、城镇化与生态环境耦合关系、生态文明建设、美丽中国等许多研究领域都得到了广泛应用。据此，城市韧性研究要注重由设施、生态构成的环境子系统与由经济、社会、组织层面构成的人类子系统相互作用的关系（王成等，2022；张平等，2022；Ye and Diyogi，2022；Chen et al.，2022）。而人地系统理论则为分析城市人—环境系统间的相互作用关系奠定了理论基础，以此优化两者关系来实现城市人与环境的可持续发展（张志强等，1999），这对测度研究城市韧性具有重要的指导意义。

在数字化迅速发展的时代，我们目睹着人地系统理论和智慧城市的相互融合与互动。城市中日益增多的线上和线下活动正在重新塑造着社会经济活动、基础设施以及公共服务等各个要素系统。与此同时，智能技术正在深刻改变着人流、物流、资金流、信息流、技术流、生态流等各种要素流动的结构和范式（Batty et al.，2012；Li et al.，2017）。虚拟要素流与各类实体要素流之间的交互融合，推动了网络在线活动与实体活动、虚拟空间与物质空间之间的密切互动。这种持续的变革正在不断影响着智慧城市中，人类活动系统与地理环境系统之间的调控、反馈和互动机制。新科技革命背景下，我们正处于一个数字技术催生的新时代，其中城市生活方式、商业模式和政府治理等方面都经历着深刻的变革（Howell et al.，2018）。这个变革不仅关乎城市的未来发展，还关系到社会的全面转型和可持续发展的实现。因此，我们需要不断适应这一数字化潮流，积极借助智慧城市理念和技术创新，以更好地塑造未来城市的面貌。

———— 第四节 本章小结 ————

　　基本概念的明确定义和理论基础的全面梳理对于深刻理解城市韧性发展至关重要。本章聚焦于这两个关键方面，首先，明确定义了韧性概念和城市韧性概念，这为深入理解城市韧性发展提供了坚实的理论基础。其次，对城市脆弱性理论、韧性理论、适应循环理论、扰沌理论、可持续发展理论以及人地系统理论进行了系统梳理和综合总结。这一理论基础的明确为城市韧性发展提供了理论和思想上的支持。城市韧性发展问题是城市高质量发展中的一个重大议题，需要深入理解并运用特定的分析框架来探讨。这也为后续的研究和讨论提出了更高的要求，需要不断挖掘其内在精髓，以期更好地推动城市韧性发展的实现。本章内容将为后续研究工作提供坚实的理论基础和思考框架。

第三章　中国城市韧性的测度及
空间分布格局

城市韧性的准确测度是后续研究的基础，首先，本部分在梳理国内外有关城市韧性最新文献的基础上，同时考虑可测度、可比较原则，以及数据采集的可获得性和评价指标的可量化性，从经济韧性、社会韧性、生态韧性和基础设施韧性四个维度出发，选取 29 个二级指标构建中国城市韧性水平综合评价指标体系，见表 3 – 1。其次，运用二阶段时变熵值法测算 2005 ~ 2018 年中国 282 个地级市韧性水平进行测算。最后，从多个角度对中国城市韧性的空间分布格局进行描述。

第一节　中国城市韧性指标
体系构建与测度

一、指标体系设计原则

综合评价指标体系的构建是评估问题的基础工作，比如，一个科学的综合评价指标体系的建立是否能够准确地反映研究对象，是研究问题的核心（王宗军，1998）。在综合评价问题中，如果没有一个科学的评价指标体系，无论数据的真实性和客观性如何，无论采用的评价方法多么先进，无论数据处理得多么精密和准确，最终评价结果都会偏离评价的目标（郭亚军，2007）。

评价指标体系的构建是一项复杂、细致、具有逻辑性的工作（Wang et al.，2023）。这项工作的复杂性主要体现在以下几个方面：第一，评价对象系统本身具有复杂的特征。综合评价的目标涵盖了经济、社会、科技、教育等多个领域，可能涉及小型系统，也可能涉及复杂的大型系统。通常情况下，评价工作的复杂性与评价对象系统的复杂性密切相关，无论是小型系统还是复杂的大型系统，本身都是复杂且动态的整体。第二，评价对象系统具有多样性。综合评价的对象系统来自各个领域和各个层面，不同的对象系统之间存在差异，因此在构建指标体系时必须考虑到这些主体的个性化特征。第三，评价目标具有多样性。在经济社会目标管理中，常常会面临一个评价问题涉及多个目标的情况。如何在多目标和多主体的意见之间寻求平衡，是指标体系构建中经常遇到的复杂问题。第四，指标的定义和选取具有抽象性特征。将对象系统的特征指标化是一个抽象的过程，寻找适当的"名词"或"术语"以准确和完整地描述定义对象系统的特征具有一定难度。第五，评价活动具有动态性特征。评价活动本身不断发展变化，且评价对象系统也处于不断发展和变化的过程中。对象系统的特征和评价目标可能随着时间推移而发生变化，这一系列变化会对指标体系提出新的要求。

综合评价指标体系的构建具有多重复杂特征。因此，在构建评价指标系统时，必须运用科学和系统思维（Wang et al.，2023）。为构建符合研究目标的综合评价指标体系，指标的设计与构建过程应遵循以下原则。

（一）系统性原则

在构建城市韧性评价指标体系时，需要将其打造成一个有机、多要素、多层次、多维度的系统，以全面反映城市韧性的各类目标和要求，避免遗漏关键方面。此外，在构建过程中，必须考虑城市韧性评价的内在逻辑和指标之间的层级关系，同时还要关注未来的发展趋势。在具体选择评价指标时，需确保这些指标之间相互关联、相互依存，同时要避免指标之间的交叉和重叠，以确保评价体系的准确性和完整性（彭张林等，2017；张明斗和冯晓青，2018）。这一综合性的评价体系构建需要充分考虑不同领域的专业知识和跨学科的合作，以便更好地理解和评估城市的真实韧性水平。

（二）科学性原则

城市韧性评价指标的构建应当基于充分的科学分析，包括对城市韧性的本质、构成因素和影响因素的深入理解。每个评价指标必须有明确定义，以便不同研究者和决策者都能理解其含义。例如，如果评估社区的抗震能力，那么"抗震能力"这个指标必须在定义中清晰地表明它是如何度量的，可能包括建筑物的结构稳定性、居民的紧急预案等方面（Wang et al.，2017）。

（三）关键性原则

城市韧性评价指标体系中的指标应当具有至关重要的特征，应当是最具代表性的，能够最准确地反映城市韧性水平。指标的数量应当适度，避免不必要的冗余和复杂性。选择少数具有代表性的指标有助于提高评价体系的清晰度和易用性。指标的数量应当足够覆盖城市韧性的各个方面，但不应当过多，以免导致混淆。

（四）稳定性与动态性相结合原则

在选择城市韧性评价指标时，需要充分考虑指标的相对稳定性，同时也应该考虑在不同时间、不同领域和不同层次上的动态变化（Węglarczyk，2018；Wilbanks and Sathaye，2007）。这种综合性的考虑对于深入理解城市韧性的发展至关重要。在选择指标时，要确保这些指标具有相对稳定性，即它们不会在短期内发生大幅度变化，而会更多地反映城市的长期趋势。这有助于捕捉城市韧性的基本状态，而不会受到瞬时波动的干扰。最终的评价应该是对多个指标的综合分析，以形成对城市韧性整体状态的全面认识。这可以通过将各个指标进行加权或结合成指数来实现，以便更好地理解城市的韧性状况。

（五）简明性和可操作性原则

评价指标应具有明确的概念，易于测量和获取。在选择评价指标时，需要考虑现有的人力、物力和技术水平。指标的选择应具备可得性和可比性，同时要确保指标本身易于理解和接受。

二、城市韧性的测算方法

由于指标体系呈现多层次、多维度特点，且每个指标的性质不同，计量单位不同，不能将其简单加总。为了有效实现评价对象在不同年份、不同维度之间的动态可比，本书改进了现有的熵值拟合方法（Arora et al.，2015；Macedo，2022；Yang，2022；Yi et al.，2023），采用加入时间变量的二阶段熵值法对中国城市韧性发展水平进行测度，具体过程如下。

设有 θ 个年份，n 个地区，k 个维度，j 个指标，则 $x_{\theta ij}$ 为第 θ 年城市 i 的第 j 个指标值：

$$正向指标：y_{\theta ij} = \frac{X_{\theta ij} - \min X_j}{\max X_j - \min X_j} \qquad 负向指标：y_{\theta ij} = \frac{\max X_j - X_{\theta ij}}{\max X_j - \min X_j}$$

$$（3-1）$$

进行归一化处理：

$$P_{\theta ij} = y_{\theta ij} \bigg/ \sum_{\theta} \sum_{i=1}^{m} y_{\theta ij} \qquad （3-2）$$

计算熵值 $e_{\theta jk}$（第 θ 年，第 k 个维度，第 j 个指标的熵值）：

$$e_{\theta jk} = -\frac{1}{\ln n} \sum_{i=1}^{n} p_{\theta ij} \ln p_{\theta ij} \qquad （3-3）$$

$g_{\theta ik}$ 为第 θ 年，第 i 个地区，第 k 个维度内指标的比重：

$$g_{\theta ik} = \frac{\sum\limits_{j=1}^{n} \dfrac{1 - e_{\theta jk}}{\sum\limits_{j=1}^{n} e_{\theta jk}} p_{\theta ijk}}{\sum\limits_{i=1}^{n}\sum\limits_{j=1}^{n} \dfrac{1 - e_{\theta jk}}{\sum\limits_{j=1}^{n} e_{\theta jk}} p_{\theta ijk}} \qquad (3-4)$$

$e_{\theta k}$ 为第 θ 年，第 k 个维度的加权熵值：

$$e_{\theta k} = -\frac{1}{\ln n}\sum_{i=1}^{n} g_{\theta ik} \ln g_{\theta ik} \qquad (3-5)$$

第 θ 年第 i 个地区的城市韧性发展水平综合评价指数：

$$U_{\theta i} = \sum_{k=1}^{h} \frac{1 - e_{\theta k}}{\sum\limits_{k=1}^{h}(1 - e_{\theta k})} g_{\theta ik} \qquad (3-6)$$

其中，$y_{\theta ij}$ 为标准化后的指标值，X_{ij} 表示第 θ 年第 i 个地区第 j 项指标的初始值，$\min X_j$ 和 $\max X_j$ 表示第 j 项指标中的最小值和最大值，$U_{\theta i}$ 为第 θ 年第 i 个地区的城市韧性综合发展指数。

三、城市韧性指标体系的构建

本部分将根据《2022 年新型城镇化和城乡融合发展重点任务》中，关于中国新型城镇化建设的目标及前期文献的研究成果，同时考虑可测度、可比较原则，以及数据采集的可获得性和评价指标的可量化性，从经济、社会、生态、基础设施四个维度（Zhan et al.，2018；Zhang et al.，2020；Zhao et al.，2022），共选取 29 个指标，构建了城市韧性的综合评价指标体系（见表 3-1），进而测度了 2005~2018 年中国 282 个地级市的韧性水平。其中，"城镇登记失业人口比例""工业二氧化硫排放强度"作为逆向指标，其余则为正向指标。

表 3 – 1　　　　　中国城市韧性综合评价指标体系

准则层	指标层	指标	权重	指标性质
经济韧性 (0.4107)	人均 GDP（元/人）	X_1	0.0319	+
	第三产业占 GDP 比重（%）	X_2	0.0097	+
	科学技术支出占 GDP 比重（%）	X_3	0.0405	+
	人均实际利用外资金额（万美元/人）	X_4	0.1365	+
	城镇登记失业人口比例（%）	X_5	0.0015	−
	人均储蓄存款额（元/人）	X_6	0.0486	+
	从业人员比例（%）	X_7	0.0936	+
	人均财政支出（元/人）	X_8	0.0485	+
社会韧性 (0.1812)	城镇人均可支配收入（元/人）	X_9	0.0213	+
	第三产业就业人员比重（%）	X_{10}	0.0085	+
	在岗职工平均工资（元/人）	X_{11}	0.0127	+
	每万人在校大学生数	X_{12}	0.0701	+
	每万人病床位数（张/万人）	X_{13}	0.0190	+
	城市人口密度（%）	X_{14}	0.0315	+
	每万人公共管理与社会组织人员	X_{15}	0.0181	+
生态韧性 (0.2439)	工业二氧化硫排放强度	X_{16}	0.0023	−
	人均公园绿地面积（公顷/万人）	X_{17}	0.0700	+
	人均绿地面积（公顷/万人）	X_{18}	0.0881	+
	建成区面积占市区面积比例（%）	X_{19}	0.0647	+
	建成区绿化覆盖率（%）	X_{20}	0.0054	+
	生活污水处理率（%）	X_{21}	0.0070	+
	一般工业固体废物综合利用率（%）	X_{22}	0.0064	+
基础设施 韧性 (0.1641)	人均道路面积（平方米/人）	X_{23}	0.0152	+
	排水管道密度（%）	X_{24}	0.0252	+
	燃气普及率（%）	X_{25}	0.0034	+
	每万人拥有公共汽/电车（辆/万人）	X_{26}	0.0353	+
	居住设施用地比例数据（%）	X_{27}	0.0625	+
	人均公共卫生设施（张/人）	X_{28}	0.0186	+
	城市生活垃圾无害化处理率（%）	X_{29}	0.0040	+

从城市经济韧性维度看，城市经济韧性表现为面对不确定经济因素冲击时所体现出的稳定性，一个强大的城市经济体系是维系城市发展的基本动力。经济韧性高的地区，可以快速适应外部冲击、调整区域产业结构、不断优化升级，最终城市能够更好地应对不断变化的经济条件，实现长期繁荣。这方面主要涉及社会经济运转情况、城市吸引外商直接投资的能力、居民消费能力、财政支持能力等方面。具体指标包括：人均 GDP、第三产业占 GDP 比重、科学技术支出占 GDP 比重、人均实际利用外资金额、城镇登记失业人口比例、人均储蓄存款额、从业人员比例、人均财政支出。

从城市社会韧性维度看，城市社会韧性表现为城市在遭遇短期或累积冲击时的保障能力和发展潜能，城市社会发展以人为本，涉及城镇人口的健康和福祉。城镇人均可支配收入、第三产业就业人员比重、在岗职工平均工资和城市人口密度侧重考虑城市居民的生存需求，提供正常生活条件。在发生危机灾害时，卫生机构能够提供居民紧急医疗服务，以保障人口的健康生存，接受高校教育同样能提高居民技能素质与应对风险的能力。具体指标包括：城镇人均可支配收入、第三产业就业人员比重、在岗职工平均工资、每万人在校大学生数、每万人病床位数、城市人口密度、每万人公共管理与社会组织人员。

从城市生态韧性维度看，城市生态韧性是城市社会生态系统的重要体现，城市发展过程中的生态风险主要体现在不透水地面增加、绿地景观减少、排污系统和垃圾处理系统存在短板等方面，从而导致城市生态环境系统功能的退化。这就对城市的绿地面积、排污与垃圾处理系统等指标提出了较高要求。针对上述生态环境风险，可采用绿地率、生活污水排放与处理等指标来监测生态韧性程度的高低。具体指标包括：工业二氧化硫排放强度、人均公园绿地面积、人均绿地面积、建成区面积占市区面积比例、建成区绿化覆盖率、生活污水处理率、一般工业固体废物综合利用率。

从城市基础设施韧性维度看，城市基础设施韧性表现为人口集聚对城市基础设施带来的巨大压力，导致城市面对冲击时表现出的脆弱性。例如，城市在发展过程中道路建设密度加大，排水系统建设标准不够，会导致地面不透水面积增加，从而使管道排水不畅。换言之，没有足够的城市基础设施作为支撑，将影响城市的韧性建设。尤其是城市中道路建设、排水管道、燃气运输以及公共设施等需提高作业标准，增强城市基础设施的韧性程度。具体指标包括：人均道路面积、排水管道密度、燃气普及率、每万人拥有公共汽/电车、居住设施用地比例数据、人均公共卫生设施、城市生活垃圾无害化处理率。

四、数据来源说明

本部分采用 2005～2018 年中国 282 个地级市的面板数据，其数据主要通过各类统计年鉴获取，为最大限度保证数据获取途径的统一性，所用年鉴基本基于全国尺度，主体年鉴为《中国城市统计年鉴》《中国城市建设统计年鉴》《中国区域经济统计年鉴》，相关年鉴为《中国人口和就业统计年鉴》《中国统计摘要》《中国县域经济统计年鉴》《中国环境统计年鉴》《中国能源统计年鉴》等，部分数据来源于国家相关部委年度统计公报、各地市国民经济和社会发展统计公报，以及各地市政府工作报告等，部分缺失值通过插值法予以补齐。各变量描述性统计见表 3 - 2。

表 3 - 2　　　　　　　　各变量描述性统计

指标	样本量	均值	标准差	最小值	最大值
X_1	3948	39363. 8200	30342. 7100	2396. 0000	256877. 0000
X_2	3948	38. 6229	9. 8695	8. 5800	85. 3400
X_3	3948	0. 2308	0. 3017	0. 0000	6. 3100

续表

指标	样本量	均值	标准差	最小值	最大值
X_4	3948	182.4458	626.1255	0.0165	17209.1700
X_5	3948	0.6227	0.4763	0.0197	5.6038
X_6	3948	29442.4000	31666.3700	1281.7040	300241.1000
X_7	3948	21.2593	33.4135	2.3452	356.6361
X_8	3948	6417.9570	6611.4560	412.1060	109377.7000
X_9	3948	21306.7000	9993.0020	4987.0000	144668.0000
X_{10}	3948	52.6806	13.0235	9.9100	94.8200
X_{11}	3948	39831.2600	20056.1900	4958.0000	320626.3000
X_{12}	3948	169.4228	232.7982	0.3176	3502.1800
X_{13}	3948	39.1017	18.2745	0.9819	202.2830
X_{14}	3948	430.7834	333.2691	4.7000	2661.5400
X_{15}	3948	117.6191	53.3991	16.1111	590.6667
X_{16}	3948	0.0526	0.0978	0.0000	1.3555
X_{17}	3948	3.6757	5.9162	0.0018	73.8173
X_{18}	3948	16.7664	31.9483	0.0764	533.7273
X_{19}	3948	0.0963	0.1356	0.0014	3.9895
X_{20}	3948	38.1502	13.6178	0.3800	386.6400
X_{21}	3948	74.1227	23.3572	0.6614	100.0000
X_{22}	3948	79.4063	22.8084	0.2400	174.4200
X_{23}	3948	14.9702	6.7760	1.5500	60.0700
X_{24}	3948	8.7141	15.6247	0.1800	947.0000
X_{25}	3948	88.5961	15.3059	0.0100	141.3300
X_{26}	3948	7.8769	7.6299	0.3200	144.3647
X_{27}	3948	3.8485	4.7947	0.0011	41.8693
X_{28}	3948	0.0043	0.0019	0.0005	0.0145
X_{29}	3948	89.1776	19.2665	0.0100	100.0000

第二节　中国城市韧性的空间分布格局

一、总体空间分布特征

图 3-1 为考察期内中国城市韧性排名前十的城市，可以发现中国城市韧性的空间分布主要具有以下特点：第一，"点—面扩散"格局形成。2005 年，仅有深圳市表现出较高的韧性水平，而到 2018 年，高韧性水平的城市已经扩展成面状分布，主要聚集在中国东部沿海地区。这种"点到面"的扩散反映了中国东部沿海地区在城市韧性方面的长足进展，也昭示出城市韧性与经济发展水平紧密相关。第二，集聚分布特征凸显。中国城市韧性水平相对较高的城市主要呈现出集聚分布的特征，主要集中在珠三角和长三角城市群周围。这些地区长期都是中国经济发展的核心区域，因此在城市韧性方面也表现出较高水平。第三，"东强西弱"现象固化。尽管中国城市韧性整体水平有所提高，但韧性水平相对较高的城市仍主要分布在东部沿海地区。这表明东部地区的城市在经济快速发展的同时，也注重了城市韧性建设。相比之下，中西部地区在城市韧性方面的发展相对滞后，仅有武汉市，跻身前十。第四，"南强北弱"现象固化。南方地区的城市韧性一直显著高于北方地区。南方地区不仅经济发展迅速，且在城市韧性方面表现出不断提升的趋势，这使南方地区的城市韧性整体水平明显优于北方地区。北方地区仅有北京市排名前十，其余城市韧性发展均较为滞后。出现上述情况的可能原因是，东部地区城市的经济实力不断壮大，为完善城市系统以及应对城市发展过程中各种未知因素的干扰奠定了良好基础，从而使东部地区韧性水平高的城市远多于中西部地区。此外，南方地区经济发展迅速，带动了整体城市韧性不断提升。

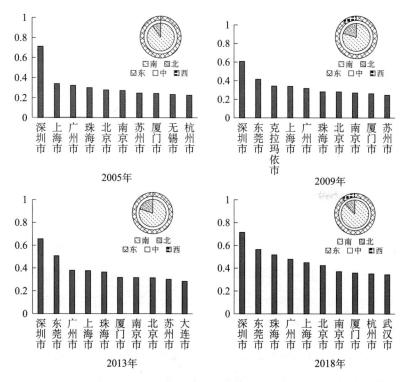

2005年

2009年

2013年

2018年

图 3-1　中国城市韧性排名前十分布统计

二、区域分布特征

从城市韧性值看，如图 3-2 所示，考察期内东中西三大地区、南北两大地区的城市韧性均存在显著的空间差异。根据图 3-2（a）可知，考察期内，东部地区的城市韧性最高，中部地区次之，而西部地区的城市韧性水平相对较低。这一现象反映了中国不同地区在城市韧性发展方面的非均衡性。东部地区是中国经济发展的"桥头堡"与"火车头"，城市韧性的高水平可能与其较高的经济发展水平和基础设施建设有关，而西部地区城市韧性相对较低可能与其相对滞后的发展水平和资源分配有关。东部地区城市韧性占全国份额最大，年均城市韧性份额为 49.04%，进一步强调了东部地区在中国城市韧性中的主导地位。中部地区次之，年均城市韧性份额为 34.17%，而西部地区的年均城市韧性份额最少，仅为 16.78%。这反映了中国城市韧性的空间集中性，即东部地区在全国城市韧性中的份额远远超过其他地区。根据图 3-2（b）可知，北方地区平均城市韧性份额为 43.81%，南方地区平均城市韧性份额为 56.19%，南北两大地区的城市韧性存在一定差距。从城市韧性发展趋势看，南北两大地区的城市韧性中，南方地区城市韧性一直高于北方地区。上述情况说明东部地区与中部地区、西部地区城市韧性存在较大差距；南方地区与北方地区城市韧性发展相对均衡，但仍存在一定的差距。

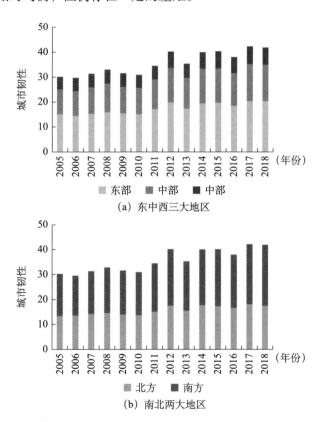

（a）东中西三大地区

（b）南北两大地区

图 3-2 中国区域城市韧性的动态演进特征

从城市韧性增速看，如图 3-3 所示，考察期内东中西三大地区、南北两大地区的城市韧性增速呈现明显波动态势。根据图 3 - 3 （a）可知，中部地区城市韧性增速最快，年均增速为 3.20%；东部和西部地区城市韧性增速低于全国年均增速水平（2.86%），年均增速分别为 2.68% 和 2.77%。从 2013 年开始，东中西三大地区的城市韧性增速趋于一致，但仍然存在一些差异。这可能反映了中国政府在城市韧性建设方面采取的积极政策以及资源分配的调整措施，以平衡不同地区之间的发展。根据图 3 - 3 （b）可知，南方地区的城市韧性年均增速为 3.15%，远高于北方地区的 2.49%。这表明南方地区在城市韧性方面的投入和改进相对较高。南方地区通常具有更为温暖潮湿的气候条件，较少的自然灾害风险可能促使城市更容易适应不同情境，这可能有助于城市韧性的提高。自 2008 年以来，南北两大地区的城市韧性增速水平逐渐趋向一致，但南方地区仍然保持领先，这可能是由于全国范围内城市韧性建设得到了更多的政策支持和国家层面的统筹规划。总之，上述情况强调了中国不同地区城市韧性增速的空间差异，中部和南方地区表现出相对较高的增速，而东部和北方地区的增速水平相对较低。这一差距提示了我国需要更多的努力来改善城市韧性，确保各地区都能够适应未来的发展挑战和变化。

三、子系统的空间分布特征

基于前面的中国城市韧性综合评价指标体系，利用 2005 ~ 2018 年中国 282 个地级市的面板数据，测算各城市经济韧性、社会韧性、生态韧性、基础设施韧性四个子系统的得分情况，并将 282 个城市按照对应省份分别划分为东中西三大地区、南北两大地区，以考察城市韧性指标子系统在区域层面的空间分布特征。图 3 - 4 展示了中国城市韧性子系统的动态演进特征。其中，横轴为年份，纵轴为韧性水平。由于各地区城市数量不同，采用地区内城市各韧性平均值来分析韧性水平，不同的地区用不同的散点样式进行标注。

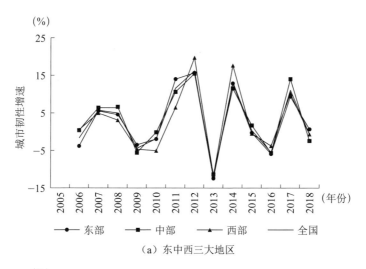

（a）东中西三大地区

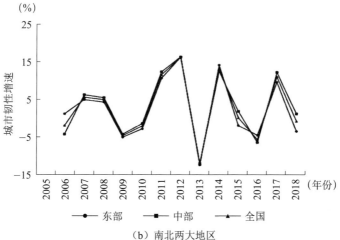

（b）南北两大地区

图 3 - 3　中国区域城市韧性增速的动态演进特征

（一）城市经济韧性

图 3 - 4 为考察期内中国城市经济韧性动态演进特征，可以发现中国城市经济韧性主要具有以下特征。第一，全国城市经济韧性发展呈持续上升趋势，城市经济韧性水平由 2005 年的 0.0234 上升到 2018 年的 0.0479，年均增长率为 5.67%，这说明中国韧性城市建设取得了较为显著的经济效应。第二，区域层面城市经济韧性与全国城市经

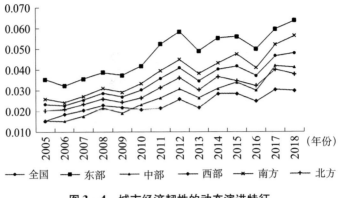

图 3 – 4　城市经济韧性的动态演进特征

济韧性均保持上升的发展趋势，但呈现出鲜明的区域非均衡特征。从东中西三大地区看，东部地区的城市经济韧性水平最高，远高于全国和其他地区水平，中部地区和西部地区经济韧性普遍低于全国水平，且波动性较大。其中，西部地区城市经济韧性水平在 2010 年前高于中部地区，但 2010 年西部地区城市经济韧性略有下降，之后低于全国和其他区域水平。从南北两大地区看，南方地区城市经济韧性水平高于全国水平，但相较于东部地区仍有一定差距；北方地区城市经济韧性水平略低于全国水平。第三，东中西三大地区与南北两大地区城市经济韧性发展水平增速差异明显。从东中西三大地区看，居首位的是中部地区，年均增长率为 7.93%，高于全国城市经济韧性年均增长水平；其次是西部地区，年均增长率为 5.29%；居末位的是东部地区，年均增长率为 4.64%。从南北两大地区看，南北方地区城市韧性发展水平年均增速分别为 6.13%、4.93%，南方地区增速略高于全国水平。上述情况说明，东中西三大地区与南北两大地区的城市经济韧性水平均持续得到改善，经济建设成效显著。

（二）城市社会韧性

图 3 –5 为考察期内中国城市社会韧性动态演进特征，可以发现中国城市社会韧性主要具有以下特征。第一，全国城市社会韧性发展

呈波动上升趋势，城市社会韧性水平由 2005 年的 0.0309 上升到 2018 年的 0.0430，年均增长率为 2.58%。需要特殊说明的是，考察期内 2011 年波动较大，下降至 0.0285，低于考察期初水平，这说明中国城市社会韧性发展仍具有一定的不稳定性。第二，区域层面城市社会韧性发展水平保持波动上升趋势，但东中西地区呈现出显著的区域非均衡特征。东部地区的城市社会韧性仍处于全国领先水平，中部地区和西部地区社会韧性则普遍低于全国水平。其中，中部地区城市社会韧性水平在 2012 年之前高于西部地区，但 2012 年之后低于西部地区；2012~2015 年间中西部城市社会韧性差距不大，但 2015 年之后差距变大。此外，南北方地区城市社会韧性与全国城市社会韧性趋势基本相同、水平大体相近。南方地区城市社会韧性略高于全国水平，北方地区城市社会韧性水平则略低于全国水平。第三，东中西三大地区与南北两大地区的城市社会韧性发展水平增速差异明显。西部地区位列东中西三大地区之首，年均增长率为 3.19%，高于全国城市社会韧性年均增长水平，东部地区与中部地区年均增长率均为 2.44%，低于全国增速；南北方地区城市社会韧性发展水平年均增速分别为 2.74% 和 2.38%，南方地区增速略高于全国水平。上述情况说明，东中西三大地区与南北两大地区的城市社会韧性水平有一定改善，但仍有很大的进步空间。

（三）城市生态韧性

图 3-6 为考察期内中国城市生态韧性的动态演进特征，可以发现中国城市生态韧性主要具有以下特征。第一，全国城市生态韧性发展呈缓慢上升趋势，生态韧性水平由 2005 年的 0.0238 上升到 2018 年的 0.0306，年均增长率为 1.97%。这说明城市层面的生态建设取得一定成效，但无论是从韧性水平还是增长率看，城市生态韧性水平低于城市经济韧性水平和城市社会韧性水平，城市生态建

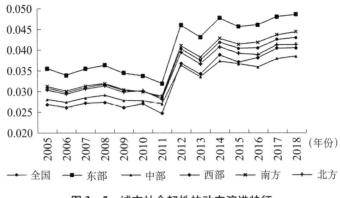

图 3-5 城市社会韧性的动态演进特征

设仍需加强。第二，区域层面城市生态韧性发展与全国城市生态韧性发展趋势基本一致，但地区之间城市生态韧性发展显著不均衡。东部地区城市生态韧性水平最高，远高于全国和其他区域水平；中部地区和西部地区城市生态韧性普遍低于全国水平，其中中部地区生态韧性水平高于西部地区。南北方地区城市生态韧性与全国城市生态韧性趋势基本相同、水平大体相近。其中，2011 年之前北方地区城市生态韧性略高于全国水平，南方地区城市生态韧性水平略低于全国水平；2011 年之后南北方城市生态韧性水平与全国水平大致持平。第三，东中西三大地区与南北两大地区的城市生态韧性发展水平增速差异明显。从东中西三大地区看，位列首位的是东部地区，年均增长率为 2.31%，高于全国城市生态韧性年均增长水平，中部地区与西部地区年均增长率分别为 1.67% 和 1.61%，均低于全国水平；从南北两大地区看，南北方地区城市生态韧性发展水平年均增速分别为 2.14% 和 1.77%，南方地区年均增长率高于全国水平。这说明东中西三大地区与南北两大地区的城市生态韧性发展持续向好，但仅有东部地区和南方地区增长率达到全国水平，其余地区生态韧性发展空间仍然很大。

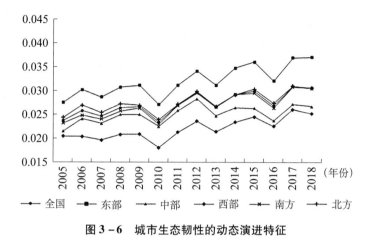

图 3 – 6　城市生态韧性的动态演进特征

（四）城市基础设施韧性

图 3 – 7 为考察期内中国城市基础设施韧性的动态演进特征，可以发现中国城市基础设施韧性主要具有以下特征。第一，全国城市基础设施韧性呈持续波动趋势。其中，2005 年与 2018 年的城市基础设施韧性水平基本持平在 0.0294；2006 年、2009 年和 2013 年波动较大，城市基础设施韧性水平分别下降至 0.0272、0.0282 和 0.0268，低于考察期初水平；2010 年达到考察期内最低值 0.0262，2012 年达到考察期内最高值 0.0317。虽然考察期始末城市基础设施韧性水平较为稳定，但考察期内城市基础设施韧性水平出现多次短期波动，昭示出中国城市基础设施韧性发展仍具有一定的不稳定性。第二，区域层面城市基础设施韧性与全国城市基础设施韧性的发展趋势一致，但仍存在地区不均衡现象。其中东部地区的城市基础设施韧性水平远高于全国和其他地区水平，但呈现出波动下降趋势；中部地区城市基础设施韧性略低于全国水平；西部地区城市基础设施韧性远低于全国水平，考察期内最高值 0.0255 低于全国最低值，城市基础设施韧性水平较差。此外，南北方地区城市基础设施韧性与全国城市基础设施韧性趋势基本相同、水平大体相近。第

三，从地区城市基础设施韧性发展水平增速来看，全国与各地区城市基础设施韧性增长率均于 2011 年达到最高值。其中东部地区（19.45%）、西部地区（19.73%）和北方地区（20.48%）高于全国增长率水平（19.21%）；全国与各地区城市基础设施韧性增长率均于 2013 年达到最低值，东部地区（-17.79%）、西部地区（-16.10%）和北方地区（-15.56%）的降幅高于全国水平（-15.38%）。这说明东部地区、西部地区和北方地区的城市基础设施韧性水平波动程度较高，城市基础设施韧性稳定性较差。

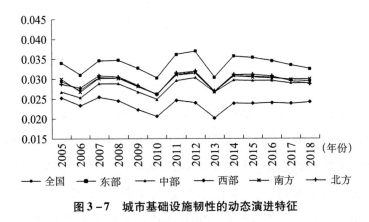

图3-7　城市基础设施韧性的动态演进特征

第三节　中国城市韧性的
空间集聚格局

一、全域空间相关性分析

Moran's I 指数通常用来分析全域的空间相关性，可以判断整个研究区域内邻近区域是否有空间相关性，是正相关、负相关还是相互独立（Boots and Tiefelsdorf，2000；Amirzadeh et al.，2022；Boucheron et al.，2003）。Moran's I 指数的计算公式如式（3-7）和式（3-8）

所示。

$$\text{Moran's I} = \frac{N \sum_i \sum_j w_{ij}(m_i - \overline{m})(m_j - \overline{m})}{(\sum_i \sum_j w_{ij}) \sum_i (m_i - \overline{m})^2} = \frac{\sum_i \sum_{j \neq i} w_{ij}(m_i - \overline{m})(m_j - \overline{m})}{S^2 \sum_i \sum_j w_{ij}}$$

$$(3-7)$$

$$S^2 = \frac{1}{N} \sum_i (m_i - \overline{m})^2 \qquad (3-8)$$

其中,N 为研究范围内地区的总个数,w_{ij} 为空间权重矩阵,m_i 和 m_j 分别为地区 i 和地区 j 的属性,m 为属性的平均值,S^2 为属性的方差。Moran's I 指数可以认为是样本值与其空间滞后间的相关系数,而变量 m_i 的空间滞后是其在领域 j 的平均值,如式(3-9)所示。

$$m_{i-1} = \frac{\sum_i w_{ij} m_{ij}}{\sum_j w_{ij}} \qquad (3-9)$$

因此,Moran's I 指数的取值范围是 [-1,1]。如果其值大于零,且检验显著,则说明所研究的变量分布呈空间正相关状态,存在集聚效应;若其值接近于 1,则说明相似的属性聚集在一起(高—高相邻或低—低相邻)。若其值小于零,且检验显著,则说明研究的变量分布呈空间负相关,存在扩散效应;若其值接近于 -1 时,则说明具有相异的属性聚集在一起(高—低相邻或低—高相邻)。若其值接近于零且检验显著,则说明变量在空间属性上是独立分布的,不存在空间自相关性。Moran's I 指数的绝对值能够反映空间相关程度的强弱,若其绝对值越大,则说明空间相关程度也越大,反之亦然。

表 3-3 报告了城市韧性 Moran's I 指数及其检验结果。从演变趋势看,Moran's I 指数在考察期内呈"先上升后下降"的趋势,从 2005 年的 0.265 上升至 2011 年的 0.410,达到样本期间最大值,随后又从 2011 年的 0.410 下降到 2018 年的 0.398。从数值看,考察期内 Moran's I 指数全部大于 0,且整体数值较高,这表明中国城市韧性存

在着较强的空间正相关关系。这意味着城市韧性水平在空间上呈现出一定的相似性，即高韧性城市周围的城市往往也具有较高的韧性水平，而低韧性城市周围的城市往往也具有较低的韧性水平。在显著性水平上，考察期内城市韧性 Moran's I 指数均通过了 1% 的显著性检验。以上结果表明，在全局角度上中国城市间城市韧性存在显著的空间外溢效应。这种空间外溢效应的存在可能源于不同城市之间的经济、社会、政治等方面的相互作用。随着城市间的沟通和交流变得更加便捷，不同城市之间的生产要素可以更加容易地相互流动、融合和共享。高韧性城市可能通过其城市韧性核心要素在邻近地区的流动，促进了周边城市韧性水平提升。这种相互影响有助于形成城市韧性在空间上的正相关性。

表 3－3　　　　　　　中国城市韧性全局 Moran's I 指数值

年份	Moran's I	P 值	年份	Moran's I	P 值
2005	0.265	0.000	2012	0.375	0.000
2006	0.313	0.000	2013	0.370	0.000
2007	0.343	0.000	2014	0.372	0.000
2008	0.379	0.000	2015	0.366	0.000
2009	0.375	0.000	2016	0.370	0.000
2010	0.369	0.000	2017	0.371	0.000
2011	0.410	0.000	2018	0.398	0.000

二、局域空间相关性分析

全局 Moran's I 指数只能从整体范围描述中国城市韧性的空间分布，不能具体反映 282 个城市不同区域单元之间的局域集聚性（Campanella，2006；Cheng et al.，2022）。为此，为进一步探究中国城市韧性是否存在局域空间相关性，就需要对各地区的城市韧性水平进行局域空间相关性检验。局域空间自相关能够反映在一个区域单元上的某种地理现象或某一属性值是否与邻近区域单元上同一现象或属性值相关，以及局部各区域之间是否具有空间异质性，因而能够弥补全局空间自相关检验的不足（Flahaut et al.，2003；Fan and Myint，2014）。局域空间相关性通常通过测算空间关联局域指标（local indicators of spatial association，LISA）的显著水平及 Moran 散点图等，来分析每个区域与周边地区间的空间差异程度。每个区域的 LISA 是用来度量该区域与其周围邻近地区在空间上的差异程度及其显著性，是全局空间自相关统计量 Global Moran's I 的分解。对第 i 个区域而言，Moran's I 的 LISA 公式如式（3 - 10）所示。

$$I_i = \frac{(x_i - \bar{x})}{S^2} \sum_{i,j=1}^{n} w_{ij}(x_i - \bar{x}) \qquad (3 - 10)$$

$$S^2 = \frac{1}{n} \sum_{i=1}^{n} (x_i - \bar{x})^2 \qquad (3 - 11)$$

其中，$i \neq j$，n 是参与分析的空间单元数；x_i 和 x_j 分别为某现象 x 在空间单元 i 和 j 上的观测值；w_{ij} 是空间权重矩阵，表示区域单位 i 和 j 的邻近关系或距离关系，相当于相关系数。根据计算出的检验统计量，可以对空间自相关关系进行显著性检验。

Moran's I 散点图是描述变量 Z 与其空间滞后（即该观测值周围邻居的加权平均）向量之间的相关关系。一般将散点图划分为四个象限，其中横轴对应描述变量，纵轴对应空间滞后向量，用来识别一个地区及其邻近地区的关系。第一象限为"高—高集聚区"（H—H），表示高韧性水平的区域被高韧性水平的其他区域所包围；第二象限为"低—高集聚区"（L—H），表示低韧性水平的区域被高韧性水平的其他区域所包围；第三象限为"低—低集聚区"（L—L），表示低韧性水平城市被低韧性水平城市包围；第四象限为"高—低集聚区"（H—L），表示高韧性水平城市被低韧性水平城市包围。第一、第三象限正的空间自相关关系表示相似观测值之间存在空间关联；第

二、第四象限负的空间自相关关系表示不同观测值之间的空间联系。如果观测值均匀地分布在四个象限，则表示地区之间不存在空间自相关。

中国城市韧性的局部散点图如图 3－8 所示，包含 282 个研究单元，横坐标为标准化的城市韧性值，纵坐标为空间滞后值。以横纵坐标的平均值为中心坐标，可将平面区域划分为高—高（H—H）、低—高（L—H）、低—低（L—L）、高—低（H—L）四个象限。由局部 Moran's I 指数散点图可知，Moran's I 值由 2005 年的 0.265 上升到 2018 年的 0.398，这表明中国城市韧性的集聚趋势正逐步增强。考察期内 Moran 点大多分布在"高—高集聚区"（H—H）和"低—低集聚区"（L—L），这说明城市韧性水平相近（高或低）的城市在空间上更容易集聚。随着时间推移，高—高（H—H）和低—低（L—L）两个集聚区具有两极分化趋势。从高—高（H—H）型城市看，全国高—高（H—H）型城市主要分布在广东、江苏、上海等南方地区城市。在集聚范围上，H—H 型城市呈现"由北向南"的集聚趋势；在城市韧性发展速度方面，城市韧性呈现"南快北慢"的新特征，即南方地区城市韧性水平提升速度远快于北方地区。从低—低（L—L）型城市看，全国低—低（L—L）型城市相对较多，主要分布在青海、宁夏、甘肃、新疆等中西部地区省份，这说明全国城市韧性水平相对较低，中西部地区尤为落后。

三、冷热点分析

运用 ArcGIS 软件的冷热点分析（Getis－Ord Gi*）模块测度城乡协调发展水平的热点和冷点地区空间分布。计算公式为：

$$G_i^*(d) = \sum_{i=1}^{n} \omega_{ij}(d) x_i / \sum_{i=1}^{n} x_i \qquad (3-12)$$

式（3－12）中，ω_{ij} 为空间权重矩阵；x_i 为地区单元 i 的观测值。

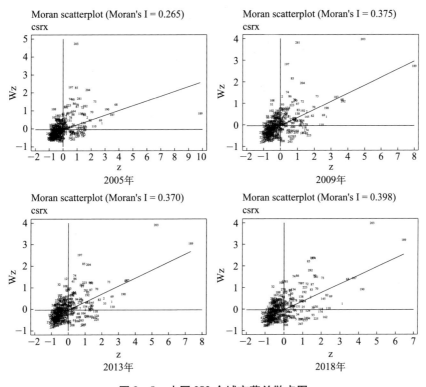

图 3 - 8　中国 282 个城市莫兰散点图

当 $G_i^*(d)$ 值显著为正，表明 i 地区周围的值相对较高，属于热点地区；反之，则为冷点地区。对中国城市韧性指数进行冷热点分析，热点区域表示该地区为中国城市韧性指数高水平区；反之，冷点区域则表明该地区为中国城市韧性指数低值区。

本书 Moran's I 值只是整体上显示出中国城市韧性存在显著的空间正相关性，为使全国城市可持续发展更有针对性。以 2005 年、2009 年、2013 年和 2018 年中国城市韧性指数进行冷热点测算，通过 Arc-GIS 进行可视化表达，采用自然最佳断裂点法（national breaks jenks）生成城市韧性指数的空间演化图，进而根据不同地区的具体情况制定相应的控制政策。将 Z 值划分为热点区、次热点区、次冷点区和冷点区四种类型，具体见表 3 - 4。

表 3 - 4 冷热点区域城市分布

冷热点程度	城市空间分布
冷点区	南宁市、柳州市、桂林市、防城港市、贵港市、来宾市、崇左市、重庆市、德阳市、绵阳市、广元市、遂宁市、南充市、广安市、巴中市、资阳市、西安市、铜川市、宝鸡市、咸阳市、汉中市、天水市、平凉市、陇南市
次冷点区	长春市、白城市、齐齐哈尔市、鹤岗市、双鸭山市、伊春市、牡丹江市、黑河市、十堰市、孝感市、北海市、钦州市、成都市、自贡市、内江市、眉山市、宜宾市、达州市、贵阳市、遵义市、延安市、安康市、商洛市、庆阳市、定西市
次热点区	安庆市、滁州市、阜阳市、宿州市、六安市、亳州市、福州市、厦门市、莆田市、三明市、泉州市、漳州市、南平市、龙岩市、宁德市、南昌市、景德镇市、萍乡市、九江市、新余市、鹰潭市、赣州市、吉安市、宜春市、抚州市、上饶市、济南市、青岛市、淄博市、枣庄市、东营市、烟台市、潍坊市、济宁市、泰安市、威海市、日照市、滨州市、德州市、聊城市、临沂市、菏泽市、郑州市、开封市、洛阳市、平顶山市、安阳市、鹤壁市、新乡市、焦作市、濮阳市、许昌市、漯河市、三门峡市、南阳市、商丘市、信阳市、周口市、驻马店市、武汉市、黄石市、宜昌市、襄阳市、鄂州市、荆门市、荆州市、黄冈市、咸宁市、随州市、长沙市、株洲市、湘潭市、衡阳市、邵阳市、岳阳市、常德市、张家界市、益阳市、郴州市、永州市、怀化市、娄底市、湛江市、茂名市、梧州市、玉林市、百色市、贺州市、河池市、海口市、三亚市、攀枝花市、泸州市、乐山市、雅安市、六盘水市、安顺市、昆明市、曲靖市、玉溪市、保山市、昭通市、丽江市、普洱市、临沧市、渭南市、榆林市、兰州市、嘉峪关市、金昌市、白银市、武威市、张掖市、酒泉市、西宁市、银川市、石嘴山市、吴忠市、乌鲁木齐市、克拉玛依市
热点区	上海市、南京市、无锡市、常州市、苏州市、南通市、盐城市、扬州市、镇江市、泰州市、杭州市、宁波市、温州市、嘉兴市、湖州市、绍兴市、金华市、衢州市、舟山市、台州市、芜湖市、马鞍山市、铜陵市、黄山市、池州市、宣城市、广州市、韶关市、深圳市、珠海市、汕头市、佛山市、江门市、肇庆市、惠州市、梅州市、汕尾市、河源市、阳江市、清远市、东莞市、中山市、潮州市、揭阳市、云浮市

（一）空间分布特征

2005～2018 年中国城市韧性程度的冷热点空间分布见表 3 - 4。以 2018 年为例，城市韧性程度热点区域主要分布在江苏省和广东省；次热点区域主要集中在东部、南方、西部地区；次冷点区域主要集中在北方地区；冷点区域主要集中在西南地区。

（二）时间变化特征

2005 年、2009 年、2013 年、2018 年中国城市韧性指数的冷热点区域数量结构见表 3 - 5。数据显示，城市韧性指数热点区域的数量无明显变化，仍然是广东、江苏两省为主要城市区域；次热点区域数量呈现下降态势，分别由 2005 年的 193 个城市减少至 2018 年的 188 个城市；次冷点区域数量呈现上升态势，由 2005 年的 16 个城市增加至 2018 年的 25 个城市；冷点区域数量呈现下降趋势，由 2005 年的 29 个城市减少至 2018 年的 24 个城市。综上所述，各地区城市韧性指数依然以次热点区域为主；冷点区域城市数量有所减少，且逐渐向次冷点区域和次热点区域转移，表明城市韧性的发展状况有所改善。

表 3 - 5 　　　　　　　　　冷热点区域城市数量结构 　　　　　　单位：个

区域类型	2005 年	2009 年	2013 年	2018 年
热点区域	44	45	46	45
次热点区域	193	189	189	188
次冷点区域	16	16	16	25
冷点区域	29	33	33	24

四、标准差椭圆分析

标准差椭圆技术（standard deviational ellipse，SDE）是探索要素空间分布方向和展布性的一种经典算法，通过长轴、短轴和方位角等参数，能够考察中国城市韧性的中心性、方向性等空间分布整体特征，同时可以更加直观地展示中国城市韧性空间分布情况及其演变趋势（Lefever，1926；Yuill，1971；Gong，2002）。本书采用 ArcGIS 软件对不同等级城市韧性水平进行标准差椭圆技术分析，以此来反映中国城市韧性的整体空间分布态势，具体测算如式（3 - 13）～式

(3-15)所示。

$$\text{空间分布重心：} \overline{X_\omega} = \frac{\sum\limits_{i=1}^{n} \omega_i x_i}{\sum\limits_{i=1}^{n} \omega_i} \qquad \overline{Y_w} = \frac{\sum\limits_{i=1}^{n} w_i y_i}{\sum\limits_{i=1}^{n} w_i} \qquad (3-13)$$

$$\sigma_x = \frac{\sum\limits_{i=1}^{n} (\omega_i \overline{x_i}\cos\theta - \omega_i \overline{y_i}\sin\theta)^2}{\sum\limits_{i=1}^{n} \omega_i^2} \qquad \sigma_y = \frac{\sum\limits_{i=1}^{n} (\omega_i \overline{x_i}\sin\theta - \omega_i \overline{y_i}\cos\theta)^2}{\sum\limits_{i=1}^{n} \omega_i^2}$$

$$(3-14)$$

$$\tan\theta = \frac{\left(\sum\limits_{i=1}^{n} \omega_i^2 \overline{x_i^2} - \sum\limits_{i=1}^{n} \omega_i^2 \overline{y_i^2}\right) + \sqrt{\left(\sum\limits_{i=1}^{n} \omega_i^2 \overline{x_i^2} - \sum\limits_{i=1}^{n} \omega_i^2 \overline{y_i^2}\right)^2 + 4\sum\limits_{i=1}^{n} \omega_i^2 \overline{x_i^2 y_i^2}}}{2\sum\limits_{i=1}^{n} \omega_i^2 \overline{x_i y_i}}$$

$$(3-15)$$

其中，$\overline{x_\omega}$，$\overline{y_\omega}$ 分别代表空间区位 (x_i, y_i) 距离分布重心的相对坐标；ω_i 表示权重，本书以城市韧性发展水平为权重；θ 为标准差椭圆技术的方位角，表示正北方向顺时针旋转与标准差椭圆技术长轴所形成的夹角；σ_x，σ_y 分别表示 x 轴和 y 轴上的标准差。

表 3-6 给出了中国城市韧性的标准差椭圆及重心的相关参数，本书基于 ArcGIS10.3，选择 2005 年、2009 年、2013 年及 2018 年为代表性年份，考察中国城市韧性的区位分布及其演变趋势。从长半轴的长度看，城市韧性标准差椭圆的长半轴由 2005 年的 1132.00 千米缩短至 2018 年的 1100.31 千米，这说明城市韧性在偏东北—偏西南方向上的空间集聚特征更加明显。从短半轴的长度看，城市韧性标准差椭圆的短半轴由 2005 年的 816.82 千米延长至 2018 年的 817.39 千米，这说明城市韧性在偏东南—偏西北方向上的空间集聚程度呈现下降的趋势。从长短轴差距看，考察期内城市韧性标准差椭圆长短轴差距相对较大，这说明城市韧性的向心力较强、方向性较明显。从平均形状

指数①看，2005~2018 年中国城市韧性的标准差椭圆平均形状指数从
2005 年的 0.722 增加到 2018 年的 0.743，逐渐向正圆趋近，这意味着
集聚区域内各城市的韧性水平分布得更加均匀。从方位角的旋转看，
考察期内方位角 θ 呈现缩小—扩大—再缩小的趋势，整个考察期内方
位角缩小了 2.5，这说明中国城市韧性空间格局正在发生变化，空间
分布由"东北—西南"向"正北—正南"方向靠拢。从面积变化看，
展布范围小幅度缩小，这表明中国城市韧性表现出轻微的空间集聚趋
势。从重心移动轨迹及方向看，中国城市韧性分布重心聚集于地处平
原的河南省驻马店市，呈现出由平舆县向西北方向移动至汝南县，再
逐渐向西南方向转移至正阳县的轨迹。

表 3-6　　　中国城市韧性的标准差椭圆技术及重心参数

年份	长半轴（千米）	短半轴（千米）	方位角 θ°	面积比②	重心坐标
2005	1132.00	816.82	16.05°	1	114.48°E，32.89°N
2009	1122.45	842.41	13.05°	1.02	114.36°E，32.95°N
2013	1120.18	788.49	15.77°	0.96	114.33°E，32.60°N
2018	1100.31	817.39	13.55°	0.97	114.56°E，32.85°N

第四节　本章小结

　　首先，本章在构建中国城市韧性综合测算指标体系的基础上，利用
二阶段时变熵值法对 2000~2018 年中国城市韧性水平进行测算，并对
中国城市韧性的空间分布格局进行分析；其次，利用全局 Moran's I 和
局部 Moran's I 对中国城市韧性的空间集聚趋势进行分析；最后，利用

---

　　①　标准差椭圆技术的短半轴与长半轴的长度之比。
　　②　当期椭圆面积比为当期椭圆面积与 2005 年的椭圆面积之比，2005 年的椭圆面积为
基期，因此 2005 年的椭圆面积比为 1。

标准差椭圆技术，通过长轴、短轴和方位角等参数，考察中国城市韧性的中心性、方向性等空间分布整体特征，更加直观地展示中国城市韧性空间分布情况及其演变趋势。主要结论有：第一，总体层面，中国城市韧性水平呈稳定持续上升趋势，综合指数由 2005 年的 0.1074 上升到 2018 年的 0.1488，年均增长率为 2.54%，但各区域间的韧性水平及增长速度均具有明显差异。第二，Moran's I 指数表明，中国城市韧性存在较强的空间正相关关系，城市间城市韧性存在"邻里模仿"与空间外溢效应，相邻城市的集聚趋势更为明显。第三，从标准差椭圆分析结果看，中国城市韧性的空间分布格局正在发生变化，空间分布由"东北—西南"向"正北—正南"方向靠拢，且呈现出一定的空间集聚趋势。

第四章 中国城市韧性的空间差异及其来源

由第三章的统计分析可见，中国城市韧性在空间分布上存在明显差异性，但该差异到底有多大？差异的主要来源是什么？带着这两个问题，本章利用以城市为基本空间单元的二阶段 Theil 指数，识别中国城市韧性的省内差异、省间差异和区域间差异，从而揭示中国城市韧性发展差异的主要空间来源。同时利用方差分解的方法对中国城市韧性空间差异来源进行结构分解，从结构视角分析各维度对总体差异的贡献。

———— 第一节 空间差异测算方法 ————

在肖罗克斯（Shorrocks，1980）提出的 Theil 指数基础上结合秋田（Akita，2003）的 Theil 指数分解方法，以城市为基本空间单位，构建二阶段嵌套 Theil 指数，将城市韧性总体空间差异分解为省内差异、省间差异和区域间差异，进一步揭示中国城市韧性的空间差异及其来源结构。Theil 指数数值越小，说明地区差异越小，数值越大，说明地区差异越大（Wang and Wang，2021；刘华军等，2019；黄杰和金华丽，2021；王晶晶等，2021）。中国城市韧性的 Theil 指数测度及其分解公式定义如下。

$$T_d = \frac{1}{N} \sum_i \sum_j \sum_k \frac{y_{ijk}}{\mu} \log \frac{y_{ijk}}{\mu} \qquad (4-1)$$

$$T_{BP} = \sum_i \frac{N_i\mu_i}{N\mu} \sum_j \frac{N_{ij}\mu_{ij}}{N_i\mu_i} \log \frac{\mu_{ij}}{\mu_i} \qquad (4-2)$$

$$T_{WP} = \frac{1}{N} \sum_i \sum_j \frac{N_{ij}\mu_{ij}}{N\mu} \sum_i \frac{y_{ijk}}{\mu_{ij}} \log \frac{y_{ijk}}{\mu_{ij}} \qquad (4-3)$$

$$T_{BR} = \sum_i \frac{N_i\mu_i}{N\mu} \log \frac{\mu_i}{\mu} \qquad (4-4)$$

$$T_d = T_{WP} + T_{BP} + T_{BR} \qquad (4-5)$$

式（4-1）中，T_d 为总体差异，N 为空间单位个数，y 为城市韧性，μ 为城市韧性均值，下标 i、j、k 分别表示 i 区域、j 省份和 k 城市。总体空间差异被分解成省内差异 T_{WP}、省间差异 T_{BP} 和区域间差异 T_{BR}。在此基础上，进一步定义省内差异贡献、省间差异贡献与区域间贡献。其中，省内差异与总体 Theil 指数的比值为省内贡献率 (T_{WP}/T_d)；省间差异与总体 Theil 指数的比值为省间贡献率 (T_{BP}/T_d)；区域间差异与总体 Theil 指数的比值为区域间贡献率 (T_{BR}/T_d)。

———— 第二节　中国城市韧性的空间差异 ————

一、中国城市韧性的总体差异

中国城市韧性的总体空间差异如图 4-1 所示。从差异水平值看，考察期内中国城市韧性的泰尔指数均值为 0.1100，总体空间差异显著。从变化趋势看，中国城市韧性总体差异呈现"上升—下降—上升"的趋势。2015 年之前，中国城市韧性的总体空间差异呈上升态势，差异值由 2005 年的 0.1013 上升到 2015 年的 0.1249，达到样本期内最大值，年均上升 2.11%。随后快速下降到 2017 年的 0.1095，年均下降 6.36%；2018 年总体差异再次上升至 0.1222，与 2005 年相比，中国城市韧性的总体空间差异整体呈上升趋势，年均上升 1.45%。可能的原因在于，中国城市韧性发展存在"马太效应"，这一效应描述了核心城市在城市韧性发展中的引领作用。核心城市的高韧性水平和吸引力导致了资源、投资和人才的集聚，进一步提高了其韧性水平，而周边城市则相对滞后。政府可以采取积极的政策措施，促进资源的流动和共享，以减小城市韧性的空间差异，实现城市韧性的均衡发展。考察期内核心城市虹吸效应明显，远远高于对周边城市的发散效应，因此，政府可以制定和实施一系列政策和计划，包括加强基础设施建设、提升教育和科技创新水平、鼓励产业多元化发展、促进城市之间的合作和协同发展等。这些措施有助于增强较弱城市的韧性，减轻城市之间的不平衡现象，推动中国城市韧性的整体提升。

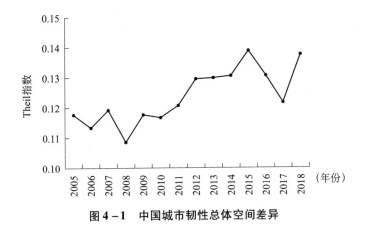

图 4-1　中国城市韧性总体空间差异

二、中国城市韧性的省内差异

表 4-1 报告了中国城市韧性的省内差异，可以发现各地区城市韧性出现较大的省内差异。按东中西三大区域划分，从差异水平值看，东部、中部和西部地区的省内差异均值分别为 0.0038、0.0025

和 0.0019，东部地区省内差异显著高于中西部地区的省内差异。从演变趋势看，三大地区的省内差异均呈上升趋势，差异值分别由 2005 年的 0.0037、0.0021 和 0.0016 上升到 2018 年的 0.0041、0.0029 和 0.0022，年均增长率分别为 0.85%、2.62% 和 2.45%。按南北两大地区划分，从差异水平值看，南方和北方地区城市韧性的省内差异均值分别为 0.0034 和 0.0021，南方地区省内差异高于北方地区。从演变趋势看，南方地区和北方地区省内差异均值均呈上升趋势，差异值分别由 2005 年的 0.0030 和 0.0019 上升到 2018 年的 0.0037 和 0.0025，年均增幅分别为 1.45%、2.14%。

表 4 – 1　　　　部分年份各省份二阶段嵌套 Theil 指数

省份	2005 年	2007 年	2009 年	2011 年	2013 年	2015 年	2017 年	2018 年
河北	0.0033	0.0032	0.0027	0.0034	0.0039	0.0044	0.0043	0.0039
山西	0.0024	0.0021	0.0017	0.0015	0.0020	0.0027	0.0019	0.0025
内蒙古	0.0019	0.0024	0.0029	0.0036	0.0032	0.0030	0.0028	0.0031
辽宁	0.0025	0.0018	0.0022	0.0035	0.0031	0.0023	0.0023	0.0028
吉林	0.0010	0.0008	0.0009	0.0006	0.0010	0.0011	0.0010	0.0010
黑龙江	0.0013	0.0016	0.0016	0.0016	0.0019	0.0025	0.0019	0.0022
江苏	0.0043	0.0040	0.0041	0.0037	0.0044	0.0042	0.0040	0.0041
浙江	0.0009	0.0008	0.0008	0.0011	0.0015	0.0015	0.0014	0.0016
安徽	0.0037	0.0045	0.0039	0.0034	0.0039	0.0046	0.0037	0.0037
福建	0.0023	0.0028	0.0029	0.0034	0.0038	0.0038	0.0034	0.0036
江西	0.0020	0.0021	0.0018	0.0017	0.0022	0.0022	0.0019	0.0020
山东	0.0036	0.0025	0.0023	0.0022	0.0024	0.0032	0.0032	0.0033
河南	0.0019	0.0031	0.0033	0.0026	0.0036	0.0044	0.0041	0.0049
湖北	0.0021	0.0023	0.0021	0.0034	0.0029	0.0030	0.0030	0.0036
湖南	0.0023	0.0023	0.0026	0.0026	0.0033	0.0034	0.0031	0.0033
广东	0.0144	0.0147	0.0133	0.0144	0.0159	0.0161	0.0152	0.0150
广西	0.0015	0.0022	0.0019	0.0017	0.0022	0.0024	0.0020	0.0024
海南	0.0001	0.0001	0.0000	0.0000	0.0000	0.0000	0.0000	0.0000

省份	2005 年	2007 年	2009 年	2011 年	2013 年	2015 年	2017 年	2018 年
四川	0.0029	0.0036	0.0044	0.0035	0.0045	0.0051	0.0042	0.0046
贵州	0.0013	0.0011	0.0011	0.0008	0.0016	0.0017	0.0010	0.0011
云南	0.0017	0.0023	0.0025	0.0020	0.0028	0.0036	0.0023	0.0027
陕西	0.0031	0.0028	0.0026	0.0026	0.0033	0.0041	0.0031	0.0038
甘肃	0.0031	0.0030	0.0035	0.0030	0.0039	0.0046	0.0041	0.0051
青海	0.0000	0.0000	0.0000	0.0000	0.0000	0.0000	0.0000	0.0000
宁夏	0.0006	0.0005	0.0005	0.0004	0.0006	0.0006	0.0005	0.0004
新疆	0.0000	0.0006	0.0004	0.0000	0.0000	0.0000	0.0000	0.0000

总体来看，无论是从横向东中西还是纵向南北的空间尺度看，中国城市韧性的省内差异均呈不断上升的趋势。进一步比较各省内部差异可以发现，省内差异均值排在前三位的省份依次是广东、四川和安徽。值得注意的是，广东省内部差异明显高于其他省份，其省内差异是四川省和安徽省的 3.66 倍，而广东省的城市韧性也远高于其他省份，位列全国前五，这表明广东省城市韧性发展较好的同时自身内部城市发展的不协调问题也较为突出。除此之外，与考察初期相比，考察末期海南、宁夏、贵州、山东、新疆、吉林、江苏和安徽 8 个省份的省内差异进一步缩小，其中海南省下降幅度最大，年均下降 22.69%；其他省份的省内差异均呈上升趋势，其中差异上升最快的是河南省，差异值由 2005 年的 0.0019 上升到 2018 年的 0.0039，年均增长 7.39%。

三、中国城市韧性的省间差异

图 4 - 2 描述了中国各地区城市韧性的省间差异，可以看出各地区内部城市韧性的省间差异呈现出不同的演变态势。如图 4 - 2（a）所示，在横向东中西三大区域中，从差异水平值看，东部地区的省间差异最大，其次是西部地区，中部地区的省间差异最小，其差异均值分别为 0.0148、0.0056 和 0.0020。从变化趋势看，东部地区省间差

异呈先上升后下降再上升的"N"形发展趋势。具体来说，2010年之前东部地区省间差异呈上升趋势，其差异值由2005年的0.0136上升到2010年的0.0161，年均增幅为3.13%，此后逐年下降，到2014年下降到0.0113，达到最小值，2014年之后又逐渐上升，到2018年贡献率达到0.0141。西部地区的省间差异在考察期内波动较大，但整体呈下降趋势，差异均值由2005年的0.0442波动下降到2018年的0.0422，年均下降0.36%。中部地区的省间差异在考察期内呈稳步上升态势，差异贡献率由2005年的0.67%上升到2018年的3.39%，年均上升13.34%。

如图4-2（b）所示，在纵向南北两大地区中，从差异水平值看，南方和北方地区的省间差异均值分别为0.0279和0.0097，对总体差异的平均贡献率分别为25.47%和8.87%。从变化趋势看，南方地区省份间差异呈下降趋势，差异值由2005年的0.0283下降到2018年的0.0272，年均下降0.30%；而北方地区的省间差异在考察期内呈缓慢的上升趋势，差异值由2005年的0.0079上升到2018年的0.0114，年均上升2.82%。综上所述，尽管省间差异对总体差异的贡献较小，但其一直处于不断上升之中，在推动城市韧性协同提升的过程中也需予以关注。

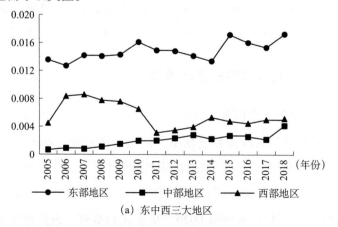

(a) 东中西三大地区

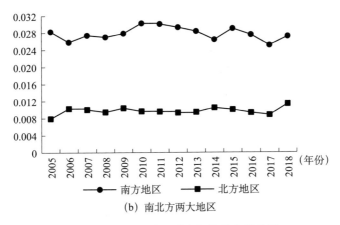

（b）南北方两大地区

图 4 - 2　中国各地区城市韧性的省间差异

第三节　中国城市韧性总体差异的来源分解

一、中国城市韧性发展差异的空间来源分解

二阶段泰尔指数可将中国城市韧性的总体空间差异分解为省内差异、省间差异和区域间差异，以便更为精准地揭示总体差异的空间来源。如图 4 - 3 所示，在横向东中西三大区域和纵向南北两大地区中，省内差异表现一致，差异均值为 0.0718，对总体差异的贡献最大，平均贡献率为 65.08%。在变化趋势上，省内差异与总体差异的演进趋势大致相同，在考察期内均呈"上升—下降—上升"的演变趋势。2015 年之前中国城市韧性的省内差异呈上升态势，差异值由 2005 年的 0.0646 上升到 2015 年的 0.0847，年均上升 2.74%；随后下降至 2017 年的 0.0744，年均下降 6.27%，2018 年重新上升至 0.0708。与 2005 年相比，中国城市韧性的省内差异在波动中呈上升趋势。

省间差异和区域间差异在东中西三大区域和南北方两大地区中的

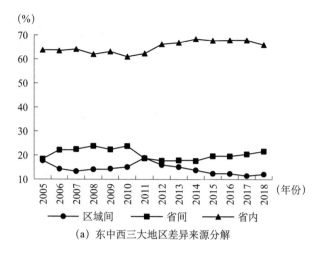

（a）东中西三大地区差异来源分解

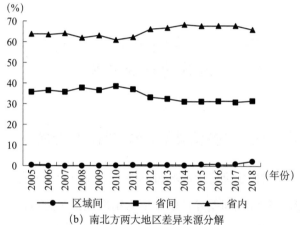

（b）南北方两大地区差异来源分解

图 4 - 3　中国城市韧性发展差异的空间来源分解

表现略有不同。如图 4 - 3（a）所示，在东中西三大区域内，省间差异和区域间差异的均值分别为 0.0225 和 0.0158，除 2011 年区域间差异贡献略微大于省间差异外，其他年份省间差异对总体差异的贡献均大于区域间差异贡献，是中国城市韧性总体差异的第二大差异来源。在演变趋势上，省间差异在考察期内呈上升趋势，其差异值由 2005 年的 0.0187 上升到 2018 年的 0.0266，年均上升 2.74%；区域间差异在考察期内呈下降趋势，其差异值由 2005 年的 0.0180 下降到 2018

年的 0.0149，年均下降 1.45%。如图 4-3（b）所示，在南北方两
大地区内，省间差异和区域间差异的均值分别为 0.0376 和 0.0007，
省间差异始终大于区域间差异，对总体差异的贡献仅次于省内差异
贡献。在变化趋势上，省间差异和区域间差异在考察期内均呈上升
趋势，差异值由 2005 年的 0.0362 和 0.0005 分别上升到 2018 年的
0.0386 和 0.0029，年均增幅分别为 0.49% 和 14.73%。

　　综上所述，无论是横向东中西三大区域还是纵向南北方两大地
区，在考察期内中国城市韧性空间差异的主要来源均是省内差异，
其次是省间差异，而区域间差异对总体差异贡献较小。

二、中国城市韧性发展差异的结构来源分解

　　空间来源仅能从地理区位角度反映出中国城市韧性空间差异的形成
原因，但无法从构成要素上考察中国城市韧性差异的来源。结合已有研究
可知，中国城市韧性差异与经济韧性、社会韧性、生态韧性和基础设施韧
性的地区差异密切相关。鉴于方差（var）适用于测度变量的离散程度，也
常用于测度表征不平衡水平。为进一步理解区域城市韧性差异的结构来
源，本书基于结构分解的视角，利用方差分解方法考察中国城市韧性差异
的主要来源，以期从结构视角来剖析其差异特征。方差分解公式如下。

$$var(y) = cov(y, y_1 + y_2 + y_3 + y_4)$$
$$= cov(y, y_1) + cov(y, y_2) + cov(y, y_3) + cov(y, y_4)$$

$$(4-6)$$

$$U = \frac{cov(y, y_1)}{var(y)} + \frac{cov(y, y_2)}{var(y)} + \frac{cov(y, y_3)}{var(y)} + \frac{cov(y, y_4)}{var(y)} \quad (4-7)$$

　　其中，var 为方差，cov 为协方差，y 表示城市韧性综合值，y_1、y_2、
y_3、y_4 分别表示经济韧性、社会韧性、生态韧性和基础设施韧性。由
于城市韧性与经济韧性、社会韧性、生态韧性和基础设施韧性之间具
有算数加总关系，因此城市韧性等于经济韧性、社会韧性、生态韧性

和基础设施韧性各分项之和，即 $y = y_1 + y_2 + y_3 + y_4$。根据式（4-6）进行分解，可以将城市韧性差异成因分解为经济韧性差异、社会韧性差异、生态韧性差异、基础设施韧性差异，通过式（4-7）可以进一步求解得到以上四个维度的差异对城市韧性发展差异的贡献率 U，这种分解相当于将经济韧性、社会韧性、生态韧性和基础设施韧性分别对城市韧性综合水平进行计算得到的贡献率之和为1。该方法回答了当不同地区经济韧性、社会韧性、生态韧性和基础设施韧性存在差异时，这种差异对城市韧性地区差距的具体贡献程度。贡献份额越大，表明经济韧性、社会韧性、生态韧性和基础设施韧性差异对城市韧性差异的作用越大；反之，城市韧性差异受其影响相对较小。据此，可以从构成要素角度挖掘出中国城市韧性差异的主要决定因素。

（一）总体差异的结构来源

表4-2报告了全国总体城市韧性差异的结构来源贡献。从水平值看，全国总体韧性差异的主要结构性来源是经济韧性，其差异贡献率均值为32.12%；生态韧性和基础设施韧性次之，其差异贡献率均值分别为23.61%和23.58%，远低于经济韧性对城市韧性差异产生的影响；社会韧性对城市韧性差异的贡献相对较小，其差异贡献率均值为20.69%。据此，2005~2018年，全国总体城市韧性差异的结构来源贡献大小依次为：经济韧性、生态韧性、基础设施韧性、社会韧性。从发展趋势看，经济韧性、生态韧性、基础设施韧性、社会韧性差异对城市韧性差异贡献的整体演进趋势具有一定的异质性特征。其中基础设施韧性和生态韧性呈波动上升趋势，而经济韧性和社会韧性则呈现波动下降趋势。经济韧性差异对城市韧性差异的贡献率从2005年的38.05%波动下降至2018年的34.74%，年均下降0.70%。具体看，在2011年经济韧性差异的贡献率达到样本期内最大值（38.97%），而在2009年达到样本期内的最小值（28.09%）。社会韧

性差异对城市韧性差异的贡献率从 2005 年的 22.87% 波动下降至 2018 年的 20.41%，年均下降 0.87%。具体看，社会韧性差异对城市韧性差异的贡献率从样本期初上升至 2009 年的 28.09%，达到样本期内的最大值，此后转呈波动下降至样本期末。基础设施韧性差异对城市韧性差异的贡献率从 2005 年的 21.12% 波动上升至 2018 年的 21.63%，年均上升 0.18%。具体看，基础设施韧性差异对城市韧性差异的贡献率从样本期初上升至 2013 年的 29.24%，达到样本期内的最大值，此后转呈下降趋势。生态韧性差异对城市韧性差异的贡献率从 2005 年的 17.96% 上升至 2018 年的 23.21%，在样本期内呈平稳上升趋势，年均上升 1.99%。

总的来看，中国城市韧性差异主要由经济韧性差异和生态韧性差异造成。经济韧性差异和社会韧性差异的贡献率具有波动下降的特征，意味着近年来中国城市主体在推进经济高质量发展、加强民生工程建设、实现公共服务和社会保障服务均等化等方面显著促进了区域城市韧性的均衡发展。而生态韧性差异和基础设施韧性差异的贡献率呈现波动上升趋势，则意味着全国各城市主体在未来发展过程中需要进一步落实新发展理念中的绿色发展和协调发展理念。

表 4 - 2　　　　全国总体城市韧性差异的结构来源贡献　　　　单位:%

年份	基础设施韧性	经济韧性	社会韧性	生态韧性
2005	21.12	38.05	22.87	17.96
2006	21.55	32.66	22.23	23.56
2007	22.73	31.84	22.45	22.97
2008	23.41	28.62	22.72	25.25
2009	20.88	28.09	28.09	22.94
2010	24.03	28.78	20.34	26.85

年份	基础设施韧性	经济韧性	社会韧性	生态韧性
2011	23.04	38.97	12.95	25.04
2012	23.50	34.14	19.86	22.51
2013	29.24	29.76	18.19	22.80
2014	23.74	31.25	20.25	24.76
2015	24.52	31.19	18.66	25.63
2016	26.99	29.93	19.34	23.74
2017	23.78	31.58	21.30	23.34
2018	21.63	34.74	20.41	23.21

(二) 区域差异的结构来源

1. 东中西部三大地区

图 4-4 显示了东中西三大地区城市韧性差异的结构分解结果。东部地区城市韧性差异的主要结构来源为经济韧性，贡献率均值为 45.52%，其变化趋势呈先下降后上升，在 2005~2009 年持续下降，年均下降 7.39%，2010~2018 年波动增长。其次是生态韧性和社会韧性，贡献率均值分别为 22.95% 和 20.24%，其中生态韧性差异呈平稳上升趋势，年均上升 0.82%；而社会韧性差异呈"上升—下降—上升"的变化趋势，即从 2005 年上升至 2009 年的 34.38%，并在该时期达到样本期内最大值，随后快速下降至 2011 年的 10.98%，降至样本期内的最小值，最后转呈波动上升趋势。基础设施韧性的贡献率最小，其贡献率均值为 11.29%，呈略微下降趋势，年均下降 0.05%。中部地区城市韧性差异的主要结构来源为社会韧性，其贡献率均值为 33.53%，变化趋势表现为波动中呈总体下降趋势，年均下降 2.65%。具体看，社会韧性差异的贡献率呈现先下降后上升的趋势，即从 2005 年的 44.71% 波动下降至 2009 年的 24.73%，达到样本期内最小值，随后转呈上升趋势。其次是经济韧性，贡献率均值为

26.11%，呈波动上升趋势，从2005年的21.70%波动上升至2018年的34.55%，达到样本期内的最大值，年均上升3.64%。生态韧性和基础设施韧性的贡献率较小，贡献率均值分别为20.24%和20.12%，其中生态韧性呈略微上升态势，年均上升2.26%；基础设施韧性的变化趋势与之相反，年均下降1.74%。西部地区城市韧性差异的主要结构来源为经济韧性，其贡献率均值为34.99%，整体呈波动上升趋势，从2005年的最小值24.23%波动上升至2018年的28.72%，年均上升1.32%。其中2007年西部地区经济韧性差异对城市韧性差异的贡献率达到最大值。社会韧性差异次之，贡献率均值为28.89%，呈波动上升变化趋势，年均上升0.43%。生态韧性和基础设施韧性的贡献率较小，贡献率均值分别为20.47%和15.65%，生态韧性呈上升趋势，年均上升0.51%；而基础设施韧性则呈波动下降趋势，年均下降3.63%。总体来看，经济韧性和生态韧性差异问题在东部地区更加突出，贡献率显著高于中西部地区；社会韧性和基础设施韧性差异问题在中部地区更加突出，其贡献率显著高于东西部地区。由此可见，缩小中国城市韧性差异的关键在于因地制宜地制定降低各城市之间韧性差异的相关策略，注重增强经济韧性和社会韧性的地区协调性。

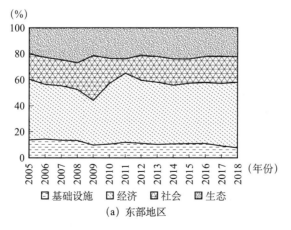

(a) 东部地区

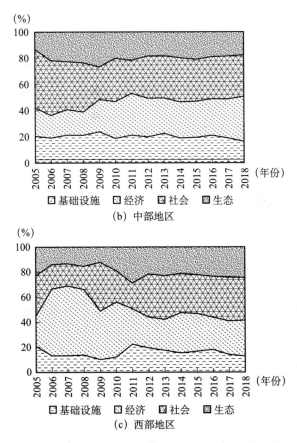

图 4 – 4 东中西三大地区城市韧性发展差异的结构来源

2. 南北两大地区

图 4 – 5 显示了南北两大地区城市韧性差异的结构分解结果。南方地区城市韧性差异主要来源于经济韧性，贡献率均值为 43.25%，在波动中呈上升趋势，年均上升 0.54%。具体看，经济韧性差异对城市韧性差异的贡献率呈先下降后上升态势，在 2005～2009 年持续下降，2010～2018 年波动增长。生态韧性的贡献率稍高于社会韧性，贡献率均值分别为 22.76% 和 21.46%，其中生态韧性在样本期内出现小幅波动上升趋势，年均上升

0.65%；而社会韧性变化过程出现频繁波动状态，与经济韧性差异的贡献率呈此消彼长的演变态势。基础设施韧性的贡献率最小，贡献率均值为 12.62%，且样本期内未出现大幅度波动，但整体呈现出明显下降趋势，年均下降 3.72%。北方地区城市韧性差异的主要来源同样为经济韧性，其贡献率均值为 37.44%，在 2005～2015 年间呈现频繁波动状态，样本期内整体表现为波动上升趋势，年均上升 0.63%。其次是社会韧性，贡献率均值为 27.32%，呈波动下降态势，年均下降 0.97%。生态韧性和基础设施韧性差异的贡献较为接近，贡献率均值分别为 18.79% 和 16.45%，前者呈上升趋势，年均上升 2.54%；而后者在波动中呈下降趋势，年均下降 2.34%。总体来看，经济韧性和生态韧性差异问题在南方地区更加突出，社会韧性和基础设施韧性差异问题在北方地区更加突出。未来要根据不同地区、不同城市的自身差异特征来为城市韧性的协同提升"把脉问诊"，继而实现城市从统一的"多城一策"模式向灵活的"一城一策"思路转变。

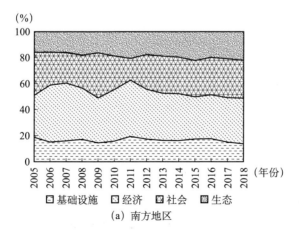

(a) 南方地区

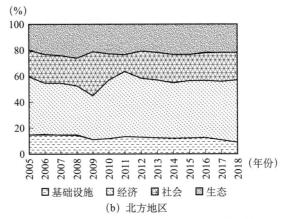

(b) 北方地区

图4-5 南北两大地区城市韧性发展差异的结构来源

——— 第四节 本章小结 ———

首先,本章利用二阶段Theil指数测算了中国城市韧性的总体空间差异,并依照东中西和南北方的空间尺度进行分解,进而揭示其差异大小及来源。其次,利用方差分解方法从结构视角对中国城市韧性的差异来源进行探究。主要结论有:第一,中国城市韧性的空间差异呈小幅波动上升态势,全国大部分省份的内部差均呈上升趋势,其中广东省的省内差异最大。在省间差异方面,就东中西三大区域而言,东部地区的省间差异最大,西部地区次之,中部地区最小,但均呈上升趋势;在南北两大地区内,南方地区的省间差异大于北方地区,但南方地区的省间差异在考察期内有所下降,而北方地区省间差异则呈扩大趋势。第二,在中国城市韧性发展差异的空间来源方面,无论是从横向东中西三大区域还是从纵向南北两大地区看,省内差异都是中国城市韧性空间差异的主要来源,其次是省间差异,区域间差异贡献最小。在结构来源方面,从全国整体层面看,经济韧性的贡献最大,其次是生态韧性和基础设施韧性,社会韧性的贡献最小;从区域层面看,东部地区、西部地区和南北双方的城市韧性差异的主要结构来源均为经济韧性,中部地区城市韧性差异的主要结构来源为社会韧性。

第五章 中国城市韧性的分布动态演进

由第四章的研究内容可知，无论是从东中西三大地区以及南北两大地区看，还是从省级层面看，城市韧性发展在区域间及省份内部均存在显著的空间非均衡特征。未来中国城市韧性的演进态势如何？中国城市韧性的差异会进一步扩大还是缩小？针对这些问题，本章将采用 Kernel 密度估计、Markov 链分析等方法对中国城市韧性的分布动态演进态势进行实证考察，以期能够更全面地把握中国城市韧性的发展规律。

—————— 第一节　Kernel 密度估计 ——————

一、Kernel 密度估计方法

Kernel 密度估计方法能够有效展示中国城市韧性分布的整体情况，通过进一步考虑空间因素，能更全面地掌握空间条件下中国城市韧性的动态变化。传统 Kernel 密度估计方法主要用于估计随机变量的概率密度，是一种利用连续密度函数曲线对随机变量的分布形态进行描述的非参数估计方法（Silverman，1981；Zambom，2013；Botev et al.，2010）。假定 $f(x)$ 为随机变量 X 的密度函数，处于 x 的概率密度具体如式（5-1）所示，同时，本书选择常用的高斯核作为核函数的表达形式（Babaud et al.，1986；Zhao and Lu，2019；Ahern，2011），表达式如式（5-2）所示。

$$f(x) = \frac{1}{Nh}\sum_{i=1}^{N} K\left(\frac{X_i - x}{h}\right) \qquad (5-1)$$

$$K(x) = \frac{1}{\sqrt{2\Pi}}\exp\left(-\frac{x^2}{2}\right) \qquad (5-2)$$

其中，K 为高斯核函数；N 为城市总样本数；X 为独立同分布的观测值；x 为均值；h 为带宽，决定了核密度曲线的光滑程度和估计精度，带宽越大，曲线越光滑，估计精度越低；带宽越小，曲线越不光滑，估计精度越高。

城市发展往往具有一定的空间依赖关系，即空间自相关性，故本书借鉴沈丽和鲍建慧（2013）的做法，在传统 Kernel 密度基础上进一步考虑空间因素，将条件核密度估计引入中国城市韧性的动态演进研究中，以此更加全面地反映空间条件下中国城市韧性分布的动态变化过程。条件核密度公式如下。

$$g(y \mid x) = \frac{f(x,y)}{f(x)} \qquad (5-3)$$

$$f(x,y) = \frac{1}{Nh_x h_y}\sum_{i=1}^{N} K_x\left(\frac{X_i - x}{h_x}\right)K_y\left(\frac{Y_i - x}{h_y}\right) \qquad (5-4)$$

式（5-3）和式（5-4）中，$g(y \mid x)$ 表示 x 的条件下 y 的分布状态，是空间条件下的 Kernel 密度，$f(x)$ 是 x 的边际核密度函数；$f(x,y)$ 为 x 和 y 的联合概率密度。

在核密度图中，X 轴和 Y 轴表示城市韧性相对水平，Z 轴表示 X-Y 平面内每一点的概率密度；在密度等高线图中，X 轴和 Y 轴分别代表城市韧性相对水平，密度等高线表示不同的密度值，位置越靠近中心的等高线密度值越高，等高线越密集，说明密度变化越大，对应的核密度图形越陡峭。

二、总体视角下中国城市韧性的 Kernel 密度估计

1. 中国城市韧性的无条件核密度估计

中国城市韧性的三维核密度以及密度等高线如图 5 - 1 所示，正 45°对角线往往作为城市韧性演进趋势变动的标记。在无条件核密度估计中，X 轴为 t 年本市相对韧性水平，Y 轴为 t + 3 年本市相对韧性水平，若概率主体集中在正 45°对角线附近，说明从 t 年到 t + 3 年的韧性水平整体上并无明显变动；若概率主体集中在负 45°对角线附近，说明从 t 年到 t + 3 年韧性水平出现了重大转变，原本高韧性的城市变为低韧性城市，低韧性城市变为高韧性城市；若概率主体集中在 Y 轴的某个刻度附近且平行于 X 轴，此时说明城市韧性水平出现收敛，无论在 t 年各城市的韧性水平处于何种水平，在 t + 3 年都将处于同一韧性水平。如图 5 - 1（a）所示，中国城市韧性的无条件核密度估计概率主体明显沿正 45°对角线分布，说明各城市韧性水平具有较强的持续性，在 3 年的时间跨度内不易发生较大变动。如图 5 - 1（b）所示，中国城市韧性的无条件核密度估计概率主体存在多个波峰，其中，在城市韧性相对水平低于 0.5 区间内，密度等高线主要分布在接近正 45°对角线上方位置，说明处于这一区间城市的韧性水平从 t 年到 t + 3 年呈现向高水平转移的倾向；而在城市韧性相对水平高于 6 的区间内，密度等高线主要分布在接近正 45°对角线下方位置，且平行于 X 轴，倾向于集中在 y = 5.2，表明这一区间城市的韧性水平容易在 3 年后出现韧性水平的下滑。

2. 中国城市韧性的空间条件静态核密度估计

空间静态核密度估计可以进一步考察中国城市韧性水平分布状态的空间相关性。图 5 - 2 报告了在考虑相邻城市韧性水平影响情况下，本市韧性水平的演变趋势，图中 X 轴为相邻城市 t 年的相对韧性水平，Y 轴为本市 t 年的相对韧性水平，Z 轴表示 X 条件下 Y 的

概率。若中国城市韧性水平增长呈现市域收敛模式，相邻城市间韧性水平存在正空间相关性，即高水平城市与高水平城市集聚、低水平城市与低水平城市集聚，则概率主体会分布在正45°对角线附近；若中国城市韧性水平存在高水平城市与低水平城市集聚的现象，则概率主体会集中分布在负45°对角线附近。从图5-2中可以看出，以相对城市韧性水平值2.5和3.5为分界点，中国城市韧性水平在空间静态条件下表现出截然不同的演进态势。在相邻城市相对韧性水平低于2.5时，概率主体大致分布在正45°对角线附近，此时城市韧性存在明显的正空间相关性，相邻城市间的技术和资本等要素流动，有助于这些城市韧性水平的协同提升；在相邻城市相对韧性水平介于2.5~3.5时，概率主体大致分布在负45°对角线附近，此时中国城市韧性水平呈现高—低集聚的现象；在相邻城市相对韧性水平高于3.5时，中国城市韧性水平概率主体明显向下偏离，集中于Y轴的1.3~1.8，这说明当城市的韧性水平达到一定高度之后，即使与水平更高的城市相邻，也很难推动自身韧性水平进一步提升，必须依靠自身的资源重组、产业升级和技术创新，才能够实现本地区韧性水平的跨越式发展。

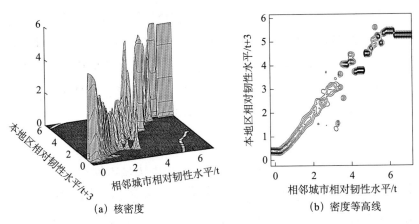

(a) 核密度 (b) 密度等高线

图5-1　全国城市无条件核密度

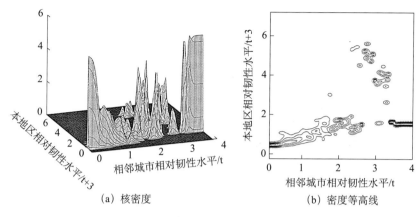

（a）核密度　　　　　　　　　（b）密度等高线

图 5 - 2　全国城市空间静态核密度

3. 中国城市韧性的空间动态核密度估计

在空间条件的基础上同时考虑时间跨度，进一步考察当期相邻城市对本城市韧性发展水平的动态影响作用。图 5 - 3 中，横轴为相邻城市 t 年的相对韧性水平，纵轴为本市 t + 3 年的相对韧性水平。与图 5 - 2 相比，图 5 - 3 中概率主体的分布情况类似但存在差异，这说明时间因素能够对中国市域间韧性水平的相互作用产生影响。以相对城市韧性水平值 3.5 为分界点，当相对韧性水平低于 3.5 时，3 年的滞后期并未产生明显作用，概率主体的分布位置、分布形态与空间静态条件下保持一致。而当相邻城市相对韧性水平高于 3.5 时，与空间静态条件下的估计结果相比，概率主体平行于 X 轴的位置向上偏移，这说明在加入 3 年滞后条件下，相对韧性水平高于 3.5 的相邻城市与本市的韧性发展相关性更弱。总体来看，对于相对韧性水平低于 3.5 的相邻城市来说，时间跨度的延长并未在其韧性水平向上转移过程中起到明显作用，但对于相对韧性水平高于 3.5 的相邻城市来说，时间条件明显降低了城市韧性间的空间关联作用。

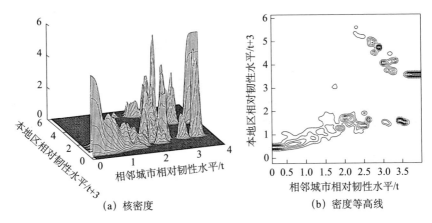

（a）核密度　　　　　　　（b）密度等高线

图 5 – 3　全国城市空间动态核密度

三、区域视角下中国城市韧性的 Kernel 密度估计

（一）东部地区中国城市韧性的核密度估计

东部地区城市韧性无条件核密度如图 5 – 4 所示。东部地区城市韧性的无条件核密度估计概率主体明显沿正 45°对角线分布，说明各城市韧性水平具有较强的持续性，在 3 年的时间跨度内不易发生较大变动。如图 5 – 4（b）所示，东部地区中国城市韧性的无条件核密度估计概率主体存在多个波峰。其中，在城市韧性相对水平低于 0.5 区间内，密度等高线主要分布在 45°对角线上方，说明处于这一区间城市的韧性水平从 t 年到 t + 3 年呈现向高水平转移的倾向；而在城市韧性相对水平高于 5 的区间内，密度等高线主要分布在接近正 45°对角线下方位置，且平行于 X 轴，倾向于集中在 y = 4.5，表明这一区间城市的韧性水平容易在 3 年后出现下滑。

通过观察图 5 – 5，我们可以清晰地看出，东部地区的城市韧性水平在静态条件下呈现出多样化的演进趋势。特别是在城市韧性相对水平低于 0.5 的范围内，密度等高线主要分布在 45°对角线的上方。这意味着在此水平下，城市韧性表现出明显的不足。然而，当相邻城市的相对韧性水平介于 0.5~2 时，我们可以观察到概率主体的分布大致接近正 45°对角线。这表明此范围内的城市韧性存在显著的正空间相关性，一方面，相邻城市之间的要素流动和合作有助于城市韧性水平的共同提升。另一方面，当相邻城市的相对韧性水平介于 2~3 时，概率主体的分布大致靠近负 45°对角线。这时，城市韧性水平呈现出高低集聚的现象，即一些城市具有较高的韧性水平，而其他城市则较低。这可能意味着在这一范围内，城市之间的韧性水平存在明显的差异。最后，在相邻城市的相对韧性水平高于 3 时，城市韧性水平的概率主体明显向下偏离，集中于 Y 轴的 1.2~1.4。这说明，当东部地区的城市韧性水平达到一定高度之后，即使与更高水平的城市相邻，也很难实现进一步提升。这可能意味着在一定程度上，城市的韧性水平存在一种"天花板效应"，需要更多的支持举措来持续实现创新。

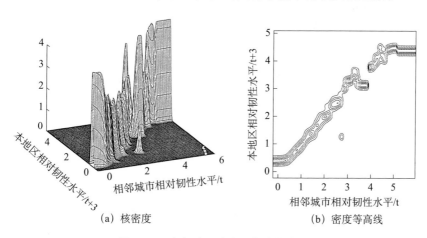

（a）核密度　　　　　　　　（b）密度等高线

图 5－4　东部地区城市无条件核密度

与图 5-5 相比，图 5-6 中东部地区城市韧性概率主体的分布情况与其类似但存在差异，这说明时间因素能够对东部地区市域间韧性水平的相互作用产生影响。以相对城市韧性水平值 2 为分界点，当相对韧性水平低于 3 时，3 年的滞后期并未产生明显作用，概率主体的分布位置、分布形态与空间静态条件下保持一致。而当相邻城市相对韧性水平高于 3 时，与空间静态条件下的估计结果相比，概率主体平行于 X 轴的位置向上偏移。这说明在加入 3 年滞后条件下，相对韧性水平高于 3 的相邻城市与本市的韧性发展相关性更弱。总体来看，对于相对韧性水平低于 3 的相邻城市来说，时间跨度的延长并未在其韧性水平向上转移过程中起到明显作用，但对于相对韧性水平高于 3 的相邻城市来说，时间条件明显降低了城市韧性间的空间关联作用。

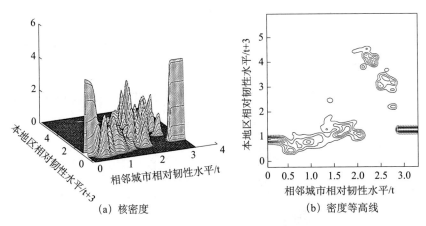

(a) 核密度 (b) 密度等高线

图 5-5　东部地区城市空间静态核密度

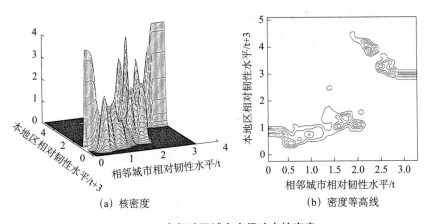

(a) 核密度 (b) 密度等高线

图 5-6　东部地区城市空间动态核密度

（二）中部地区中国城市韧性的核密度估计

中部地区城市韧性无条件核密度如图 5-7 所示。首先，在城市韧性相对水平低于 0.5 的范围内，密度等高线主要分布在 45°对角线的上方。这意味着这些城市在初始时期的韧性水平相对较低。但是这些城市表现出了向高水平转移的倾向，即在未来的 t 年到 t+3 年内，它们有望改善其韧性水平，逐渐提高城市的整体韧性。其次，当城市韧性相对水平介于 0.5~2.5 时，密度等高线沿着 45°对角线分布，这表明这一范围内的城市韧性水平整体上并没有明显的变化趋势。这些城市在一定程度上已经具备了相对稳定的城市韧性水平，未来可能会继续维持这一水平。最后，在城市韧性相对水平高于 2.5 的区间内，密度等高线主要分布在接近正 45°对角线下方的位置，这意味着这些城市在初始时期拥有相对高的城市韧性水平。但值得注意的是，它们在未来 3 年内可能会出现韧性水平下滑，可能需要这些城市采取措施来维持其高水平的城市韧性。

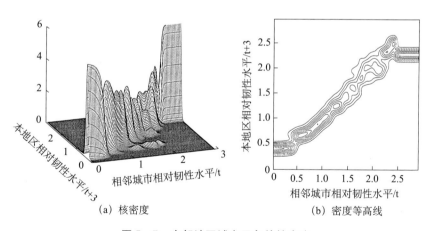

(a) 核密度   (b) 密度等高线

图 5-7　中部地区城市无条件核密度

从图 5-8 中可以看出，在城市韧性相对水平低于 0.5 的范围内，密度等高线主要分布在 45°对角线的上方，表示在此范围内城市的韧性水平相对较低，需要更多的改进和增强。城市在这个范围内可能面临一些韧性方面的挑战。当相邻城市的相对韧性水平介于0.5~1时，概率主体的分布大致接近正45°对角线，表明这些城市之间存在着明显的正空间相关性。换言之，相邻城市的韧性水平之间存在一定程度的相互影响。可能的原因在于，这些城市在韧性方面积极开展了协同合作，共同提高了各自的城市韧性水平。在相邻城市的相对韧性水平高于1时，我们观察到中部地区城市韧性水平的概率主体明显向下偏离，集中在图中的某一范围内。这意味着即使这些城市的韧性水平较高，它们与相邻城市之间似乎没有相互影响，可能表明高城市韧性城市难以通过要素流动来提升其周边城市的城市韧性水平。

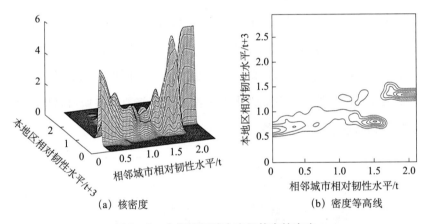

（a）核密度　　　　　　　　　　（b）密度等高线

图5-8　中部地区城市空间静态核密度

通过对比图5-8和图5-9，我们可以看出概率主体的分布情况存在一些相似性，但也存在一定差异性。这表明时间因素对于中部地区市域间韧性水平的相互作用产生了一定影响。除了相对韧性水平值介于1~1.5的城市外，3年滞后期并未对图5-9中其余城市韧性水平产生明显作用。这意味着在大多数情况下，城市的韧性水平在未来3年内相对稳定，概率主体的分布位置和形态与空间静态条件下保持一致。在相对城市韧性水平值介于1~1.5的情况下，图5-9中的结果与空间静态条件下的估计结果有所不同。在加入3年滞后条件后，这些城市的概率主体分布位置由向下偏离变为主要沿45°角分布。这说明在此相对韧性水平范围内，相邻城市的韧性水平与本市的韧性发展相关性有了明显提升，可能意味着城市之间的互动和合作在一定程度上有助于韧性水平提升。

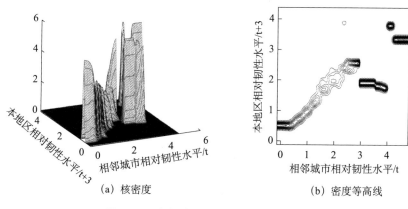

（a）核密度　　　　　　　（b）密度等高线

图5-9　中部地区城市空间动态核密度

（三）西部地区中国城市韧性的核密度估计

西部地区城市韧性无条件核密度如图5-10所示。在城市韧性相对水平低于0.5区间内，密度等高线主要分布在45°对角线上方；在城市韧性相对水平介于0.5~3时，密度等高线沿45°对角线分布，韧性水平整体上并无明显变动；而在城市韧性相对水平高于3的区间内，西部地区城市韧性水平概率主体明显向下偏离，其中城市韧性相对水平介于3~4的城市偏离程度更大，介于4~4.2的城市偏离程度最小，表明这些城市在韧性方面相对较为稳定，能够更好地应对各种不确定性和风险。

从图5-11中可以看出，在西部地区城市韧性相对水平低于0.5时，密度等高线主要分布在45°对角线上方；在相邻城市相对韧性水平介于0.5~2.5时，概率主体大致分布在正45°对角线附近，城市韧性水平相近城市集聚特征明显；在相邻城市相对韧性水平高于2.5

时，西部地区城市韧性水平概率主体明显向下偏离，且偏离程度随着相邻城市相对韧性水平的上升而扩大。可见，当西部地区城市韧性水平达到一定高度之后，即使与水平更高的城市相邻，也很难推动自身城市韧性水平进一步提升，需要依靠自身的资源重组、产业升级和技术创新，才能实现本地区城市韧性的跨越式发展。

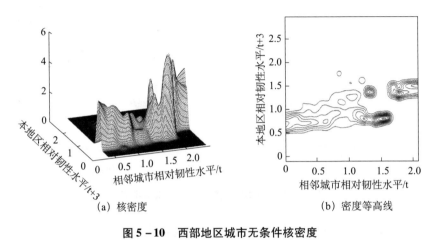

（a）核密度　　　　　　　　　　　（b）密度等高线

图 5 – 10　西部地区城市无条件核密度

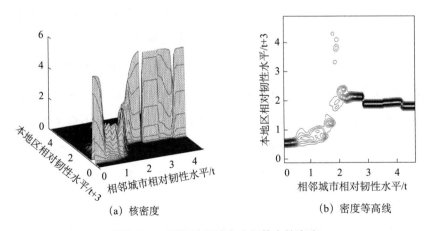

（a）核密度　　　　　　　　　　　（b）密度等高线

图 5 – 11　西部地区城市空间静态核密度

与图 5 – 11 相比，图 5 – 12 中西部地区城市韧性概率主体的分布情况几乎完全一致，只有当相邻城市相对韧性水平高于 2.5 时，城市韧性水平概率主体向下偏离的程度才有所减弱。这说明时间因素的加入无法对西部地区市域间城市韧性水平的相互作用产生影响，时间因素的加入对全国层面城市韧性水平产生的影响，主要体现在横向维度中的东部地区和中部地区。

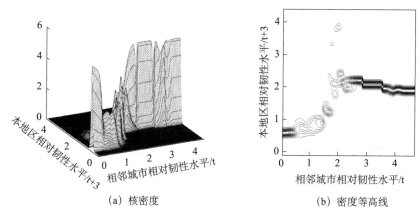

（a）核密度　　　　　　　　（b）密度等高线

图 5 - 12　西部地区城市空间动态核密度

（四）北方地区中国城市韧性的核密度估计

北方地区城市韧性无条件核密度如图 5 - 13 所示。在城市韧性相对水平低于 0.5 区间内，密度等高线主要分布在 45° 对角线上方，说明处于这一区间城市的韧性水平从 t 年到 t + 3 年呈现向高水平转移的倾向；在城市韧性相对水平介于 0.5 ～ 3 时，密度等高线沿 45° 对角线分布，韧性水平整体上并无明显变动；在城市韧性相对水平高于 3 的区间内，密度等高线主要分布在接近正 45° 对角线下方位置，表明这一区间城市的韧性水平容易在 3 年后出现下滑。其中城市韧性相对水平介于 3.1 ～ 3.3 的城市韧性水平下滑程度较大，城市韧性相对水平大于 3.3 的城市韧性水平下滑程度较小。

从图 5 - 14 中可以看出，在北方地区城市韧性相对水平低于 0.5 区间内，密度等高线主要分布在 45° 对角线上方；在相邻城市相对韧性水平介于 0.5 ～ 2 时，概率主体大致分布在正 45° 对角线附近，此时城市韧性存在明显的正空间相关性；在相邻城市相对韧性水平介于 2

~2.5 时，概率主体大致分布在负 45°对角线附近，此时北方地区城市韧性水平呈现"高—低"集聚的现象；在相邻城市相对韧性水平高于 2.5 时，北方地区城市韧性水平概率主体明显向下偏离，集中于 Y 轴的 1.5 附近，在此韧性水平范围内，即使与水平更高的城市相邻，低韧性水平城市也难以得到提升。

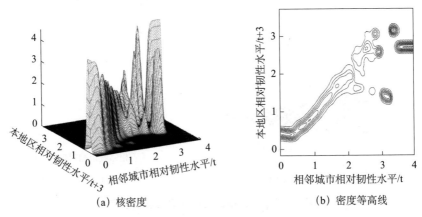

(a) 核密度 　　　　　　　　　　　　(b) 密度等高线

图 5-13　北方地区城市无条件核密度

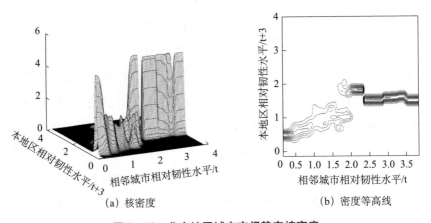

(a) 核密度 　　　　　　　　　　　　(b) 密度等高线

图 5-14　北方地区城市空间静态核密度

与图 5-14 相比，图 5-15 中北方地区城市韧性概率主体的分布情况大体相类似。在加入时间因素后，当北方地区相邻城市相对韧性水平介于 3~3.5 时，与空间静态条件下的估计结果相比，概率主体由向下偏移转为沿负 45°对角线分布。这说明时间因素的加入加强了北方地区城市韧性的空间关联性，可能意味着在此范围内，相邻城市的韧性水平在未来 3 年内存在"高—低"集聚特征，城市之间的相互作用受到时间因素的显著调节。

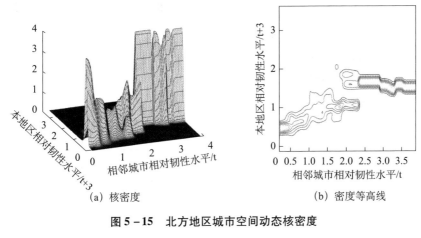

(a) 核密度   (b) 密度等高线

图 5 – 15　北方地区城市空间动态核密度

（五）南方地区中国城市韧性的核密度估计

南方地区城市韧性无条件核密度如图 5 – 16 所示。在城市韧性相对水平低于 0.5 区间内，密度等高线主要分布在 45°对角线上方，城市韧性水平从 t 年到 t + 3 年呈现向高水平转移的倾向；在城市韧性相对水平介于 0.5 ~ 6 时，密度等高线沿 45°对角线分布，韧性水平整体上并无明显变动；而在城市韧性相对水平高于 6 的区间内，密度等高线主要分布在接近正 45°对角线下方位置，且平行于 X 轴，倾向于集中在 Y = 5.2，表明南方地区城市韧性水平较高地区容易在 3 年后出现韧性水平下滑。

从图 5 – 17 中可以看出，南方地区城市韧性相对水平低于 0.5 区间时，密度等高线主要分布在 45°对角线上方；在相邻城市相对韧性水平介于 0.5 ~ 2 时，概率主体大致分布在正 45°对角线附近，此时城市韧性存在明显的正空间相关性；在相邻城市相对韧性水平介于 2 ~ 3.5 时，概率主体大致分布在负 45°对角线附近，此时南方地区城市韧性水平呈现"高—低"集聚现象；在相邻城市相对韧性

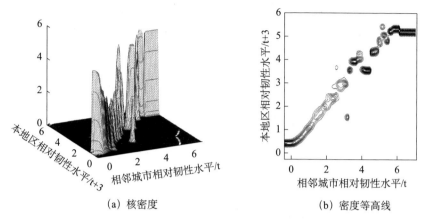

（a）核密度   （b）密度等高线

图 5 – 16　南方地区城市无条件核密度

水平高于 3.5 时，南方地区城市韧性水平概率主体明显向下偏离，集中于 Y 轴的 1.4 ~ 1.6，说明当南方地区城市韧性水平达到一定高度之后，韧性水平难以依靠空间溢出效应实现进一步提升。

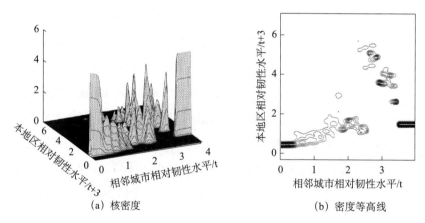

（a）核密度   （b）密度等高线

图 5 – 17　南方地区城市空间静态核密度

对比图 5 – 17 和图 5 – 18，我们可以发现它们在南方地区城市韧性概率主体之间的分布情况上完全一致。这意味着时间因素的加入似乎无法对南方地区市域间韧性水平的相互作用产生影响。时间因素的影响主要体现在全国层面城市韧性水平的纵向维度中，特别是在北方地区。

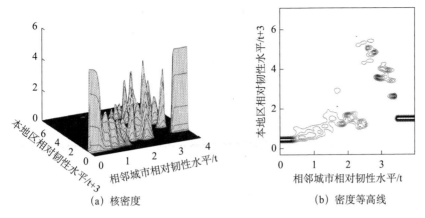

（a）核密度　　　　　　　　　　　（b）密度等高线

图 5 - 18　南方地区城市空间动态核密度

第二节　中国城市韧性的 Markov 链分析

　　Kernel 密度估计在总体上描述了中国城市韧性的演变态势，在此基础上，Markov 链分析方法能够进一步详细刻画不同韧性水平城市之间发生转移的概率大小和转移方向。因此，本书运用 Markov 链分析方法进一步研究各地区城市韧性发展水平的空间转移规律。

一、Markov 链分析方法

　　传统 Markov 链分析方法是通过构建一个转移矩阵，考察特定时间后某一城市的韧性水平向低水平或者高水平状态转移的概率大小，用这种方法刻画城市韧性水平的动态演进趋势（Chung，1967；Norris，1998；Wang et al.，2011；González et al.，2018）。将城市韧性水平划分为 k 种状态，同时获得一个 $k \times k$ 的转移概率矩阵，再按照城市韧性水平的高低，将转移方向分为低、中低、中高和高水平四种类型，从而揭示中国城市韧性水平的动态转移趋势（Fahlberg et al.，

2020；Feng et al.，2022；Forzieri et al.，2018）。Markov 链是一个随机过程 $\{x_t, t \in T\}$，它的取值是一个有限集合 M，其中 M 元素为随机过程的状态，因此集合 M 也称状态空间，指数集合 T 对应各个时期。令随机变量 $X_t = j$，即在 t 时期的系统状态为 j，该系统满足。

$$P\{X_t = j \mid X_t - 1 = i, X_t - 2 = it - 2, \cdots, X_0 = i_0\}$$

$$= P\{X_n = j \mid X_n - 1 = i\} = P_{ij} \qquad (5-5)$$

由此可以看出，Markov 链是一类特殊的随机过程，其动态行为的特征是状态 X_t 的条件分布仅依赖于状态 $X_t - 1$。假设 P_{ij} 为某一城市韧性水平从 t 年的 i 类型转移到 $t+1$ 年的 j 类型的转移概率，可以利用极大似然估计法，求得：

$$P_{ij} = n_{ij}/n_i \qquad (5-6)$$

其中，n_{ij} 是指样本考察期内由 $t-1$ 年属于 i 类型转移到 $t+1$ 年属于 j 类型的城市数量，n_i 是指在样本考察期内属于 i 类型的城市数量。如果将城市的韧性水平划分为 N 种类型，则可以构造出 $N \times N$ 的转移概率矩阵，并据此从转移概率的角度来探究中国城市韧性的长期转移趋势。

空间 Markov 链分析方法是在传统马尔可夫链框架中引入了空间因素，以此分析周边城市韧性水平的高低对本城市韧性水平转移趋势的影响（Carle and Fogg，1997；Roberts and Rosenthal，2004；Tang et al.，2007）。首先设定空间权重矩阵，然后将 $k \times k$ 的传统转移概率矩阵转换为 k 个 $k \times k$ 转移条件概率矩阵，加入不同的空间背景条件下 k，考察在 k 条件下系统从 t 时期 i 类型转移到 j 类型的空间转移概率，以此揭示空间关联与城市韧性动态演变之间的联系。本书的空间 Markov 链的结果是在空间邻接矩阵下测算得到。

二、传统 Markov 链分析

中国城市韧性的传统 Markov 链分析结果见表 5-1，表明中国城市韧性总体以及各地区普遍存在明显的"俱乐部趋同"① 现象，并出现"低水平陷阱"和"高水平垄断"现象。样本总体的转移概率矩阵中，主对角线上的转移概率均大于非主对角线的转移概率，低、中低、中高、高水平城市一年后仍保持自身状态的概率分别为76.53%、62.14%、68.37%和88.00%，说明东中西三大地区以及南北两大地区的城市韧性总体上均具有维持原状态的稳定性，即均存在俱乐部趋同效应。此外，样本总体、东部、中部、西部以及南方、北方地区的低韧性水平城市维持自身状态的概率分别为76.53%、83.42%、62.39%、72.82%、73.68%和77.68%，均大于各自更高水平转移的概率，表明在韧性水平较低的城市中存在"低水平陷阱"现象。样本总体、东部、中部、西部以及南方、北方地区的韧性水平较高的城市维持自身状态的概率均在85%以上。这说明正常情况下高水平城市的韧性发展不会倒退，存在"高水平垄断"现象，正是由于"高水平垄断"和"低水平陷阱"的共存，导致中国城市韧性的空间差异呈上升态势。

表 5 - 1　　　　　　　　　　**Markov 链转移概率矩阵**

地区	类别	低	中低	中高	高
总体	低	0.7653	0.2184	0.0122	0.0041
	中低	0.1837	0.6214	0.1918	0.0031
	中高	0.0776	0.1020	0.6837	0.1367
	高	0.0744	0.0030	0.0427	0.8800
东部	低	0.8342	0.1607	0.0051	0.0000
	中低	0.1633	0.5969	0.2398	0.0000
	中高	0.0714	0.1173	0.7015	0.1097
	高	0.0738	0.0000	0.0381	0.8881

---

① 当维持原有类型概率大于转移概率时，即存在该类型的俱乐部趋同。

地区	类别	低	中低	中高	高
中部	低	0.6239	0.3333	0.0228	0.0199
	中低	0.1624	0.5470	0.2849	0.0057
	中高	0.0171	0.1652	0.5983	0.2194
	高	0.0110	0.0055	0.0495	0.9341
西部	低	0.7282	0.2308	0.0359	0.0051
	中低	0.1949	0.4872	0.3179	0.0000
	中高	0.0051	0.0769	0.7385	0.1795
	高	0.0000	0.0055	0.0330	0.9615
南方	低	0.7368	0.2470	0.0142	0.0020
	中低	0.1215	0.6599	0.2126	0.0061
	中高	0.0020	0.1113	0.7105	0.1761
	高	0.0019	0.0058	0.0481	0.9442
北方	低	0.7768	0.2098	0.0089	0.0045
	中低	0.1853	0.6183	0.1964	0.0000
	中高	0.0826	0.1049	0.6719	0.1406
	高	0.0737	0.0000	0.0536	0.8728

　　中国城市韧性总体以及各地区均存在长期增长趋势。样本总体、东部、中部、西部以及南方、北方低水平城市主对角线右侧数值较大，分别为21.84%、16.07%、33.33%、23.08%、24.70%、20.98%；中低水平城市主对角线右侧（左侧）数值分别为19.18%（18.37%）、23.98%（16.33%）、28.49%（16.24%）、31.79%（19.49%）、21.26%（12.15%）和19.64%（18.53%）；中高水平城市主对角线右侧（左侧）数值分别为13.67%（10.20%）、10.97%（11.73%）、21.94%（16.52%）、17.95%（7.69%）、17.61%（11.13%）和14.06%（10.49%），即低、中低、中高水平城市的主对角线右侧数值大于左侧数值。这意味着中国城市韧性总体以及各地区均存在长期增长趋势，与前面Kernel密度分析所得到的结论一致。

三、空间 Markov 链分析

为检验空间因素对中国城市韧性的转移是否具有以上明显的影响，本书利用卡方检验进行验证，原假设为空间因素对于地区城市韧性水平的转移没有影响，检验结果见表 5 – 2。可见，中国城市总体、东中西三大地区、南北两大地区的 Q 统计值都是显著的，说明空间因素对中国各地区城市韧性的转移具有显著影响。

表 5 – 2　　　　中国城市韧性的空间 Markov 链显著性检验结果

地区	Q 值	自由度（df）	p 值
总体	119. 0634	25	0. 0000
东部	54. 3831	14	0. 0000
中部	51. 2286	28	0. 0047
西部	30. 1942	18	0. 0056
南方	82. 1561	19	0. 0000
北方	70. 4919	19	0. 0000

中国城市韧性整体转移的空间特征，见表 5 – 3。考察期内，对韧性水平较低的城市而言，当邻近城市韧性类型为低水平时，其保持原有状态的概率为 80. 36%，而当邻近城市韧性类型为中低、中高和高水平时，其保持原有状态的概率分别为 71. 79%、66. 96% 和 50. 00%；对韧性中低水平地区来说，当邻近城市韧性类型为中低水平时，其保持原有状态的概率为 69. 18%，而当邻近城市韧性类型为中高和高水平时，其保持原有状态的概率分别下降为 64. 44% 和 69. 17%，表明对于低水平和中低水平的城市来说，与更高类型的城市为邻有助于其城市韧性水平的提升。对于中高水平地区来说，当邻近城市韧性类型同样为中高水平时，其保持原有状态的概率为 70. 75%；而当邻近城市韧性类型为高水平时，这一概率有所上升，表明对于中高水平地区来说，即使与更高类型城市相邻其向上转移的概率也很难进一步提升，只能依靠自身的高质

量发展提升城市韧性。对于高韧性水平地区来说，无论邻近城市处于何种水平，其保持稳态的概率均在90%以上，表明空间因素对高水平城市的韧性发展影响不大，高水平类型的城市呈自我强化趋势。

表5-3　　中国城市韧性总体及东中西三大地区转移特征

邻居水平	类型	总体				东部			
		低	中低	中高	高	低	中低	中高	高
低	低	0.8036	0.1853	0.0112	0.0000	0.9081	0.0919	0.0000	0.0000
	中低	0.1916	0.6589	0.1495	0.0000	0.0918	0.6327	0.2755	0.0000
	中高	0.0144	0.1295	0.7842	0.0719	0.0000	0.1231	0.7846	0.0923
	高	0.0000	0.0000	0.0183	0.9817	0.0000	0.0000	0.1250	0.8750
中低	低	0.7179	0.2696	0.0063	0.0063	0.7961	0.1845	0.0194	0.0000
	中低	0.1326	0.6918	0.1756	0.0000	0.1146	0.6354	0.2500	0.0000
	中高	0.0000	0.1217	0.7884	0.0899	0.0000	0.1325	0.7349	0.1325
	高	0.0163	0.0000	0.0163	0.9675	0.0122	0.0000	0.0366	0.9512
中高	低	0.6696	0.2870	0.0348	0.0087	0.7037	0.2963	0.0000	0.0000
	中低	0.0951	0.6444	0.2500	0.0106	0.1024	0.6614	0.2362	0.0000
	中高	0.0136	0.1054	0.7075	0.1735	0.0000	0.1717	0.7879	0.0404
	高	0.0046	0.0138	0.0645	0.9171	0.0000	0.0000	0.0476	0.9524
高	低	0.5000	0.4286	0.0357	0.0357	0.5000	0.5000	0.0000	0.0000
	中低	0.0376	0.6917	0.2707	0.0000	0.0698	0.6279	0.3023	0.0000
	中高	0.0000	0.0972	0.7083	0.1944	0.0000	0.0855	0.7265	0.1880
	高	0.0000	0.0000	0.0513	0.9487	0.0000	0.0000	0.0337	0.9663
邻居水平	类型	中部				西部			
		低	中低	中高	高	低	中低	中高	高
低	低	0.6016	0.3577	0.0325	0.0081	0.8000	0.1692	0.0308	0.0000
	中低	0.2130	0.5741	0.2130	0.0000	0.2642	0.4528	0.2830	0.0000
	中高	0.0405	0.1757	0.6216	0.1622	0.0000	0.0698	0.6744	0.2558
	高	0.0000	0.0000	0.0652	0.9348	0.0000	0.0000	0.0000	1.0000
中低	低	0.6939	0.2857	0.0000	0.0204	0.7759	0.1897	0.0345	0.0000
	中低	0.1744	0.5349	0.2907	0.0000	0.1290	0.5161	0.3548	0.0000
	中高	0.0135	0.1486	0.6081	0.2297	0.0000	0.1481	0.6667	0.1852
	高	0.0108	0.0000	0.0645	0.9247	0.0000	0.0000	0.0417	0.9583

邻居水平	类型	中部				西部			
		低	中低	中高	高	低	中低	中高	高
中高	低	0.6092	0.3563	0.0230	0.0115	0.6458	0.3125	0.0417	0.0000
	中低	0.1275	0.5588	0.3039	0.0098	0.2174	0.5217	0.2609	0.0000
	中高	0.0183	0.1193	0.5596	0.3028	0.0182	0.1091	0.7455	0.1273
	高	0.0189	0.0377	0.0755	0.8679	0.0000	0.0000	0.0435	0.9565
高	低	0.5581	0.3256	0.0465	0.0698	0.5833	0.3333	0.0417	0.0417
	中低	0.1091	0.4909	0.3818	0.0182	0.1765	0.4412	0.3824	0.0000
	中高	0.0000	0.2234	0.6170	0.1596	0.0000	0.0286	0.8000	0.1714
	高	0.0116	0.0000	0.0291	0.9593	0.0000	0.0185	0.0370	0.9444

（一）东中西三大地区

东部地区城市韧性转移的空间特征显示，当邻近城市韧性发展处于低水平时，低水平城市向上转移的概率为9.19%，中低水平城市向上转移的概率为27.55%；当邻近城市为中低韧性发展水平时，同为中低水平的城市向上转移的概率为25.00%，而中高水平城市向上转移的可能性相对较小，转移概率为13.25%；当邻近城市韧性发展到达中高水平时，低水平城市向上转移的概率为29.63%，而中高水平向上转移的概率仅为4.04%；当邻近城市韧性发展达到最高水平时，低水平城市向上转移的概率高达50%，中低水平城市向上转移的概率为30.23%，但中高水平城市向上转移的概率较小，仅为18.80%。以上结果说明东部地区韧性水平低的城市靠自身力量提升城市韧性比较困难，即周围城市韧性水平都很低的情况下，某一城市提升韧性的难度较大；地区内最高韧性水平城市带动其邻近城市韧性水平向上转移的作用最强，但带动力度在其不同水平的邻近城市之间有所不同，城市韧性差距越大，带动作用越明显，主要体现在低、中低、中高水平城市韧性向上转移概率依次降低；城市韧性向上转移的概率远大于向下转移的概率，即无论邻近城市韧性发展水平如何，正常情况下城市的韧性发展一般不会出现倒退现象。

中部地区城市韧性转移的空间特征显示，当邻近城市为低水平时，同为低水平的城市下一年发展到中低水平的概率为35.77%，也有向中高和高水平跳跃转移的可能，其正向跳跃式转移的概率分别为3.25%和0.81%；邻近城市处于中低韧性发展水平的情况下，低水平城市下一年发展到中低水平的概率为28.57%，向高水平跳跃转移的概率为2.04%；邻近城市处于中高韧性发展水平的情况下，低水平和中低水平向上转移的概率分别为35.63%和30.39%，向高水平跳跃转移的概率分别为1.15%、0.98%；邻近高韧性发展水平的城市时，低、中低、中高水平城市都有向上转移的可能，转移概率分别为32.56%、38.18%和15.96%，低水平和中低水平向高水平跳跃转移的概率分别为6.98%和1.82%。可见，中部地区较低韧性水平的城市自我发展能力本身就较强，且易受较高韧性发展级别城市的带动。

西部地区城市韧性的转移趋势与中部地区类似，当邻近城市为低水平时，同为低水平的城市下一年发展到中低水平的概率为16.92%，向中高水平跳跃转移的概率为3.08%；邻近城市处于中低韧性发展水平的情况下，低水平城市下一年发展到中低水平的概率为18.97%，向中高水平跳跃转移的概率为3.45%；邻近城市处于中高韧性发展水平的情况下，低水平城市下一年发展到中低水平的概率为31.25%，向中高水平跳跃转移的概率为4.17%；邻近城市处于高韧性发展水平的情况下，低水平城市下一年发展到中低水平的概率为33.33%，向中高水平跳跃转移的概率为4.17%，向高水平跳跃转移的概率也为4.17%。上述结果说明，西部地区低韧性水平的城市有较强的自我发展能力，且高韧性城市的带动作用较为明显。

（二）南北两大地区

南方地区城市韧性转移的空间特征，见表5-4。当邻近城市为低韧性水平时，对于低水平城市，其发生转移后仍然属于低水平的概率为75.42%，而向上转移的概率为24.58%，其中转移到中低水平、中高水平的概率分别为24.15%、0.42%；对于中低水平城市，其发生转移后仍然属于中低水平的概率为60.36%，向上转移的概率为21.62%，向下转移的概率为18.02%；对于中高水平城市，其发生转移后仍然属于中高水平的概率为71.15%，向上转移的概率为14.42%，向下转移的概率为14.42%；对于高水平城市，其发生转移后仍然属于高水平的概率为97.67%，向下转移的概率为2.33%。当邻近城市为高韧性水平时，对于低水平城市，其发生转移后仍然属于低水平的概率为42.86%，向上转移的概率为57.14%；对于中低水平城市，其发生转移后仍然属于中低水平的概率为70.59%，向上转移的概率为29.41%；对于中高水平城市，其发生转移后仍然属于中高水平的概率为70.43%，向上转移的概率为18.26%，向下转移的概率为11.30%；对于高水平城市，其发生转移后仍然属于高水平的概率为95.68%，向下转移的概率为4.32%。当邻近城市韧性水平为中低或中高水平时，得到的 Markov 结果与低水平和高水平结果基本一致。

表5-4　　　　　中国城市韧性南北两大地区转移特征

邻居水平	类型	南方				北方			
		低	中低	中高	高	低	中低	中高	高
低	低	0.7542	0.2415	0.0042	0.0000	0.7970	0.1881	0.0099	0.0050
	中低	0.1802	0.6036	0.2162	0.0000	0.1650	0.6990	0.1359	0.0000
	中高	0.0000	0.1442	0.7115	0.1442	0.1071	0.1786	0.6429	0.0714
	高	0.0000	0.0000	0.0233	0.9767	0.0000	0.0000	0.0361	0.9639

邻居水平	类型	南方				北方			
		低	中低	中高	高	低	中低	中高	高
中低	低	0.7667	0.2200	0.0133	0.0000	0.7622	0.2378	0.0000	0.0000
	中低	0.1310	0.6828	0.1862	0.0000	0.1679	0.6641	0.1679	0.0000
	中高	0.0000	0.0873	0.8254	0.0873	0.0000	0.1600	0.7733	0.0667
	高	0.0000	0.0000	0.0411	0.9589	0.0000	0.0000	0.0870	0.9130
中高	低	0.6733	0.2772	0.0396	0.0099	0.6129	0.3226	0.0645	0.0000
	中低	0.1123	0.6631	0.2086	0.0160	0.0417	0.6458	0.3125	0.0000
	中高	0.0067	0.1074	0.6174	0.2685	0.0144	0.1151	0.7266	0.1439
	高	0.0175	0.0526	0.1053	0.8246	0.0067	0.0000	0.0533	0.9400
高	低	0.4286	0.5714	0.0000	0.0000	0.5789	0.3684	0.0000	0.0526
	中低	0.0000	0.7059	0.2941	0.0000	0.0930	0.6512	0.2558	0.0000
	中高	0.0000	0.1130	0.7043	0.1826	0.0000	0.0805	0.7126	0.2069
	高	0.0000	0.0000	0.0432	0.9568	0.0000	0.0000	0.0657	0.9343

北方地区城市韧性的转移趋势与南方地区类似，当邻近城市的韧性水平较低时，本地区城市韧性较低的类型有较大可能性维持原水平；当邻近城市的城市韧性水平为高水平时，本地区城市韧性较高的类型会有较大可能性维持高水平；而本地区城市韧性较低的类型则向上转移的概率则更高。例如，当邻近城市为低水平类型时，对于低水平城市，其发生转移后仍然属于低水平的概率为79.70%；而本地区中低、中高以及高水平地区向上转移的概率分别为18.81%、13.59%和7.14%。当邻近城市为高水平类型时，对于高水平城市，其发生转移后仍然属于高水平的概率为93.43%；而本地区低、中低以及中高水平地区向上转移的概率分别为57.89%、65.12%和71.26%。

—————— 第三节　本章小结 ——————

本章对城市韧性空间差异的动态演进进行了分析，运用了无条件 Kernel 密度、空间静态和空间动态 Kernel 密度估计方法，从全国层面和地区层面对城市韧性的分布动态演进趋势进行了分析。基于三维核密度图和等高线核密度图，生动地展示了中国城市韧性空间差异的分布动态及其演进规律。这些图形化展示有助于我们更清晰地理解城市韧性在时间和空间上的变化。在此基础上，按照城市韧性水平的高低，将转移方向分为低、中低、中高和高水平四种类型，运用传统 Markov 链和空间 Markov 链分析方法进一步研究各地区城市韧性发展水平的空间转移规律，从而揭示周边城市韧性水平的高低对本城市韧性水平转移趋势的影响。研究发现：第一，Kernel 密度分析表明，不考虑空间因素的条件下，中国城市韧性的发展具有较强的持续性。在空间条件下，静态与动态估计结果类似但存在差别，当相邻城市的韧性处于高水平时，静态和动态估计结果中均不存在正空间相关性；但当相邻城市处于中、低韧性水平时，随着时间因素的加入，正空间相关性会明显降低。第二，Markov 链分析表明，空间因素对中国各地区城市韧性的转移具有显著影响，城市韧性具有"俱乐部趋同"特性，不同的空间滞后类型在城市韧性水平空间演变过程中的作用不同，呈现"高者更高，低者愈低"的极化特性。

第六章 中国城市韧性的收敛性分析

在第五章本书利用 Kernel 密度方法及 Markov 链分析方法，对中国城市韧性的分布动态演进规律及概率转移特征进行了分析，发现中国城市韧性的提升不仅仅依赖于各城市自身韧性水平的整体提高，更依赖于低韧性城市向高韧性城市靠拢，以不断缩小城市间韧性水平的差距。为进一步考察中国城市韧性空间差异的趋同或发散情况，本章将利用 σ 收敛和 β 收敛模型对中国城市韧性的收敛性进行实证检验，以期能够更加科学合理地识别出中国城市韧性的未来发展趋势，为城市韧性的跨区域协同提升提供实证支持。

—————— 第一节　收敛性分析方法 ——————

一、σ 收敛

σ 收敛是指不同地区城市韧性的离差随着时间变化逐渐减小（Cuadrado et al.，1999；Shankar and Shah，2003；刘华军和杜广杰，2017；杨骞和秦文晋，2018；蔺鹏和孟娜娜，2021）。若离差随时间的推进而减小，则表明城市韧性的增长存在 σ 收敛。σ 收敛通常可用 σ 系数进行考察，其中，$\ln y_{i,t}$ 为 i 地区在 t 时期城市韧性水平的自然对数，$\overline{\ln y_t}$ 为 t 时期城市韧性水平对数值的均值，N 为研究区域城市个数，

114

若 σ 系数随时间不断减小，则说明城市韧性存在 σ 收敛，具体如式（6-1）所示。

$$\sigma_t = \sqrt{\frac{\sum\limits_i \left(\ln y_{i,t} - \overline{\ln y_t}\right)^2}{N}} \qquad (6-1)$$

二、β 收敛

β 收敛是指低韧性城市具有更高的增长率会赶上高韧性城市，两者之间的差距渐趋缩小并最终达到以同样增长率发展的收敛状态（Young et al.，2008；Norris and Inglehart，2009；Niknam et al.，2011；于伟等，2021；李言和雷红，2021；张子龙等，2015）。β 收敛包括绝对 β 收敛和条件 β 收敛。在收敛过程中，临近地区可能会对本地区产生影响，因此将空间效应纳入 β 收敛检验中（Le and Dall，2008；Del et al.，2010；张莅黎等，2019）。绝对 β 收敛仅考虑城市韧性发展本身的收敛状态，本书构建包含空间权重的绝对 β 收敛回归模型，如式（6-2）所示。

$$\ln\left(\frac{y_{i,t+1}}{y_{i,t}}\right) = \alpha + \beta\ln(y_{i,t}) + \rho\omega_{ij}\ln\left(\frac{y_{i,t+1}}{y_{i,t}}\right) + \mu_{ij} \qquad (6-2)$$

其中，$\ln(y_{i,t+1}/y_{i,t})$ 表示第 i 个地区的城市韧性在第 $t \sim t+1$ 期的增长率，α 为常数项。β 是收敛系数，若 $\beta < 0$ 且显著，则说明城市韧性存在收敛特征；反之，则发散。ρ 为空间回归系数，ω_{ij} 为空间权重矩阵，μ_{ij} 为空间误差项。收敛速度的表达式如式（6-3）所示，其中 v 为收敛速度，T 为时期，本书中 $T = 14$。

$$v = -\frac{1}{T}\ln(1 + \beta) \qquad (6-3)$$

条件 β 收敛同样描述的是增量水平的变化，是指在绝对 β 收敛模型的基础上，加入若干控制变量后，中国各地区的城市韧性发展呈收敛状态（Churchill et al.，2018）。借鉴朱金鹤和孙红雪（2020）、白立敏等（2019）、张鹏等（2018）的研究，本书从经济增长（EG）、市场规模（RS）、技术创新（TC）、外贸水平（FT）、财政规模（FR）、金融效率（FE）六个方面出发，在评价体系外甄选出与城市韧性高度相关的影响因素，在绝对 β 收敛模型中加入上述控制变量，构建条件 β 收敛模型，如式（6-4）所示。其中，经济增长用固定资产投资总额表示（邱冬阳等，2020），市场规模选取人均社会消费品零售总额表示（林攀等，2021），技术创新用每万人专利授权数来表示（林攀等，2021），用进出口总额与地区生产总值之比来表示外贸水平（李广昊和周小亮，2021），用财政收入与地区生产总值之比来表示财政规模（谷文林等，2018），用金融机构存款余额与金融机构贷款余额之比来表示金融效率（李美平和汪浩瀚，2011）。上述指标数据均来自《中国城市统计年鉴》。

$$\ln\left(\frac{y_{i,t+1}}{y_{i,t}}\right) = \alpha + \beta\ln(y_{i,t}) + \rho\omega_{ij}\ln\left(\frac{y_{i,t+1}}{y_{i,t}}\right) +$$

$$\delta\ln EG + \varepsilon\ln RS + \theta\ln TC + \varphi\ln FT + \xi\ln FR + \eta\ln FE + \mu_{ij}$$

$$(6-4)$$

其中，δ、ε、θ、φ、ξ、η 为控制变量的估计系数，EG、RS、TC、FT、FR 和 FE 表示控制变量，其他符号含义同上。若 $\beta < 0$，则说明城市韧性存在条件 β 收敛。

———— **第二节　收敛性结果分析** ————

一、中国城市韧性的 σ 收敛分析

图 6-1 报告了全国及各地区城市韧性 σ 系数变化情况。在全国

层面，城市韧性的 σ 系数呈现波动上升趋势，发散速度为 0.31%，意味着中国城市韧性的总体空间差异逐渐扩大，不同城市在韧性水平上的差异逐渐增加。在地区层面，按东中西三大地区划分，东部地区和中部地区城市韧性 σ 系数在波动中上升，发散速度分别为 1.09% 和 2.22%，表明东部地区和中部地区的城市韧性差异在扩大，一些城市的韧性水平有所提高；西部地区的 σ 系数呈现出"缓慢上先升—快速下降—波动上升"的变化趋势，虽然在 2011 年降至最低水平（0.3685），但整体呈现出波动上升态势。按南北方两大地区划分，南方地区和北方地区的 σ 系数均呈缓慢上升趋势，发散速度分为 0.56%、1.06%，说明南方地区和北方地区均不存在 σ 收敛。综上所述，全国和其他地区均不存在显著的 σ 收敛性，表明城市韧性在全国及地区层面的空间差异均趋于扩大。

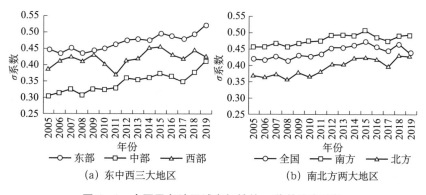

图 6-1 全国及各地区城市韧性的 σ 收敛演变趋势

二、中国城市韧性的 β 收敛分析

本书利用 LR 检验和 Wald 检验对空间滞后模型（SAR）、空间误差模型（SEM）和空间杜宾模型（SDM）进行选择，确定最适合全国及各地区的 β 收敛模型。LR 检验和 Wald 检验发现全国及各地区的城市韧性收敛模型均在 1% 的显著水平下拒绝"SDM 模型退化为 SEM 模型和 SAR 模型"的原假设，因此本书选择 SDM 模型对中国城市韧性

发展水平进行 β 收敛检验（Hernantes et al.，2019；Gull et al.，1984；Feng et al.，2023）。空间 Hausman 检验在 1% 的水平下显著拒绝"随机效应"的原假设，因此本书选择固定效应对城市韧性的收敛性进行分析，最终将全国及各地区的模型确定为双向固定 SDM 模型（见表 6 - 1）。

表 6 - 1　　　　　　　　　　　　模型的适用性检验

LR 检验	统计量	P 值
SEM	175. 09	0. 000
SAR	278. 97	0. 000
Wald 检验	59. 60	0. 000
Hausman 检验	85. 95	0. 000

（一）中国城市韧性的绝对 β 收敛检验

表 6 - 2 报告了全国层面城市韧性的绝对 β 收敛检验结果。本书按照"十一五""十二五"和"十三五"时期将考察期划分成三个阶段，并分别进行绝对 β 收敛检验。根据回归结果，全国层面的空间滞后系数 ρ 显著为正，说明全国层面城市韧性存在显著的空间相关性。在整个考察期内，β 回归系数显著为负，说明城市韧性在全国层面存在绝对 β 收敛，收敛速度为 5.64%。分阶段看，不同时段的收敛情况有所不同，"十一五""十二五"和"十三五"期间全国各城市的韧性水平均呈收敛态势，收敛速度分别为 66.06%、52.90% 和 67.58%。城市韧性发展是一个不间断的过程，无法进行人为分割，为避免样本时间跨度较短对收敛结果造成一定的影响，本书将 2015 年纳入"十三五"时期进行分析。

表 6 - 2　　　　　　全国层面城市韧性的绝对 β 收敛检验结果

变量	全部年份	分阶段考察		
	全时期	"十一五"	"十二五"	"十三五"
ln*CRI*	- 0. 571 ***	- 0. 981 ***	- 0. 929 ***	- 0. 933 ***
	（- 39. 881）	（- 39. 430）	（- 37. 579）	（- 31. 316）

变量	全部年份	分阶段考察		
	全时期	"十一五"	"十二五"	"十三五"
W. ln*CRI*	0.427 ***	0.459 ***	0.370 ***	0.514 ***
	(25.597)	(11.140)	(8.903)	(11.867)
R^2	0.019	0.013	0.021	0.024
ρ	0.620 ***	0.434 ***	0.579 ***	0.642 ***
	(50.721)	(18.256)	(25.744)	(33.236)
sigma2_e	0.007 ***	0.007 ***	0.003 ***	0.004 ***
	(43.310)	(28.687)	(25.914)	(25.871)
N	3948	1692	1410	1410

注: *、** 和 *** 分别表示在10%、5%和1%的水平上显著,括号内为 t 值。

表6-3报告了地区层面城市韧性的绝对 β 收敛检验结果。根据检验结果发现,第一,东、中、西三大地区以及南北两大地区的 β 回归系数均显著为负,说明各地区的城市韧性均存在绝对 β 收敛,即低韧性城市对高韧性城市形成了"追赶效应",最终将共同收敛到稳定水平。第二,从收敛速度看,东部地区、中部地区和西部地区的收敛速度分别为5.77%、7.27%和3.76%,说明各地区内部城市韧性呈现趋同化特征。其中,中部地区将最快收敛到稳态,其次是东部地区,西部地区最慢。南方和北方的收敛速度分别为6.19%和5.24%,南方地区的收敛速度略高于北方地区。第三,各地区的空间滞后系数 ρ 显著为正,说明在各地区内部,相邻城市的韧性水平增长率越高,本市的韧性水平增长率也就越高。第四,无论是从横向看还是从纵向看,各地区内部的 W. ln*CRI* 系数显著为正,说明各地区内部的城市受相邻城市韧性的影响较大,邻市的城市韧性越高,本市的城市韧性增长率也就越高。对于邻近城市的韧性系数分析,意味着本市的城市韧性会因邻市的城市韧性处于较高水平而不断增长。因此,城市韧性提升不仅要靠单个城市自身的努力,还需要充分利用相邻地区的空间溢出效应来协同推进本地区城市韧性提升。

表6-3　　　　　　地区层面城市韧性的绝对 β 收敛检验结果

变量	东部	中部	西部	南方	北方
ln*CRI*	-0.579 ***	-0.664 ***	-0.431 ***	-0.605 ***	-0.544 ***
	(-26.696)	(-26.822)	(-15.355)	(-31.198)	(-25.544)
W. ln*CRI*	0.461 ***	0.509 ***	0.270 ***	0.489 ***	0.341 ***
	(18.333)	(17.504)	(8.431)	(22.075)	(13.552)
R^2	0.012	0.028	0.017	0.015	0.025
ρ	0.690 ***	0.576 ***	0.525 ***	0.643 ***	0.568 ***
	(42.160)	(27.254)	(20.224)	(40.907)	(29.910)
sigma2_e	0.005 ***	0.009 ***	0.007 ***	0.007 ***	0.008 ***
	(27.307)	(27.006)	(19.724)	(31.874)	(29.299)
N	1596	1526	826	2156	1792

注：*、**和***分别表示在10%、5%和1%的水平上显著，括号内为 t 值。

（二）中国城市韧性的条件 β 收敛检验

进一步分析城市韧性在加入经济增长（*EG*）、市场规模（*RS*）、技术创新（*TC*）、外贸水平（*FT*）、财政规模（*FR*）、金融效率（*FE*）等控制变量后的收敛性，表6-4报告了全国层面条件 β 收敛的检验结果。根据回归结果，在整个考察期内， β 回归系数显著为负，说明在加入控制变量后，中国城市韧性发展依旧存在 β 收敛趋势，收敛速度为6.87%。与绝对 β 收敛速度相比，考虑了控制变量影响的收敛速度有所提升，意味着中国城市韧性的增速正在趋同，经济增长、市场规模、技术创新、外贸水平、财政规模、金融效率等因素能够在一定程度上加快城市韧性的收敛。

表6-4　　　　　全国层面城市韧性的条件 β 收敛检验结果

变量	全部年份	分阶段考察		
	全时期	"十一五"	"十二五"	"十三五"
ln*CRI*	-0.643 ***	-0.999 ***	-0.948 ***	-0.927 ***
	(-42.817)	(-39.777)	(-37.740)	(-30.651)

续表

变量	全部年份	分阶段考察		
	全时期	"十一五"	"十二五"	"十三五"
lnEG	0.013 ***	0.032 **	0.011	0.003
	(5.339)	(3.232)	(1.862)	(0.507)
lnRS	0.015 ***	−0.004	−0.010	−0.014
	(3.877)	(−0.248)	(−1.161)	(−1.482)
lnTC	−0.001 *	−0.000	0.000	−0.000
	(−2.460)	(−0.146)	(0.502)	(−0.112)
lnFT	−0.009	−0.007	0.016	−0.026
	(−1.186)	(−0.774)	(0.726)	(−0.905)
lnFR	0.215 **	0.155	0.378 **	−0.160
	(3.238)	(1.385)	(3.240)	(−1.546)
lnFE	0.001	−0.009	−0.004 *	0.007
	(0.835)	(−1.515)	(−2.512)	(1.131)
W. lnCRI	0.264 ***	0.328 ***	0.253 ***	0.480 ***
	(11.648)	(7.294)	(5.493)	(10.227)
W. lnEG	0.009 *	0.027	0.012	0.009
	(2.474)	(1.650)	(1.396)	(1.260)
W. lnRS	0.000	0.020	0.007	0.019
	(0.054)	(0.819)	(0.569)	(1.496)
W. lnTC	0.000	0.001	−0.000	−0.002 **
	(0.718)	(0.716)	(−0.520)	(−2.848)
W. lnFT	0.022	0.035	0.005	−0.121
	(1.280)	(1.741)	(0.098)	(−1.908)
W. lnFR	0.479 ***	−0.179	0.230	−0.046
	(4.552)	(−0.927)	(1.270)	(−0.260)
W. lnFE	−0.001	−0.002	−0.004	−0.003
	(−0.281)	(−0.161)	(−1.124)	(−0.303)
R^2	0.025	0.019	0.022	0.019

续表

变量	全部年份	分阶段考察		
	全时期	"十一五"	"十二五"	"十三五"
ρ	0.562 ***	0.347 ***	0.528 ***	0.614 ***
	(41.912)	(13.160)	(21.697)	(29.917)
sigma2_e	0.007 ***	0.006 ***	0.003 ***	0.004 ***
	(43.462)	(28.809)	(25.995)	(25.897)
N	3948	1692	1410	1410

注：*、**和***分别表示在10%、5%和1%的水平上显著，括号内为 t 值。

表6-5报告了地区层面城市韧性的条件 β 收敛检验结果。第一，东中西三大地区以及南北两大地区的 β 回归系数均显著为负，说明在加入控制变量后，各城市的韧性水平仍存在 β 收敛，进一步证实了各地区内部城市韧性的增长率存在趋同，即随着经济增长、市场规模、技术创新、外贸水平、财政规模和金融效率等进一步提升，中国各地区的城市韧性依旧会朝着各自稳态水平变化发展。第二，从收敛速度看，东部、中部和西部地区的收敛速度分别为7.00%、9.40%和5.98%，南方和北方地区的收敛速度分别为7.39%和6.79%，表明在控制变量的影响下，与绝对 β 收敛相比，全国及各地区的收敛速度均明显加快。第三，全国及各地区的空间滞后系数 ρ 均显著为正，说明城市韧性存在显著为正的空间溢出效应。综上所述，中国城市韧性存在明显的条件 β 收敛趋势。从横向看，中部地区拥有较高的收敛速度；从纵向看，南方地区拥有较高的收敛速度。在考虑了经济增长、市场规模、技术创新、外贸水平、财政规模和金融效率等因素后，各地区间收敛速度的差异与绝对 β 收敛结果基本保持一致。此外，由于地区间收敛速度差异性的存在，地区间城市韧性非均衡现象仍将存在，这与地区经济发展状况、技术创新水平和政府干预等因素密切相关。

表6-5　　　　　地区层面城市韧性的条件 β 收敛检验结果

变量	东部	中部	西部	南方	北方
lnCRI	-0.650***	-0.756***	-0.592***	-0.670***	-0.639***
	(-28.549)	(-29.349)	(-18.530)	(-32.961)	(-28.495)
lnEG	0.011***	0.038***	0.003	0.011***	0.020***
	(3.462)	(5.394)	(0.659)	(3.806)	(4.598)
lnRS	0.008	-0.010	0.091***	0.008	0.030***
	(1.688)	(-0.995)	(6.872)	(1.669)	(4.266)
lnTC	-0.000	0.001	-0.006***	-0.001*	-0.002*
	(-1.770)	(0.806)	(-3.803)	(-2.512)	(-2.023)
lnFT	-0.011	-0.020	-0.005	-0.007	-0.012
	(-1.566)	(-0.634)	(-0.111)	(-0.898)	(-0.542)
lnFR	0.202	0.533***	-0.061	0.167	0.316**
	(1.754)	(3.890)	(-0.619)	(1.903)	(3.044)
lnFE	0.003	0.000	0.019	0.002	0.000
	(0.392)	(0.053)	(1.923)	(0.875)	(0.121)
W.lnCRI	0.278***	0.302***	0.208***	0.284***	0.228***
	(8.144)	(7.173)	(4.886)	(9.198)	(6.770)
W.lnEG	-0.001	-0.010	0.028***	0.005	0.008
	(-0.255)	(-0.947)	(4.403)	(1.062)	(1.239)
W.lnRS	0.010	0.031*	-0.041*	0.029***	-0.013
	(1.578)	(2.527)	(-2.318)	(3.798)	(-1.409)
W.lnTC	0.000	-0.001	0.000	-0.000	-0.004*
	(0.757)	(-0.562)	(0.068)	(-1.021)	(-2.531)
W.lnFT	0.008	0.142*	-0.097	0.024	0.080
	(0.560)	(2.179)	(-0.948)	(1.316)	(1.690)
W.lnFR	0.617***	0.606**	-0.002	0.453***	0.663***
	(3.572)	(3.120)	(-0.014)	(3.329)	(3.894)
W.lnFE	-0.000	0.004	-0.021	0.002	-0.006
	(-0.015)	(1.017)	(-1.792)	(0.468)	(-1.189)
R^2	0.018	0.045	0.023	0.022	0.037

续表

变量	东部	中部	西部	南方	北方
ρ	0.629 ***	0.501 ***	0.488 ***	0.572 ***	0.512 ***
	(33.900)	(21.141)	(17.898)	(32.078)	(24.945)
sigma2_e	0.005 ***	0.009 ***	0.006 ***	0.007 ***	0.007 ***
	(27.416)	(27.128)	(19.795)	(32.018)	(29.395)
N	1596	1526	826	2156	1792

注：*、** 和 *** 分别表示在10%、5%和1%的水平上显著，括号内为 t 值。

条件 β 收敛的控制变量。全国层面看，经济增长、市场规模、技术创新和财政规模的回归系数均显著。经济增长的回归系数显著为正，说明经济发展水平提高能够有效提升城市韧性。市场规模的回归系数显著为正，说明市场规模扩大也有助于提升城市韧性。技术创新的回归系数显著为负，说明技术创新提高不利于城市韧性的提升，原因可能在于中国科技成果闲置，科研资源浪费等情况严重，存在一定程度的"产学研脱节"现象，制约了技术创新成果的应用、传播和推广，技术创新成果不能尽快为企业所采用，继而对城市经济运行效率产生下行压力。财政规模的回归系数显著为正，说明财政规模扩大能够促进城市韧性提升。外贸水平和金融效率的回归系数均不显著，说明外贸水平和金融效率对城市韧性的影响不明确。地区层面看，经济增长、市场规模、技术创新、外贸水平、财政规模和金融效率等控制变量对城市韧性提升的影响具有异质性。以经济增长为例，除西部地区外，经济增长对各地区城市韧性的影响显著为正，经济增长显著推动了东中部和南北方城市韧性的发展，但对缩小其内部差异存在抑制作用。同时，经济增长对西部地区的城市韧性影响并不显著，因此需进一步促进经济增长以提升要素配置和使用效率，并关注其对西部地区城市韧性发展差距的影响。

（三）稳健性检验

本书通过变换城市韧性空间权重矩阵的方式检验 β 收敛结果的稳健性（见表6－6）。在不同权重矩阵下，表6－6 的估计结果基本与上述结果保持一致，即绝对 β 收敛和条件 β 收敛回归系数的方向和显著性保持一致。无论是以空间关联网络矩阵①进行实证考察，还是以地理距离空间权重矩阵和经济地理空间权重矩阵进行分析，绝对 β 收敛和条件 β 收敛的回归系数均显著为负，且空间效应 ρ 均在 1% 的水平上显著，空间权重矩阵改变，但并未改变本书 β 收敛的研究结论，说明了本书研究结果的稳定性与可靠性。

表6－6　　　　　　　　城市韧性 β 收敛性稳健性检验

变量	空间关联网络矩阵		地理距离空间权重		经济地理空间权重	
	绝对 β	条件 β	绝对 β	条件 β	绝对 β	条件 β
lnCRI	-0.549^{***}	-0.592^{***}	-0.547^{***}	-0.615^{***}	-0.545^{***}	-0.611^{***}
	(-38.985)	(-40.557)	(-38.419)	(-41.774)	(-38.516)	(-41.375)
W. lnCRI	0.514^{***}	0.427^{***}	0.532^{***}	0.280^{***}	0.462^{***}	0.275^{***}
	(27.741)	(12.228)	(28.053)	(6.109)	(25.444)	(9.585)
R^2	0.024	0.061	0.011	0.073	0.018	0.023
ρ	0.941^{***}	0.914^{***}	0.937^{***}	0.824^{***}	0.752^{***}	0.677^{***}
	(82.864)	(58.112)	(78.543)	(37.612)	(54.102)	(41.663)
sigma2_e	0.007^{***}	0.006^{***}	0.007^{***}	0.006^{***}	0.007^{***}	0.007^{***}
	(44.351)	(44.361)	(44.359)	(44.406)	(43.797)	(43.860)
N	3948	3948	3948	3948	3948	3948

注：*、**和***分别表示在10%、5%和1%的水平上显著，括号内为 t 值。

---

① 空间关联网络矩阵是采用 Granger 因果检验识别出的中国城市韧性空间关联关系。

------- 第三节　本章小结 -------

　　本章利用 σ 收敛、绝对 β 收敛和条件 β 收敛对中国城市韧性的收敛性进行实证考察，结果如下：第一，σ 收敛的检验结果显示，全国层面上，中国城市韧性不存在 σ 收敛。地区层面上，从横向看，仅有西部地区城市韧性在 2011 年以前存在 σ 收敛，此后呈发散态势，其他地区均不存在 σ 收敛；从纵向看，南方地区和北方地区均不存在 σ 收敛。第二，绝对 β 收敛和条件 β 收敛的检验结果显示，中国城市韧性总体以及各地区均存在绝对 β 收敛和条件 β 收敛。经济增长、市场规模、技术创新、外贸水平、财政规模和金融效率等因素能够在一定程度上加快城市韧性的收敛速度。

第七章 中国城市韧性时空分异的驱动因素分析

———— 第一节 地理探测器模型 ————

　　本书采用地理探测器探究中国城市韧性空间分异的驱动因素。地理探测器是探测空间分异性，并揭示其背后驱动力的一种研究方法（王劲峰和徐成东，2017），包括因子探测、交互探测、风险探测和生态探测四个部分（Chang et al.，2008；Wang and Hu，2012；Panarchy，2002；Klein et al.，2003；Wu et al.，2006）。因子探测主要用于检验某个影响因素是否导致特定变量的空间分异，而交互探测则可以识别影响因素是独立起作用还是相互影响。本书采用因子探测和交互探测方法，对中国城市韧性空间分异的驱动因素进行研究。具体来说，"交互探测"假设 U_1 和假设 U_2 是影响城市韧性空间分异的两个因素，通过将假设 U_1 和假设 U_2 进行空间叠加形成新的图层 $U_1 \cap U_2$，该图层的属性由假设 U_1 和假设 U_2 共同决定。首先，计算假设 U_1、假设 U_2 和叠加图层 $U_1 \cap U_2$ 对城市韧性空间分异的影响程度，即 $q(U_1)$、$q(U_2)$、$q(U_1 \cap U_2)$。其次，通过比较 $q(U_1)$、$q(U_2)$、$q(U_1 \cap U_2)$，揭示不同因素 U_i 之间对城市韧性空间分异的交互作用，并评估这种交互作用是否会增强或减弱单个因

素 U_i 对城市韧性空间分异的影响程度。其中，"因子探测"假设存在变量 W 和 $U_i(i=1,\cdots,I)$，比较 W 的空间分异与 U_i 的空间分异是否具有显著的一致性。如果具有一致性，则表明 U_i 对 W 的空间分异有影响，其程度可以用 q 值来表示。

$$q = 1 - \sum_{h=1}^{H} N_h \delta_h^2 / N \delta^2 \qquad (7-1)$$

q 值表示影响 W 空间分异的因素作用，取值范围是 $[0,1]$。当 q 值越大时，U_i 对 W 的空间分异影响越大；反之，越弱。当 $q=0$ 时，W 的空间分异不受 U_i 的影响；当 $q=1$ 时，U_i 完全控制了 W 的空间分布。N 表示全部区域样本数，$h=1,\cdots,H$ 表示 W 和 U_i 的分区，N_h 表示次级区域 h 样本数。需要强调的是，q 值是自变量 U_i 的空间分异解释因变量 W 的空间分异，不对 q 值进行显著性检验，q 仍然具有明确的物理意义，并且不服从正态分布假设（王劲峰和徐成东，2017）。在利用地理探测器揭示某一事物的空间分异驱动因素时，需要对驱动因素进行分区。本书参考了王少剑等（2016）和朱鹤等（2015）的方法，在 ArcGIS 中使用自然断点法将每个指标分为 5 个等级区，并通过地理探测器计算各因素对中国城市韧性空间分异的影响程度。

第二节　中国城市韧性时空分异的驱动因素

城市韧性是指城市应对未来可能冲击的能力并保护其社会结构、经济系统、生态系统和基础设施系统的能力，其发展差异不仅受到经济韧性、社会韧性、生态韧性和基础设施韧性四个内源结构性因素的影响，还与经济增长、市场规模、技术创新、外贸水平、财政规模和金融效率等外源社会经济因素有关。

一、内源结构性因素对中国城市韧性的驱动分析

(一) 因子探测分析

本书采用因子探测器计算了经济、社会、生态和基础设施的决定力 q 值和显著性水平 (见表7-1),进而考察内源结构性因素对中国城市韧性时空分异的驱动作用。如图7-1所示,城市韧性在经济、社会、生态和基础设施四个内源结构性驱动因素的单独作用中,解释力度从高到低均是按照"经济韧性—生态韧性—社会韧性—基础设施韧性"顺序排列。从单独作用来看,经济对中国城市韧性在全样本时期以及"十一五""十二五"和"十三五"时期的影响程度分别为 0.7893、0.7999、0.8173 和 0.7374;基础设施对中国城市韧性影响程度较小,在全样本时期以及"十一五""十二五"和"十三五"时期的影响程度分别为 0.5352、0.5078、0.5332 和 0.5431。经济韧性均显著高于其他因子,是城市韧性时空分异的内在主导因素。一方面,一个经济实力强大的城市通常能够更好地应对逆境和灾难,并更快地复苏和转型。首先,经济强劲的城市通常会有更多的财政资源来加大基础设施建设、应急响应和社会保护等支持力度。这意味着,在面对自然灾害、经济危机或其他风险挑战时,城市可以更好地提供援助和支持,帮助居民渡过难关,从而使城市恢复生机。其次,强大的经济可以吸引更多的投资和创业机会。这为城市创造了更多就业机会,增加了居民的收入和福利水平,提高了城市的生产生活质量。当经济发展良好时,城市居民也更有可能拥有更好的教育、医疗和社会服务,这些因素都能够显著增强城市韧性。另一方面,经济韧性也对城市的多样性和适应能力产生重要影响。经济多元化可以减轻城市在某个特定行业或经济部门受到冲击时的风险。例如,如果一个城市过度依赖于某一种产业,当该产业受到经济衰退或技术变革的影响时,城市可能会面临巨大的挑战。相反,当经济多样化时,城市能够更好地适应变化,并通过在不同领域中发展新的机会和产业来复苏和增长。总体而言,一个强大、多元化和适应性强的经济将为城市提供稳定的发展基础,使其能够

更好地应对挑战、适应变化并持续发展。

表 7 – 1　内源性驱动因素对分三大时期城市韧性时空演进的决定力

时期	q 值/ p 值	经济韧性	社会韧性	生态韧性	基础设施韧性
"十一五"	q 值	0.7999	0.6044	0.6909	0.5078
	p 值	0.0000	0.0000	0.0000	0.0000
"十二五"	q 值	0.8173	0.6616	0.7464	0.5332
	p 值	0.0000	0.0000	0.0000	0.0000
"十三五"	q 值	0.7374	0.6806	0.7380	0.5431
	p 值	0.0000	0.0000	0.0000	0.0000
全样本	q 值	0.7893	0.6589	0.7459	0.5352
	p 值	0.0000	0.0000	0.0000	0.0000

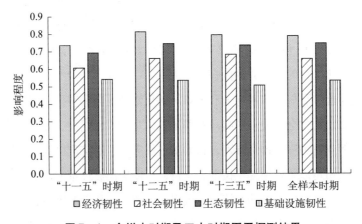

图 7 – 1　全样本时期及三大时期因子探测结果

（二）交互探测分析

本书借助交互作用探测器，对内源性驱动因素定量分析两个因素相互作用对单一因素解释强度的影响，并识别相互作用类型。探测结果如图 7 – 2 所示，两种驱动因子之间的相互作用，可以提高单个因子对城市韧性时空分异的解释能力，即城市韧性时空分异是由多个内在因素发挥合力共同作用的结果，其交互作用类型均为双因子加强，二者的判断依据为 $q(X_1 \cap X_2) > \text{Max}(q(X_1), q(X_2))$ 。从交互作用看，"十一五""十二五""十三五"以及全样本时期，经济韧性、社会韧性、生态韧性和基础设施韧性四种因子共有 6 种交互结果，分别为经济韧性∩社会韧性、经济韧性∩生态韧性、经济韧性∩基础设施韧性、社会韧性∩生态韧性、社会韧性∩基础设施韧性和生态韧性∩基础设施韧性。"十一五"时期交互后解释力排在首位的交互因子对是经济韧性∩社会韧性（0.9238）；"十二五"时期交互后解释力排在首位的交互因子对是经济韧性∩基础设施韧性（0.9285）；"十三五"时期交互后解释力排在首位的交互因子对是经济韧性∩生态韧性（0.9323）；全样本时期交互后解释力排在首位的交互因子对是经济韧性∩生态韧性（0.9272）。综上所述，随着时间的推移，经济韧性和生态韧性的交互作用逐渐成为城市韧性时空分异的关键驱动因素。

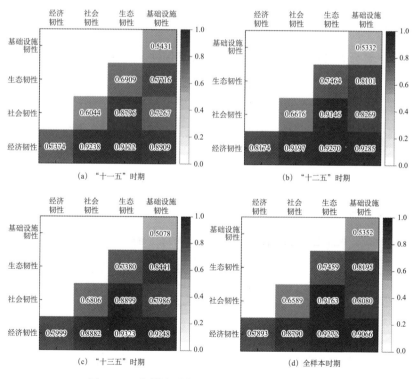

图 7-2　全样本时期及三大时期交互探测结果

二、内源结构性因素对中国不同地区城市韧性的驱动分析

（一）东中西三大地区

1. 因子探测分析

表7-2为中国东部、中部和西部城市韧性时空分异的因子探测结果。东部地区城市韧性空间分异驱动作用的因子分别为经济韧性（0.8100）、社会韧性（0.6654）、生态韧性（0.7752）和基础设施韧性（0.5032）；中部地区分别为经济韧性（0.7650）、社会韧性（0.7998）、生态韧性（0.7366）和基础设施韧性（0.6900）；西部地区分别为经济韧性（0.7564）、社会韧性（0.8040）、生态韧性（0.8557）和基础设施韧性（0.8070）。由图7-3所示，东部地区中城市韧性的因子解释力度顺序依次是"经济韧性＞生态韧性＞社会韧性＞基础设施韧性"，这与中国城市韧性在不同时期所表现的情况相同；在中部地区，对城市韧性的因子解释力度顺序为"社会韧性＞经济韧性＞生态韧性＞基础设施韧性"；在西部地区，对城市韧性的因子解释力度顺序为"生态韧性＞基础设施韧性＞社会韧性＞经济韧性"。由于中国东部、中部和西部的区域划分，属于政策划分，而非行政区划，也不借鉴地理概念上的划分。因此，东部是指最先开始实施沿海开放政策且经济发展水平较高的省份；中部是指经济次发达地区；西部则是指经济欠发达的地区，进一步说明了三大地区在主导因素上的差异。

表7-2　内源性驱动因素对分三大区域城市韧性时空演进的决定力

地区	q值/p值	经济韧性	社会韧性	生态韧性	基础设施韧性
东部	q值	0.8100	0.6654	0.7752	0.5032
	p值	0.0000	0.0000	0.0000	0.0000
中部	q值	0.7650	0.7998	0.7366	0.6900
	p值	0.0000	0.0000	0.0000	0.0000
西部	q值	0.7564	0.8040	0.8557	0.8070
	p值	0.0000	0.0000	0.0000	0.0000

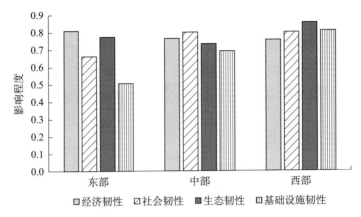

图 7 - 3　中国城市分东中西三大区域因子探测结果

2. 交互探测分析

东部、中部和西部三大区域交互探测结果如图 7 - 4 所示，探测结果显示，任意两种驱动因子之间的相互作用，都大于单个因子对城市韧性时空演化的解释能力，其交互作用类型均为双因子加强，二者的判断依据为 $q(X_1 \cap X_2) > \mathrm{Max}(q(X_1), q(X_2))$。具体而言，在东部地区，经济韧性∩社会韧性（0.8843）、经济韧性∩生态韧性（0.9480）、经济韧性∩基础设施韧性（0.9078）、社会韧性∩生态韧性（0.9354）、社会韧性∩基础设施韧性（0.8425）、生态韧性∩基础设施韧性（0.8283）；在中部地区，经济韧性∩社会韧性（0.8988）、经济韧性∩生态韧性（0.9059）、经济韧性∩基础设施韧性（0.9397）、社会韧性∩生态韧性（0.9317）、社会韧性∩基础设施韧性（0.9193）、生态韧性∩基础设施韧性（0.8282）；在西部地区，经济韧性∩社会韧性（0.9697）、经济韧性∩生态韧性（0.9664）、经济韧性∩基础设施韧性（0.9634）、社会韧性∩生态韧性（0.9314）、社会韧性∩基础设施韧性（0.8970）、生态韧性∩基础设施韧性（0.9157）。从交互作用看，东部、中部和西部三大地区的 6 种交互结果表现为，东部地区在交互后解释力排在第一的因子对是经济韧性∩

生态韧性（0.9480）；中部地区在交互后解释力排在第一的因子对是经济韧性∩基础设施韧性（0.9397）；西部地区在交互后解释力排在第一的因子对是经济韧性∩社会韧性（0.9697）。虽然三个地区的因子交互解释力度不同，但可以看出经济是城市韧性时空演进的主导驱动因素，其与其他因子搭配将对城市韧性产生明显的强化效果。

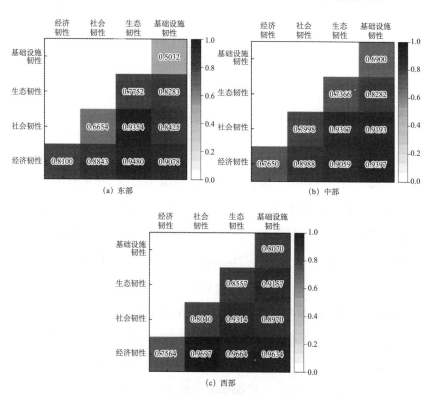

图7-4　中国城市分东中西交互探测结果

（二）南北两大地区

1. 因子探测分析

表7-3为中国南方和北方城市韧性时空分异的因子探测结果。南方地区城市韧性空间分异驱动作用的因子分别为经济韧性（0.8651）、社会韧性（0.6797）、生态韧性（0.8177）和基础设施韧性（0.6242）；北方地区的分别为经济韧性（0.6939）、社会韧性

（0.7199）、生态韧性（0.7036）和基础设施韧性（0.5462）。由图7-5所示，南方地区中城市韧性的因子解释力度顺序依次是"经济韧性＞生态韧性＞社会韧性＞基础设施韧性"。再次证实经济发展是城市发展的坚定基础与城市韧性提升的重要驱动力，且多元化的经济结构可以进一步降低城市对单一行业的依赖，增加城市防范系统性风险的能力。此外，城市环境资源也是支撑城市韧性的重要因素，健康、可持续的自然环境可以提升城市居民生活质量，继而减少面临的风险和灾害影响。尤其是城市的绿地、水源、生态系统的保护和恢复，有助于减轻城市面临的气候变化、自然灾害和环境污染等风险。北方地区中城市韧性的因子解释力度顺序为"社会韧性＞生态韧性＞经济韧性＞基础设施韧性"。北方城市社区群体的分化程度相对较低，邻里关系较为密切，居民社区共同面对挑战时往往能够更加团结合作，共同应对，提高整体韧性和危机应对能力。一方面，北方城市自然资源相对贫乏且需求量较大，因此在资源利用效率方面有着较高要求，经济发展过程中通常更加注重资源的节约与回收利用；另一方面，北方城市面临着环境污染和生态破坏的严峻挑战，但也在积极采取行动进行环境治理和生态修复，以改善居民的生活环境和提高城市韧性。

表7-3　内源性驱动因素对分两大区域城市韧性时空演进的决定力

地区	q 值/ p 值	经济韧性	社会韧性	生态韧性	基础设施韧性
南方	q 值	0.8651	0.6797	0.8177	0.6242
	p 值	0.0000	0.0000	0.0000	0.0000
北方	q 值	0.6939	0.7199	0.7036	0.5462
	p 值	0.0000	0.0000	0.0000	0.0000

2. 交互探测分析

南方和北方两大区域交互探测结果如图7-6所示，探测结果显示，任意两种驱动因子之间的相互作用，都大于单个因子对城市韧性空间分异的解释能力，其交互作用类型均为双因子加强，二者的判断依据为

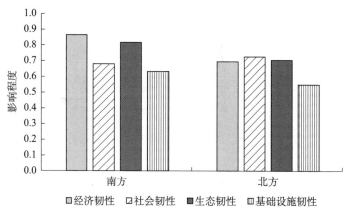

图 7-5　中国城市分南北两大区域因子探测结果

$q(X_1 \cap X_2) > \text{Max}(q(X_1), q(X_2))$。具体表现为，在南方地区，经济韧性∩社会韧性（0.9531）、经济韧性∩生态韧性（0.9367）、经济韧性∩基础设施韧性（0.9273）、社会韧性∩生态韧性（0.9344）、社会韧性∩基础设施韧性（0.8091）、生态韧性∩基础设施韧性（0.8846）；在北方地区，经济韧性∩社会韧性（0.8768）、经济韧性∩生态韧性（0.9065）、经济韧性∩基础设施韧性（0.9181）、社会韧性∩生态韧性（0.8881）、社会韧性∩基础设施韧性（0.8332）、生态韧性∩基础设施韧性（0.7966）。从交互作用看，南方和北方两大地区的 6 种交互结果中，南方交互作用解释力排在首位的因子对是经济韧性∩社会韧性（0.9531）；北方交互作用解释力排在首位的因子对是经济韧性∩基础设施韧性（0.9181）。虽然两个地区的因子交互解释力度不同，但可以看出经济是城市韧性时空演进的主导驱动因素，其与其他因子搭配将对城市韧性产生明显的强化效果。

三、外源社会经济因素对中国城市韧性的驱动分析

借鉴朱金鹤和孙红雪（2020）、白立敏等（2019）、张鹏等（2018）等的研究，本书基于经济增长（EG）、技术创新（TC）、外贸水平（FT）、财政规模（FR）、市场规模（RS）、金融效率（FE）六个方面，

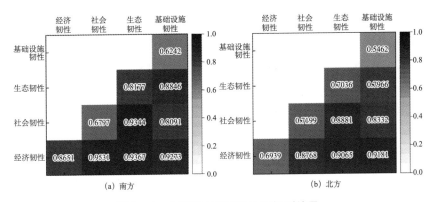

图 7 - 6　中国城市分南北交互探测结果

从评价体系外甄选出与城市韧性高度相关的影响因素。这些变量的测度方式与第六章相同。本章用固定资产投资总额来表征城市的经济增长（*EG*），固定资产投资越多越有利于推动当地经济增长，而经济增长则直接关系到城市韧性建设的物质基础，其对城市韧性的影响是基础性的（邱冬阳等，2020）。每万人专利授权数可以反映出当地的技术创新（*TC*）（林攀等，2021），技术创新对城市韧性具有重要意义，能够提高城市应对各种挑战的能力。外贸依存度衡量城市外贸水平（*FT*）（李广昊和周小亮，2021），城市的对外开放水平可以影响其资源多样性和应对外部冲击的能力，对城市韧性的影响不可忽视。财政收入与 GDP 指标用以衡量财政规模（*FR*）（谷文林等，2018），财政规模对城市的基础设施建设和公共服务供给至关重要，财政规模越大越能为城市韧性水平提升提供坚实的物质保障。人均社会消费品零售总额衡量市场规模（*RS*）（林攀等，2021），可以反映出城市内部市场的活跃程度。鉴于市场规模决定了城市的经济多样性和发展潜力，市场规模的大小与城市的韧性密切相关。金融机构存款余额与金融机构贷款余额之比来衡量金融效率（*FE*）（李美平和汪浩瀚，2011）。金融体系的健康和稳定是城市韧性的一个重要组成部分，可以提供必要的资金支持，帮助城市度过危机，尤见于重大公共危机时期。简言之，经济增长（*EG*）、技术创新

（TC）、外贸水平（FT）、财政规模（FR）、市场规模（RS）、金融效率（FE）均是影响城市韧性的重要因素。这些影响因素的选择是基于已有文献的综合研究，针对其进行评价和衡量，将有效识别中国城市韧性空间分异驱动因素的单独作用及交互作用。

（一）因子探测分析

表7-4报告了各时期外源性驱动因素对城市韧性时空分异的决定力大小及其显著性水平。在全样本时期以及三大时期中，除金融效率（FE）以外，其他外源性驱动因素皆通过了10%的显著性水平检验，说明这些因素对中国城市韧性时空分异具有显著决定力。如图7-7所示，从全样本时期看，技术创新（TC）、外贸水平（FT）和市场规模（RS）是中国城市韧性时空分异的主要驱动因素，其 q 值均在0.5以上。其中，技术创新（TC）的作用最高。首先，每万人专利授权数的增加意味着一个城市在创新和科技领域的活跃程度。拥有更多的专利授权表明该城市的企业和个人在技术研发和创新方面具有竞争力，能够推动经济增长和高质量发展。这种韧性使得城市能够更好地适应经济变化和市场需求，从而降低经济风险。其次，专利授权数量的增加也反映了城市的创新能力和资源优势。拥有更多的专利授权意味着城市内的人才和机构具备了创新的能力和资源，有能力研发和推出新产品、新技术和新服务。这种创新能力增强了城市竞争力，吸引了更多的企业投资，进而促进城市的经济繁荣和发展。最后，专利授权数增加也反映了城市在科技创新和知识产权保护方面的重视程度。一个城市如果能够积极保护创新成果的知识产权，并通过专利授权来证明其合法性和独特性，将会吸引更多的企业和个人选择在该城市进行创新活动。这种积极的知识产权保护环境和法律框架将有助于吸引创新人才和知识密集型产业，形成创新产业集聚现象，进一步提升城市的竞争力和长期发展潜力。外贸水平（FT）和市场规模（RS）稍次于技术创新（TC）。首先，外贸依存度是指一个城市对于国际贸

易的依赖程度。当一个城市高度依赖外贸时，其韧性可能受到贸易波动和国际经济环境的影响，尤其是考虑到当前国内外发展环境存在较大的不确定性。如果城市的外贸依存度过高，一旦外部冲击导致贸易中断或贸易伙伴变动，城市经济会受到较大冲击，进而影响其韧性。因此，降低外贸水平（FT），通过发展本地经济、多元化产业结构等措施，可以提高城市的韧性，使其能够更好地应对外部变化，这同时也是当前"双循环"战略的重要内涵之一。其次，市场规模（RS）反映一个城市居民的消费能力和消费习惯。消费是经济增长的"三驾马车"之一，对城市经济发展的驱动作用更是不言而喻。较高的人均社会消费品零售总额意味着城市内居民有较高的购买力和消费意愿，对城市的商业活动和经济增长起到积极作用。当一个城市的居民消费能力较强时，即使面临外部冲击，城市经济也能更快地恢复和适应。可见，人均社会消费品零售总额的增加有助于提高城市整体韧性。

表7-4　　外源性驱动因素对分三大时期城市韧性时空分异的决定力

时期	q 值/ p 值	EG	TC	FT	FR	RS	FE
"十一五"	q 值	0.4496	0.8068	0.6784	0.2107	0.6263	0.0511
	p 值	0.0000	0.0000	0.0000	0.0000	0.0000	0.0277
"十二五"	q 值	0.3835	0.7842	0.5026	0.0680	0.6456	0.0173
	p 值	0.0000	0.0000	0.0000	0.0698	0.0000	0.4406
"十三五"	q 值	0.3322	0.7933	0.3203	0.0673	0.6248	0.0596
	p 值	0.0000	0.0000	0.0000	0.0787	0.0000	0.0029
全样本	q 值	0.3781	0.8370	0.5295	0.0512	0.6528	0.0327
	p 值	0.0000	0.0000	0.0000	0.0820	0.0000	0.1056

（二）交互探测分析

如图7-8探测结果显示，两种驱动因子之间的相互作用，可以提高单个因子对城市韧性时空演化的解释能力，其交互作用类型分别为双因子加强和非线性增强，二者的判断依据为 $q(X_1 \cap X_2) >$

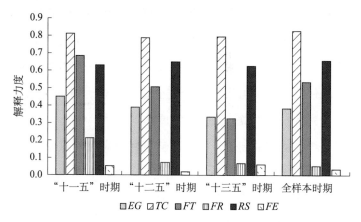

图7-7 全样本时期及三大时期因子探测结果

$\text{Max}(q(X_1), q(X_2))$，$q(X_1 \cap X_2) > q(X_1) + q(X_2)$。从交互作用看，"十一五""十二五""十三五"和全样本时期，经济增长（EG）、技术创新（TC）、外贸水平（FT）、财政规模（FR）、市场规模（RS）、金融效率（FE）6种因子共有15种交互结果，不同时期交互后解释力排在首位的因子对均是经济增长（EG）∩技术创新（TC），其q值分别为0.9280、0.8880、0.8761和0.9236。一方面，固定资产投资是城市经济发展的关键因素之一。通过增加城市固定资产投资额，可以促进经济的增长和发展，提高城市的产出和生产能力。这将有助于增加城市经济韧性，使城市能够更好地应对各种挑战和危机。每万人的专利授权数是衡量一个城市创新能力的重要指标。专利授权数的增加意味着城市在技术和知识创新方面取得更多成果，也是核心竞争力的重要体现。这将为城市提供更多创新资源和技术储备，使其更具抗压能力和适应性。另一方面，固定资产投资额增加通常伴随着城市产业结构优化和转型升级。随着固定资产投资增加，城市将更加注重发展高技术产业、研发中心和创新型企业，从而提高城市韧性；固定资产投资增加通常伴随着新企业的设立和扩张，将创造更多的市场与就业机会。增加的就业岗位将提高城市居民的生活水平和经济安全感，增强城市居民的韧性和抗风险能力。

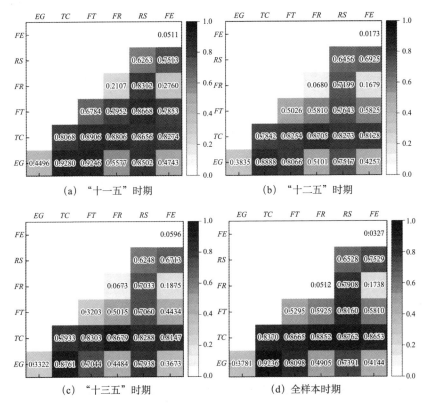

图7-8　全样本时期及三大时期交互探测结果

四、外源社会经济因素对中国不同地区城市韧性的驱动分析

（一）东中西三大地区

1. 因子探测分析

表7-5报告了外源性驱动因素在东部、中部和西部三大区域中城市韧性时空分异的决定力大小及其显著性水平。在东部、中部和西部三大地区中，财政规模（FR）对城市韧性的解释力度较小，且无法通过10%显著性检验。一方面，财政支出虽然反映了政府投资和公共服务能力，但并不能直接表示城市韧性（Jha et al.，2013）。城市韧性受到其他因素的影响，如应急响应能力、风险管理能力、社会资本

和人力资源的丰富程度等，但这些指标无法通过财政支出的比重反映。另一方面，不同城市的发展阶段、地理位置、经济结构和居民需求等存在差异（Jiao et al.，2023；Kontokosta et al.，2018）。某些城市可能因为特殊情况（如自然灾害、产业结构调整等）而表现出较高韧性，但其财政支出占 GDP 比重可能并不高。金融效率（FE）在东部和西部两个区域不能通过 10% 的显著性检验，在中部地区可以通过10% 显著性检验，但 q 值较低，解释力度不强。其他外源性驱动因素皆通过了 10% 的显著性水平检验，说明这些因素对中国城市韧性时空分异具有显著决定力。如图 7-9 所示，在东部地区，解释力度前三位分别是技术创新（TC）（0.8598）、外贸水平（FT）（0.5764）和市场规模（RS）（0.6822）；在中部地区，解释力度前三位分别是经济增长（EG）（0.7159）、技术创新（TC）（0.7551）和市场规模（RS）（0.5888）；在西部地区，解释力度前三位分别是经济增长（EG）（0.6885）、技术创新（TC）（0.5015）和市场规模（RS）（0.4372）。可见，对外贸易对东部城市具有显著的重要性，中西部地区城市由于不具备东部城市的区域优势，以至于创新、国内市场需求和经济活力成为重要影响因素，因此在经济增长（EG）、技术创新（TC）和市场规模（RS）指标上的解释程度较高。

表 7-5   外源性驱动因素对分三大区域城市韧性时空演进的决定力

地区	q 值/ p 值	EG	TC	FT	FR	RS	FE
东部	q 值	0.2769	0.8598	0.5764	0.0669	0.6822	0.0236
	p 值	0.0000	0.0000	0.0000	0.5707	0.0000	0.6537
中部	q 值	0.7159	0.7551	0.3384	0.0711	0.5888	0.1525
	p 值	0.0021	0.0000	0.0000	0.9435	0.0000	0.0645
西部	q 值	0.6885	0.5015	0.2836	0.2256	0.4372	0.1091
	p 值	0.0000	0.0096	0.0516	0.7169	0.0049	0.2236

2. 交互探测分析

如图 7-10 探测结果显示，两种驱动因子之间的相互作用，可以提

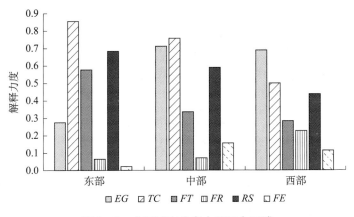

图7-9　中国城市分东中西三大区域

高单个因子对城市韧性时空演化的解释能力，其交互作用类型分别为双因子加强和非线性增强，二者的判断依据为 $q(X_1 \cap X_2) > \text{Max}(q(X_1), q(X_2))$，$q(X_1 \cap X_2) > q(X_1) + q(X_2)$。从交互作用看，东部、中部和西部三大地区，经济增长（EG）、技术创新（TC）、外贸水平（FT）、财政规模（FR）、市场规模（RS）和金融效率（FE）6种因子共有15种交互结果。在东部地区，交互后解释力度前三位分别是经济增长（EG）∩技术创新（TC）、技术创新（TC）∩市场规模（RS）和技术创新（TC）∩外贸水平（FT），其 q 值分别为0.9542、0.9038和0.9032；在中部地区，交互后解释力度前三位分别是经济增长（EG）∩市场规模（RS）、技术创新（TC）∩市场规模（RS）和经济增长（EG）∩技术创新（TC），其 q 值分别为0.8867、0.8823和0.8635；在西部地区，交互后解释力度前三位分别是技术创新（TC）∩市场规模（RS）、经济增长（EG）∩市场规模（RS）和经济增长（EG）∩技术创新（TC），其 q 值分别为0.8398、0.8196和0.7447。三个地区因子交互后解释力度前三位中均包含经济增长（EG）∩技术创新（TC）和技术创新（TC）∩市场规模（RS），说明交互作用对城市韧性具有积极影响，当固定资产投资额与每万人专利授权数均增加时，城市韧性可能会更强。这可能是因为较高的投资额促进了创新和技术发展，而专利授权数量则表明了城市创新能力，两者共同推动了城市韧性提升。另外，每万人专利授权数和人均社会消费零售总额也存在交互影响，对城市韧性的影响有所改善。当固定资产投资额与每万人专利授权数均增加时，可以认为城市的科技实力和经济活力都得到提升，从而对城市韧性产生积极效果。

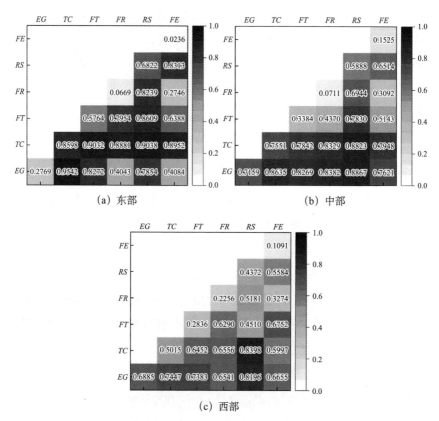

图7-10　中国城市分东中西交互探测结果

（二）南北两大区域

1. 因子探测分析

表7-6报告了外源性驱动因素对南方和北方两大区域城市韧性时空分异的决定力大小及其显著性水平。在南方和北方两大地区中，财政规模（*FR*）对城市韧性的解释力度较小，且无法通过10%显著性检验。金融效率（*FE*）在北方地区不能通过10%的显著性检验，在南方地区可以通过10%显著性检验，但*q*值较低，解释力度不强。南方

城市和北方城市在地理位置、气候、资源分布等方面存在明显差异，可能导致其经济发展模式和产业结构不同。南方城市多以制造业、服务业等为主导，经济相对更加开放化和多元化，并可能有更高的储蓄率。而北方城市更加依赖传统重工业、能源等行业，更多倾向于投资和贷款，因此存贷比可能较低。此外，宏观经济政策和金融监管也会对存贷比产生影响。例如，当货币政策鼓励银行提高贷款支持实体经济时，存贷比可能降低；反之，如果政策鼓励储蓄或抑制过度负债，则存贷比可能增加。其他外源性驱动因素皆通过了10%的显著性水平检验，说明这些因素对中国城市韧性时空分异具有显著决定力。如图7−11所示，在南方地区，解释力度前三位分别是技术创新（TC）（0.8349）、市场规模（RS）（0.6661）和外贸水平（FT）（0.5587）；在北方地区，解释力度前三位分别是经济增长（EG）（0.7834）、技术创新（TC）（0.6959）和市场规模（RS）（0.4188）。由于南方地区沿海城市较多，所以在指标上有所差异。

表7−6　　外源性驱动因素对分两大区域城市韧性时空演进的决定力

地区	q 值/ p 值	EG	TC	FT	FR	RS	FE
南方	q 值	0.3779	0.8349	0.5587	0.0626	0.6661	0.0684
	p 值	0.0000	0.0000	0.0000	0.3079	0.0000	0.0904
北方	q 值	0.7834	0.6959	0.3434	0.1483	0.4188	0.0209
	p 值	0.0000	0.0000	0.0000	0.7034	0.0000	0.7798

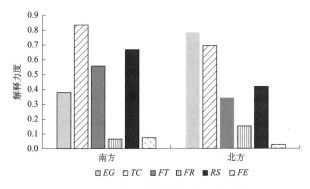

图7−11　中国城市分南北两大区域

2. 交互探测分析

如图 7-12 探测结果显示，两种驱动因子之间的相互作用，可以提高单个因子对城市韧性时空演化的解释能力，其交互作用类型分别为双因子加强和非线性增强，二者的判断依据为 $q(X_1 \cap X_2) > \text{Max}(q(X_1), q(X_2))$，$q(X_1 \cap X_2) > q(X_1) + q(X_2)$。从交互作用看，南方和北方两大地区，经济增长（$EG$）、技术创新（$TC$）、外贸水平（$FT$）、财政规模（$FR$）、市场规模（$RS$）和金融效率（$FE$）6 种因子共有 15 种交互结果。在南方地区，交互后解释力度前三位分别是经济增长（EG）$\cap$ 技术创新（TC）、技术创新（TC）$\cap$ 外贸水平（FT）和技术创新（TC）$\cap$ 市场规模（RS），其 q 值分别为 0.9321、0.8904 和 0.8870；在北方地区，交互后解释力度前三位分别是经济增长（EG）$\cap$ 技术创新（TC）、经济增长（EG）$\cap$ 市场规模（RS）、技术创新（TC）$\cap$ 市场规模（RS），其 q 值分别为 0.8757、0.8500 和 0.8438。两个地区因子交互后解释力度前三位中均包含经济增长（EG）$\cap$ 技术创新（TC）和技术创新（TC）$\cap$ 市场规模（RS），此两个交互因子对与前述东部、中部和西部三大地区分析结果相同，进一步说明这三个因素的交互作用对城市韧性解释力度的显著性。

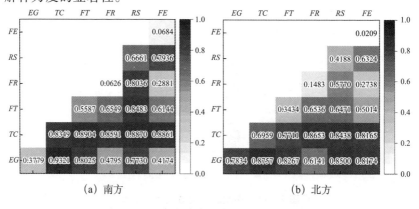

图 7-12　中国城市分南北交互探测结果

第三节　空间权重矩阵与空间
计量模型设定

一、空间计量模型的构建

根据托布勒（Tober，1970）提出的地理学第一定律，一切事物具有空间分布的特征，任何地理现象和事物是非随机分布的。为充分考虑空间效应的影响，构建空间计量模型探究因变量和自变量对因变量的影响。基于贾等（Jia et al.，2021）的研究基础，具体模型如下：

$$y_{it} = \rho W y_{it} + \theta W X + \mu \qquad (7-2)$$

$$\mu = \tau W \mu + \varepsilon, \varepsilon \sim N[0, \sigma^2 I] \qquad (7-3)$$

其中，y_{it} 和 W 表示含义与前式相同；X 代表所有的控制变量；ρ 和 θ 代表空间相关系数；τ 代表空间误差系数；μ 和 ε 代表随机误差，且 ε 遵循正态分布。$\rho \neq 0$、$\theta = 0$ 且 $\tau = 0$ 时，符合空间自回归模型（SAR）；$\rho = 0$、$\theta = 0$ 且 $\tau \neq 0$ 时，符合空间误差模型（SEM）；$\rho \neq 0$、$\theta \neq 0$ 且 $\tau = 0$ 时，符合空间杜宾模型（SDM）。随后，根据检验以及显著性结果，来具体选择模型形式。

二、空间权重的构建

在空间计量经济学中，空间权重设置对于空间计量分析至关重要，它是进行探索性空间数据分析的前提和基础。常见的空间权重矩阵分四类：空间邻接矩阵、基于经纬度的地理距离矩阵、基于GDP的经济距离矩阵以及两者结合的经济地理嵌套矩阵。空间权重矩阵 W 是一个 $n \times n$ 阶非负矩阵，用以表征空间单元某些地理或者经济属性值之间的相互依赖性和关联程度，W 中的每一个元素 W_{ij} 表示的是第 i 行和第 j 列所代表的空间元素间的关系。其中主对角线上的

元素 $W_{ij} = 0$，同时为了减少或消除区域间的外在影响，空间权重矩阵通常被标准化成行元素之和为 1。通常情况下很难构造出一种最优的空间权重矩阵，但至少须满足研究对象的空间相关性随着"距离"的增加而逐渐减弱的原则，这里的"距离"含义非常广泛，可以是地理上的距离，也可以是经济含义的距离，甚至还可以是人际关系等社会意义上的距离等。

1. 空间邻接矩阵

二进制邻接矩阵（binary adjacency matrix）最常见的方式之一是根据地理空间单元的边界关系来构建二进制邻接矩阵（徐姗和吴青青，2023；高煜昕和高明，2023；马逸初等，2023）。如果两个地理单元共享一条边界或一些点重合，那么它们被认为是邻接的。矩阵中对应的元素为 1 表示两个地理单元邻接，为 0 表示不邻接。

2. 地理距离矩阵

根据经纬度计算地理距离矩阵可以使用地球上两点之间的大圆距离公式（郭兴磊和张倩，2023；戴永安和张潇，2023；龚勤林等，2023）。以下是一种常用的公式，称为 Haversine 公式。

（1）将经度和纬度转换为弧度制。

$$弧度制 = 角度 \times \pi/180 \tag{7-4}$$

（2）使用 Haversine 公式计算两点之间的大圆距离（单位：千米或英里）。

$$\alpha = \sin^2(\Delta lat/2) + \cos(lat1) \times \cos(lat2) \times \sin^2(\Delta lon/2) \tag{7-5}$$

$$c = 2 \times atan\,2(\sqrt{\alpha}, \sqrt{1-\alpha}) \tag{7-6}$$

$$d = R \times c \tag{7-7}$$

$$\Delta lat = lat2 - lat1 \ 纬度差值 \tag{7-8}$$

$$\Delta lon = lon2 - lon1 \ 经度差值 \tag{7-9}$$

R = 地球半径（一般取平均地球半径，例如，6371.0 千米或 3958.8 英里）

通过以上计算，可以得到每对经纬度之间的距离，进而构建地理距离矩阵。需要注意的是，这只是一种近似计算，因为地球并非完美的球体，还有其他更准确的计算方法，例如，Vincenty 公式。此外，根据坐标系的选择（如经度—纬度坐标系或平面坐标系），计算方法和单位也可能略有不同。

3. 经济距离矩阵

根据 GDP 构建经济距离矩阵时，可以使用经济指标的差异或相关性来度量地区之间的经济距离（高健和郭琬婷，2023；董康银等，2023；郭秋秋和马晓钰，2023）。下面是一种常用的方法。

（1）收集各个地区的 GDP 数据。

（2）标准化 GDP 数据，以消除因规模不同而引起的差异。一种常用的标准化方法是使用 z – score 标准化，计算公式如下。

$$z = \frac{x - \mu}{\sigma} \qquad (7 - 10)$$

z 为标准化后的数值；x 为原始 GDP 数据；μ 为 GDP 数据的平均值；σ 为 GDP 数据的标准差。

（3）使用标准化后的 GDP 数据计算地区之间的经济距离。可以使用欧氏距离、曼哈顿距离或其他距离度量方法。以下是欧氏距离的计算公式。

$$d(i,j) = \sqrt{\sum (x_i - x_j)^2} \qquad (7 - 11)$$

$d(i,j)$ 为第 i 和第 j 个地区之间的经济距离；x_i 为地区 i 的标准化 GDP 数据；x_j 为地区 j 的标准化 GDP 数据。

（4）将计算得到的距离值填入经济距离矩阵。

4. 经济地理嵌套矩阵

要根据经纬度和 GDP 构建经济距离嵌套矩阵，将地理距离和经济指标的差异结合起来，从而综合考虑地理和经济因素（魏峰和殷文星，2023；王亮和蒋依铮，2022；宋玉茹等，2023）。

（1）根据经纬度计算地理距离矩阵，可以使用前文提到的地理距离计算方法计算每对地理单元之间的距离。

（2）收集各个地区的 GDP 数据，并进行标准化处理，可以使用之前提到的 z - score 标准化方法。

（3）将标准化后的 GDP 数据与地理距离矩阵结合，构建经济距离嵌套矩阵。可以将地理距离作为权重，乘以标准化后的 GDP 差异，从而在经济距离矩阵中考虑地理因素和经济因素的综合影响。例如，可以使用以下公式进行计算。

$$M(i,j) = w \times d(i,j) + (1 - w) \times | x_i - x_j | \qquad (7 - 12)$$

$M(i,j)$ 为第 i 和第 j 个地区的经济距离嵌套矩阵中的元素；$d(i,j)$ 为第 i 和第 j 个地区之间的地理距离；x_i 为地区 i 的标准化 GDP 数据；x_j 为地区 j 的标准化 GDP 数据；w 为权重参数，用于平衡地理距离和经济差异的影响。

（4）将计算得到的经济距离嵌套矩阵填入相应的矩阵位置。

三、空间计量分析

本书运用全局莫兰指数分别对 2005 ~ 2018 年中国 282 个地级市的城市韧性进行自相关检验。从表 7 - 7 可以看出，城市韧性的 Moran's I 虽然有波动，但均为正值，四种空间矩阵均通过 1% 的显著性检验，表明城市韧性具有显著的空间正相关特征。后文选取经济地理嵌套矩阵作为空间矩阵。

表7－7　　　　　　　2005～2018年城市韧性的全局 Moran's I

年份	邻接矩阵		地理距离矩阵		经济距离矩阵		经济地理嵌套矩阵	
	Moran's I	p 值	Moran's I	p 值	Moran's I	p 值	Moran's I	p 值
2005	0.252	0.000	0.067	0.000	0.407	0.000	0.097	0.000
2006	0.280	0.000	0.068	0.000	0.487	0.000	0.098	0.000
2007	0.317	0.000	0.073	0.000	0.482	0.000	0.106	0.000
2008	0.347	0.000	0.078	0.000	0.459	0.000	0.112	0.000
2009	0.352	0.000	0.080	0.000	0.458	0.000	0.115	0.000
2010	0.341	0.000	0.077	0.000	0.386	0.000	0.110	0.000
2011	0.411	0.000	0.089	0.000	0.365	0.000	0.129	0.000
2012	0.372	0.000	0.082	0.000	0.384	0.000	0.119	0.000
2013	0.363	0.000	0.080	0.000	0.369	0.000	0.116	0.000
2014	0.356	0.000	0.076	0.000	0.391	0.000	0.110	0.000
2015	0.352	0.000	0.076	0.000	0.368	0.000	0.113	0.000
2016	0.353	0.000	0.077	0.000	0.390	0.000	0.112	0.000
2017	0.349	0.000	0.080	0.000	0.395	0.000	0.115	0.000
2018	0.381	0.000	0.086	0.000	0.385	0.000	0.126	0.000

四、空间计量模型的选择

在选择空间计量模型时，可以通过进行空间自相关检验来确定城市生态韧性的空间相关性是否存在。由于无法先验地确定模型中是否存在空间依赖性，因此有必要进行检验以选择适当的模型。本书从经济增长（EG）、技术创新（TC）、外贸水平（FT）、财政规模（FR）、市场规模（RS）、金融效率（FE）六个方面选取了与城市韧性高度相关的影响因素。这些影响因素包括固定资产投资总额、人均社会消费品零售总额、每万人专利授权数、外贸依存度、财政收入/GDP、金融机构存款余额/金融机构贷款余额。

（一）LM 检验

一种常用的方法是根据安塞林和弗洛拉克斯（Anselin and Florax,

1995）的建议，使用普通面板回归（OLS）进行 $LM - Lag$ 和 $R - LM - Lag$ 检验以及 $LM - Error$ 和 $R - LM - Error$ 检验，以确定空间依赖性的存在情况。如果在空间依赖性的检验中发现 $LM - Lag$ 较之 $LM - Error$ 在统计上更加显著，且 $R - LM - Lag$ 显著而 $R - LM - Error$ 不显著，则可以断定适合的模型是空间滞后模型；相反，如果 $LM - Error$ 比 $LM - Lag$ 在统计上更加显著，且 $R - LM - Error$ 显著而 $R - LM - Lag$ 不显著，则可以断定空间误差模型是恰当的模型。检验结果见表 7 - 8，邻接矩阵、经济距离矩阵和嵌套矩阵的四个检验都拒绝了原假设，说明所选样本存在空间滞后和空间误差自相关的双重效应。由于 SDM 模型同时考虑这两种效应，被认为是空间计量模型的一般形式。因此，初步判断选择空间杜宾模型（SDM）是合理的。

表 7 - 8　　　　　　　　　　　LM 检验

检验	邻接矩阵		地理距离矩阵		经济距离矩阵		嵌套矩阵	
	LM 值	p 值	LM 值	p 值	LM 值	p 值	LM 值	p 值
$LM - Error$ 检验	187.788	0.000	616.979	0.000	447.849	0.000	787.893	0.000
$R - LM - Error$ 检验	219.083	0.000	551.447	0.000	126.000	0.000	767.843	0.000
$LM - Lag$ 检验	29.306	0.000	68.046	0.000	975.000	0.000	26.721	0.000
$R - LM - Lag$ 检验	60.602	0.000	2.514	0.113	535.394	0.000	6.671	0.010

（二）LR、Wald 与 Hausman 检验

经进一步研究，本书考察了双重差分空间杜宾模型是否退化为双重差分空间滞后模型和双重差分空间误差模型。模型回归结果如表 7 - 9 所示，经过对 Wald 检验和 LR 检验的拒绝原假设的结果分析，并且 Hausman 检验也拒绝了随机效应模型，因此本书可选择邻接矩阵、经济距离矩阵和嵌套矩阵，双固定效应的双重差分杜宾模型对城市韧性的空间效应进行分析，具体回归结果选取经济距离矩阵。

表 7 - 9　　　　　　　　　　　　效应检验

变量		豪斯曼检验	LR 检验	Wald 检验
邻接矩阵	SAR		5.57	
	SEM		12.660 **	
	SDM	130.770 ***		1.74
嵌套矩阵	SAR		42.820 ***	
	SEM		33.530 ***	
	SDM	62.030 ***		12.700 **
经济距离矩阵	SAR		84.020 ***	
	SEM		113.330 **	
	SDM	400.040 ***		20.170 ***

五、空间杜宾模型回归结果分析

具体回归结果如表 7 - 10 所示。第（1）列为整体回归结果，可以观察到城市韧性的空间滞后回归系数 rho 在 1% 的显著水平上为正，表明城市韧性存在显著的空间依赖性。第（5）列直接效应显示城市韧性具有显著正向影响，与基准回归结果一致。第（6）列间接效应展示了相邻城市的城市韧性存在显著的空间溢出效应，即通过学习模仿、淘汰落后产业、升级产业结构、推动技术创新等方式促进相邻城市的韧性提升。第（7）列总效应列显示总体效应，即表明各影响因素对城市韧性的影响。

表 7 - 10　　　　　　双重差分空间杜宾模型及其效应分解

变量	（1） Main	（2） Wx	（3） Spatial	（4） Variance	（5） 直接效应	（6） 间接效应	（7） 总效应
EG	0.046 (0.030)	-0.049 (0.078)			0.047 (0.030)	-0.042 (0.091)	0.004 (0.102)
TC	0.069 *** (0.003)	0.000 (0.007)			0.069 *** (0.000)	0.007 (0.007)	0.076 *** (0.008)

变量	(1)	(2)	(3)	(4)	(5)	(6)	(7)
	Main	Wx	Spatial	Variance	直接效应	间接效应	总效应
FT	-0.002 (0.032)	0.194*** (0.062)			-0.000 (0.0303)	0.210*** (0.065)	0.210*** (0.074)
FR	0.011 (0.272)	0.279 (0.902)			0.0449 (0.261)	0.395 (0.972)	0.440 (1.030)
RS	0.014 (0.008)	0.755*** (0.010)			0.025*** (0.009)	0.832*** (0.107)	0.857*** (0.109)
FE	-0.109*** (0.032)	-0.154* (0.090)			-0.112*** (0.031)	-0.185* (0.095)	-0.297*** (0.099)
rho		0.102*** (0.026)					
σ^2				0.0249*** (0.000)			
N	3948	3948	3948	3948	3948	3948	3948
R^2	0.574	0.574	0.574	0.574	0.574	0.574	0.574

注：*、**、***分别表示在10%、5%和1%的显著性水平下显著，括号内为标准误。

第四节　本章小结

　　运用地理探测器因子探测分析和交互探测分析方法，分时期和分地区两个方面分析了从内、外源驱动因素对全国282个城市韧性的时空分异驱动因素。研究发现：（1）从中国城市韧性自身构成看，经济层面是中国城市韧性空间分异的主要驱动因素，意味着城市经济发展水平在城市韧性差异中起到至关重要的作用。经济状况的不同导致城市韧性的空间分布差异。（2）从中国城市韧性外源因素看，不同的时期和地区存在不同的驱动因素。在不同时期的分析中，每万人专利授权数的作用最为显著，表明技术创新在城市韧性分布中具有关键性作用。而在不同地区的分析中，外贸依存度、固定资产投资额、每万人专利授权数和人均社会消费品零售总额都位居前列，表明创新和贸易投资在不同地区的城市韧性分异中具有重要性。（3）值得注意的是，城市韧性的空间分异更多是不同因素交互作用的结果，而且这种交互作用强度大于单个因素的作用强度，说明城市韧性不仅受到单一因素影响，而且受到多个因素之间复杂的相互作用影响。因此，城市韧性的提升需要综合考虑多种因素的影响和相互关系。（4）结合相关性分析，从经济增长（EG）、技术创新（TC）、外贸水平（FT）、财政规模（FR）、市场规模（RS）、金融效率（FE）六个方面选取了与城市韧性高度相关的影响因素。研究发现经济增长和外贸水平对城市韧性水平无显著影响，市场规模、技术创新和财政规模对城市韧性水平有正向促进作用，金融效率对经济相近城市的城市韧性水平均具有一定程度的负向溢出效应。

第八章　基于 ARIMA – GM 的中国城市韧性多情景预测

随着全球化进程不断推进与城镇化水平不断提升，中国城市规模越来越大，人口和经济活动愈发集中于城市区域（丁仁船等，2023；赵凯茜等，2022）。鉴于提高城市韧性有助于增强城市抵御能力、改善居民生活质量、吸引投资和人才、促进经济可持续发展等，中国政府长期高度重视城市韧性水平提升，旨在提高各类城市应对各种挑战的综合能力，包括气候变化、自然灾害、环境污染、交通拥堵等层面。但同时，城市亦面临着越来越多的挑战和压力。此背景下，中国各级政府已经采取了一系列措施来提高城市韧性，包括加强城市规划和管理、提高基础设施建设、推动绿色发展、优化城市治理等，大中型城市亦不断引入先进技术和创新理念，积极推进城市智能化、可持续发展以及低碳转型，继而全面推进城市基础设施建设、产业结构调整、文化旅游发展等方面的进步。未来，中国城市韧性的重要性将进一步凸显。

为探寻未来中国城市韧性的演变状况，本章对城市韧性中的经济韧性、生态韧性、社会韧性和基础设施韧性进行动态预测，并据此对中国各地区城市韧性进行预测研究，以期识别城市韧性安全性变化的可能性，并为下阶段中国城市韧性发展提供参考。

―――――― 第一节　研究方法 ――――――

一、预测方法分类与比较

预测方法分为定性和定量两种类型，每种方法都有其独特的特点、优势和缺陷。为提高预测的科学性和准确性，多种预测方法和仿真技术手段的结合提供了条件和可能性。常见的统计学预测方法有很多，经典的定性预测方法包括专家会议法（苏立平和田容至，2022）、德尔菲法（李冠廷等，2023；张金清和李梓豪，2023）和类推预测法（勒恩，2014）等。其中，德尔菲法（Delphi Method）是一种基于专家意见和经验的定性预测方法，通过对专家进行反复循环的调查和意见收集，旨在利用匿名化和汇总专家意见获得专家共识并对未来进行预测（Lin et al.，2023；Lu et al.，2022；Marana et al.，2019）。具体步骤如下：（1）初始调查：由研究者向专家提出问题，并请求专家对未来可能发生的事件或趋势进行评估和预测。通常，这些问题是以问卷形式呈现给专家。（2）汇总和反馈：研究者对专家的回答进行汇总和整理，将其反馈给专家组。专家组成员在匿名情况下，可以看到其他专家的回答和意见。（3）迭代调查：在第一轮调查的基础上，研究者继续询问专家关于某些问题的补充意见或更改意见。这个过程可以进行多轮迭代，直到达到一定共识或达到预定终止条件。（4）收敛：经过多轮调查和讨论后，专家意见逐渐趋于一致，在一定程度上形成共识。这种达成共识的过程可以帮助确定未来的发展趋势或确定策略。德尔菲法的优点在于能够综合专家知识和经验，并通过逐渐收敛的过程达成共识。同时，该方法具有一定灵活性，可以适应不同领域和问题的预测需求。然而，德尔菲法也存在一些局限性，如可能存在专家主观偏见、信息传递不足或共识过程过于复杂等问题。德尔菲法最早由兰德公司于 20 世纪 60 年代开发，用于研究未来技术和军事问题。随后，它被广泛应用于经济、政策、科学、技术和管理等领域的预测和决策支持中。定量预测方法则包括 ARIMA 模型、灰色模型和回归模型等。原云霄（2018）基于 ARIMA 模型对中国服务价格指数进行预测，结果显示 2018 年上半年服务价格指数估计将上涨约 3.5%，全国居民消费价格指数将保持在 2% 左右，通胀风险较小。潘静（2017）通过历史数据和数学模型，对居民消费价格指数进行了科学合理的预测，并比较分析了 ARIMA 模型和 GM（1,1）模型的预测效果。杨颖梅（2015）利用北京市 1998 年 1 月至 2013 年 5 月的 CPI 月度数据，采用 ARIMA（12,1,8）模型进行拟合和预测，模型拟合效果好且预测误差小，并运用该模型对北京市 2013 年 6 月至 2013 年 12 月的 CPI 指数进行了预测。王耕（2013）结合能值与生态足迹理论，引入能量折算系数，构建了能值－生态足迹模型，并对辽河流域 2001~2010 年的生态承载力和生态足迹进行了计算。结果显示，生态足迹增长速度远大于生态承载力，流域处于不可持续发展状态。

总体而言，各种预测模型都有其自身的优缺点和适用情况。GM（1,1）模型是一种灰色预测模型。优点为：（1）适用性广泛：GM（1,1）模型在小样本、非线性、非平稳的情况下仍然有效，适用于很多领域的数据分析与预测。（2）参数少、易于实现：GM（1,1）模型只有一个参数需要估计，相对简单，容易实施和操作。（3）模型解释性强：GM（1,1）模型可以将原始数据转化为一阶累加生成序列，从而揭示其内在趋势和规律，便于分析和解释。（4）较小样本的准确性：与传统的统计模型相比，GM（1,1）模型在较小样本的情况下能够提供较为准确的预测结果。缺点为：（1）对数据要求较高：GM（1,1）模型对数据的信噪比要求较高，对异常值或噪声较大的数据敏感，可能导致预测结果不准确。（2）依赖于数据的规律性：
GM（1，1）模型基于原始数据的趋势和规律进行预测，如果数据的
规律性较差，模型的预测效果可能不理想。（3）对人工干预敏感度
高：GM（1，1）模型对人工干预比较敏感，当人为调整原始数据或
误差项时，可能会导致预测结果的偏差，并影响模型的准确性。ARI-
MA 模型是一种广泛应用的时间序列建模方法。优点为：（1）强大的
拟合能力：ARIMA 模型能够较好地适应各种类型的时间序列数据，
并能准确地捕捉和拟合数据的趋势、季节性和相关性等特征。（2）统
计意义明确：ARIMA 模型的参数估计过程具有统计学上的明确性，
可以进行假设检验和置信区间的计算，有助于进行统计推断和模型评
估。（3）基于历史数据进行预测：ARIMA 模型可以利用历史数据进
行训练和拟合，从而进行未来的预测和趋势分析，提供了一种相对可
靠的预测方法。缺点为：（1）对数据平稳性要求较高：ARIMA 模型
要求时间序列数据是平稳的，如果数据存在明显的趋势、季节性或非
平稳性，需要进行数据转化或差分处理，增加了模型复杂性。（2）参
数选择困难：ARIMA 模型的参数选择涉及 AR、MA、差分的阶数，需
要通过观察自相关图、偏自相关图、模型信息准则等方法进行模型选
择，参数的选择过程可能较为复杂和困难。（3）对异常值和噪声敏
感：ARIMA 模型对异常值和噪声较为敏感，如果数据中存在较多的
异常值或噪声，可能会导致模型的预测结果不准确。

综上所述，ARIMA 模型具有强大的拟合能力和统计意义明确的
优点，但对数据平稳性要求较高，参数选择困难以及对异常值和噪声
敏感是其主要缺点。实际应用中，需要结合具体情况和数据特点进行
合适的模型选择和参数调整。GM（1，1）模型具有适用性广泛、易
于实现和模型解释性强的优点，但对数据要求较高、依赖数据的规律
性和人工干预敏感度高是其主要缺点。本书对常用的预测方法进行了
分类与比较，具体见表 8 – 1。

表 8 – 1   常用统计学预测方法分类与比较

预测方法	来源	优点	缺点
定量预测方法	时间序列分析	能捕捉历史数据的变动规律；可以量化预测	对外部因素的影响不够敏感
	回归分析	考虑多种因素对经济变量的影响；可以建模预测	需要确保模型的合理性和数据的可靠性
	经济指标方法	基于宏观经济指标，具有一定可靠性和参考价值	受指标本身局限性的影响
定性预测方法	Delphi方法	综合专家知识和经验；可以获得专家共识	可能存在专家主观偏见和信息传递不足
	场景分析	能考虑多种变量组合的可能性	需要合理选取场景和权衡不同假设；结果受到主观因素影响

二、预测方法的选择与确定

通过分析多种预测方法的拟合度和数据可获得性，本书选择 ARI-MA – GM 组合模型作为预测模型。该模型可以基于历史数据进行函数拟合，具有较小的数据需求，且能够进行有效比较。因此，本书使用 ARIMA – GM 组合模型预测中国城市韧性 2025～2035 年的发展趋势，为未来城市高质量发展提供参考依据。

（一）ARIMA 模型

ARIMA（autoregressive integrated moving average）全称差分自回归移动平均模型，于 20 世纪 70 年代初由 Box 和 Jenkins 开发，是一种著名的时间序列预测方法。ARIMA 模型基于时间序列的特性，通过建立相应的模型来分析序列的过去行为，得出相关结论，并对未来行为进行预测和推断。该方法具有自适应性、稳健性和较强的拟合能力等特点，在经济领域得到广泛应用。

对于非平稳的时间序列，当局部水平或趋势被消除后，往往表现出一定程度的同质性，意味着序列的某些部分与其他部分相似。因此，可以将其视为具有相同结构和性质的一种随机过程，称为齐次非平稳时序。齐次非平稳序列经过差分处理后可以转化为稳定的时序，称为齐次非平稳时间序列，其中差分为齐次。ARIMA 模型在处理非平稳时间序列时，通常会对序列进行差分处理，以获得平稳的时序，然后应用 ARIMA 模型进行预测和分析。通过差分处理，非平稳时间序列可以转化为平稳时间序列，以便更好地进行建模和预测。

将 ∇ 记为差分算子，延迟算子为 B，得到如下表达式：

$$\nabla^2 y_t = \nabla(y_t - y_{t-1}) + y_t - 2y_{t-1} + y_{t-2} \qquad (8-1)$$

$$y_{t-p} = B^p y_t, \forall p \geqslant 1 \qquad (8-2)$$

$$\nabla^k = (1 - B)^k \qquad (8-3)$$

设有 d 阶齐次非平稳时间序列，那么有 $\nabla^d y_t$ 是平稳时间序列，则可以设其为 ARMA(p,q) 模型，得出公式如下：

$$\lambda(B)(\nabla^d y_t) = \theta(B)\varepsilon_t \qquad (8-4)$$

其中，$\lambda(B) = 1 - \lambda_1 B_1 - \lambda_2 B_2 - \cdots - \lambda_p B_p$，$\theta(B) = 1 - \theta_1 B_1 - \theta_2 B_2 - \cdots - \theta_p B_p$，分别为自回归系数多项式和滑动平均系数多项式。$\varepsilon_t$ 为零均值白噪声序列。可以称所设模型为自回归求和滑动平均模型，记为 ARIMA(p,d,q)。

ARIMA(p,d,q) 模型由 3 部分组成：自回归过程$(AR(p))$，AR 是自回归，即一个时间序列的当前值可以表示为之后 p 期观测值的线性组合；单整$(I(d))$，d 为时间序列成为平稳时所做的差分次数，指将一个非平稳时间序列，经过 d 次差分后，转化为平稳序列；移动平均过程$(MA(q))$，MA 为移动平均，即模型值可以表示为 q 阶残差项的线性函数，该模型的表达式如下：

$$x_t = \phi_0 + \phi_1 x_{t-1} + \cdots + \phi_p x_{t-p} + \varepsilon_t - \theta_1 \varepsilon_{t-1} - \cdots - \theta_q \varepsilon_{q-1}(\phi_p \neq 0, \theta_q \neq 0)$$
$$(8-5)$$

当差分阶数 d 为 0 时，两个模型之间的差别在于差分阶数 d 是否为零，即序列是否稳定。ARIMA 模型适用于非平稳时间序列，而 AR-MA 模型适用于平稳时间序列。

ARIMA 模型的基本思想和原理是将待预测对象随时间变化形成的数据序列视为随机序列，通过对序列进行差分操作使其变得稳定，然后利用数学模型对序列进行近似。由于 ARIMA 模型能有效地解决传统统计建模方法在处理非平稳性问题时的缺陷，因此成为常用的短期预测模型。本书通过实例介绍了 ARIMA 模型在中长期预测中的应用，该模型能基于时间序列的历史和当前数值来预测未来数值。

（二）灰色预测模型

灰色系统是一种由部分已知信息和部分未知信息组成的系统（李莼等，2023；伍洪杰等，2023）。灰色 GM 灰色预测方法将已知和未知信息结合起来，通过关联分析相关因素，计算出一系列具有演变趋势的数字序列。在这些模型的基础上，建立预测模型以计算系统的变化趋势。灰色预测主要应用于模糊系统预测。通过数学方法分析和描述系统过去和现在的演化规律，灰色预测有助于我们了解系统未来的发展和变化趋势。为建立预测系统的演化模型，需要对系统原始数据进行汇总，筛选出有用的数据进行处理，从而获取有价值的信息。

假设 $x_{ij} = \{x_{ij}(1), x_{ij}(2), x_{ij}(3), \cdots, x_{ij}(n)\}$ 为所预测的原始数据，且满足如下条件：

$$\frac{dx_{ij}}{dt} + ax_{ij} = u \qquad (8-6)$$

其中，a 表示灰度系数，u 为内发展灰度系数，可代入灰色预测模型：

$$x_{ij}(t) + az(t) = u \qquad (8-7)$$

可得：

$$\hat{x}_{ij}(t+1) = \left[x_{ij}(1) - \frac{u}{a}\right]e^{-at} + \frac{u}{a}, t = 0,1,2,3,\cdots \qquad (8-8)$$

其中，$\hat{x}_{ij}(t+1)$ 为所得预加值，将其还原即可得到灰色预测值。

ARIMA – GM 组合模型是一种通过对 GM 模型拟合结果进行赋权加总而组合成新结果的预测模型，此方法具有趋利避害的特点，具体过程如下所示：

（1）用熵权法对各个模型进行权重分配。

（2）通过赋权加总，计算组合模型的拟合及预测结果，具体公式如下所示：

$$Y = \sum_{i=1}^{2} w_i y_i \qquad (8-9)$$

其中，w_i 为 GM 模型或 ARIGM 模型的权重，y_i 为 GM 模型或 ARI-GM 模型拟合预测结果，Y 为 GM – AMIRA 组合模型的拟合预测结果。

三、预测情景设置

本预测根据第三章构建的生态韧性指标体系、经济韧性指标体系、社会韧性和基础设施韧性的相关指数作为预测基础，以 2005 ~ 2018 年中国城市韧性水平指标体系数据为预测基础依据。同时，为提高预测的准确性，在计算过程中对相关数据进行了平滑化和指数化处理，并剔除了极少数偏差较大的异常数据。

基于中国城市发展现状以及"十四五"发展规划、生态环境保护规划等重要文件精神，考虑到政策对区域发展的重要影响以及带来的不确定性，本书设置了四种未来发展情景。这些情景既考虑了研究区域的经济发展需求，又考虑了生态保护政策的实施。通过根据这些情景模拟预测 2025 ~ 2035 年中国城市韧性发展的演变状况，以确定最优方案，并为今后中国城市生态文明建设和经济发展提供参考依据。具体预测情景如下。

（1）情景 1（现状）：按照现有的发展总体战略稳步推进，保持现有的发展状态，不采取任何措施，维持各指标变量值不变。

（2）情景2：加强生态保护，经济指标发展状态不变。工业二氧化硫排放强度降低2%，每年人均公园绿地面积增加1%，人均绿地面积增加2%，建成区面积占市区面积比例增加1.5%，建成区绿化覆盖率增加2%，生活污水处理率增加0.5%，一般工业固体废物综合利用率增加1.5%。

（3）情景3：加快经济发展速度，生态指标发展状态不变。人均GDP增加8%，第三产业占GDP比重增加3%，科学支出占GDP比重增加10%，人均实际利用外资金额增加3%，城镇登记失业人口比例数据减少3%，人均储蓄存款额增加10%，人均财政支出增加5%。

（4）情景4：综合方案2和方案3的改进措施，每年人均公园绿地面积1%，人均绿地面积增加1%，建成区面积占市区面积比例增加1%，人均GDP增加8%，第三产业占GDP比重增加3%，科学支出占GDP比重增加10%，人均实际利用外资金额增加3%，其他指标保持现有状态。

── 第二节　中国城市韧性指数发展趋势线 ──

根据利用ArcGIS地理统计算法对中国城市韧性进行趋势分析的结果（见图8-1），可以得出以下结论：2005～2018年的地区协调度趋势线显示，南北和东西方向上的差异逐渐增大。在东西方向上，城市韧性指数呈现出"东高西低"的分布趋势，即东部城市区域的韧性指数较高，而西部城市区域的韧性指数较低。同时，韧性指数较高的城市区域相互连接形成了一个具有整体影响力的区域。2005～2018年的地区韧性趋势线显示，城市韧性在南北方向上表现为由平均分布向北高南低的变化趋势。南部区域的城市韧性快速提升，导致南部区域保持较高水平的城市韧性值，而北部区域的城市韧性与之相比较低。

随着时间推移，北部和南部区域的差距越来越大。

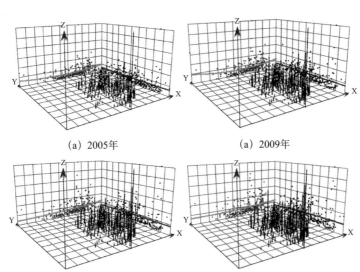

(a) 2005年　　　　　　　　　(a) 2009年

(c) 2013年　　　　　　　　　(d) 2018年

图 8 – 1　2005～2018 年中国城市韧性指数趋势线

──── 第三节　中国城市韧性发展水平预测 ────

一、城市韧性发展水平预测分析

在经济韧性方面，城市的韧性发展前景取决于其经济多样性、创新能力和适应性。城市经济多样化意味着不仅依赖于单一产业，而是具有多个支柱产业，有助于降低经济的脆弱性。此外，城市的创新能力和适应性可以帮助其在面对经济冲击时快速恢复和适应变化。未来，城市可以通过促进创新、培育新兴产业和提供支持小企业的政策来提高经济韧性。

社会韧性方面，城市的社会资本、社区参与和社会支持网络是关键。社会资本是指人们之间的信任、合作和互助关系，可以在灾难时期提供力量和支持。社区参与是指居民和企业积极参与社区事务的程度，可以促进社区的凝聚力提升和建设性合作实现。社会支持网络则涉及政府、非营利组织和志愿者等资源提供者的参与。未来，城市可以通过加强社会资本建设、促进社区参与和培育社会支持网络来提高社会韧性。

生态韧性方面，城市的可持续发展和生态保护是关键因素。城市需要采取措施来减少碳排放、管理水资源、改善空气质量和保护自然资源，以应对气候变化和环境压力。倡导可持续发展的政策和实践可以增强城市的生态韧性。未来，城市可以通过投资可再生能源、推广绿色建筑和加强环境规划来提高生态韧性。

基础设施韧性方面，城市需要有适应性强、灵活性高的基础设施来应对自然灾害、紧急情况和基础设施破坏。城市可以采取措施来增强基础设施的抗震、防洪和适应能力，以应对不可预见的突发事件。此外，城市需要确保基础设施的可持续性和适应性，以应对未来的变化和需求。未来，城市可以加大基础设施投资、采用新技术以及强化维护和更新来提高基础设施韧性。

从经济韧性、社会韧性、生态韧性和基础设施韧性四个维度看（见表8-2），城市韧性发展的前景取决于城市在多个方面的努力和政策支持。通过促进经济多样化、加强社会资本、推动可持续发展和提高基础设施的适应性，城市可以更好地应对各种冲击和挑战，实现可持续的韧性发展。

表8-2　　　　　　　　　　城市韧性及四个维度韧性预测

维度	2025 年	2030 年	2035 年
经济韧性	0.083	0.096	0.111
社会韧性	0.058	0.063	0.068
生态韧性	0.042	0.046	0.049
基础设施韧性	0.033	0.032	0.032
城市韧性	0.218	0.239	0.260

二、东中西区域和南北区域城市韧性相关指标水平预测分析

本书通过 ARIMA – GM 组合模型对 2005 ~ 2018 年中国城市韧性相关指标发展水平数据进行预测计算，并以 5 年为间隔对 2025 年、2030 年、2035 年中国 5 个子区域进行预测，结果见表 8 – 3 至表8 – 6。

根据预测结果分析，城市的韧性水平与其所处的区域有一定的关联。在东中西区域，城市韧性水平可能受到经济发展情况、基础设施建设、地理环境等因素影响。东部地区往往拥有发达的经济体系和强大的基础设施，可能使得城市在面对灾害和挑战时具备更高的应对能力和恢复速度。中部地区的城市可能受到交通网络和城市规划的影响，韧性水平可能与其健全程度有关。西部地区的城市相对较为偏远，但其在资源利用和生态环境保护方面可能具备一定优势，这也有助于提高城市韧性水平。

表 8 – 3　　　　东中西三大地区城市韧性相关指标测算结果

维度	2025 年	2030 年	2035 年
经济韧性	0.053	0.060	0.068
社会韧性	0.025	0.024	0.022
生态韧性	0.023	0.024	0.025
基础设施韧性	0.016	0.015	0.014

表 8 – 4　　　　中部地区城市韧性相关指标测算结果

维度	2025 年	2030 年	2035 年
经济韧性	0.025	0.032	0.040
社会韧性	0.017	0.018	0.019
生态韧性	0.012	0.013	0.014
基础设施韧性	0.012	0.013	0.014

表 8 - 5   西部地区城市韧性相关指标测算结果

维度	2025 年	2030 年	2035 年
经济韧性	0.008	0.009	0.009
社会韧性	0.009	0.009	0.010
生态韧性	0.006	0.007	0.008
基础设施韧性	0.004	0.004	0.004

在南北方向上,城市的韧性水平与其所在地的自然环境和气候条件密切相关。南方城市可能面临的挑战包括高温、洪水和台风等,但其相对丰富的自然资源和农业基础可能为城市提供一定的韧性。北方城市可能面临寒冷、干燥等极端气候条件,但其在抗寒和保暖方面的经验可能增强城市韧性。此外,南北方城市的基础设施建设水平和社会保障体系也会对城市的韧性产生重要影响。

总之,城市韧性水平受到多重因素的综合影响,包括经济发展、基础设施建设、地理环境和气候条件等。了解这些因素对城市韧性的影响,可以帮助城市规划和应对挑战的决策制定者更好地提高城市韧性水平。

表 8 - 6   南北方两大地区城市韧性相关指标测算结果

维度	南方地区			北方地区		
	2025 年	2030 年	2035 年	2025 年	2030 年	2035 年
经济韧性	0.061	0.072	0.085	0.024	0.027	0.030
社会韧性	0.030	0.030	0.030	0.023	0.024	0.026
生态韧性	0.025	0.027	0.030	0.016	0.017	0.017
基础设施韧性	0.019	0.019	0.019	0.012	0.011	0.011

三、基于情景假设的城市韧性发展水平预测分析

根据设定的未来四种发展情景,围绕 2025 年、2030 年和 2035 年三个时间点,利用 ARIMA - GM 组合模型(刘琼芳,2021)进行模拟预测,计算中国城市韧性评价指标体系四个维度的模拟预测值,城市

韧性发展度见表 8 – 7。

表 8 – 7　　　　　　　　中国城市韧性发展水平预测分析

未来情景	中国城市韧性		
	2025 年	2030 年	2035 年
情景 1	0. 218	0. 239	0. 260
情景 2	0. 219	0. 239	0. 261
情景 3	0. 220	0. 241	0. 262
情景 4	0. 220	0. 241	0. 263

第四节　本章小结

　　本章基于多种方法比较，选取了适合度最高的 ARIMA – GM 组合模型，分东、中、西三大区域和南、北方两大区域围绕 2025 年、2030 年和 2035 年三个时间点，对中国城市韧性发展水平指数及其相关指数进行了预测，最终预测出四种情景下城市韧性发展水平。结果表明：城市韧性水平与经济、基础设施、地理环境和气候等因素密切相关，这些因素共同决定了城市面对挑战时的适应能力和恢复能力。四种情景模拟结果显示，中国城市韧性水平持续上升，其中情景 4 的模拟预测结果最好，且各个子系统都有较为可观的增长速率，使得子系统之间的韧性指数水平得到快速提升。因此，未来在保持现有发展优势的同时，需要不断关注经济和生态的发展，不断提高资源利用效率，注重各子系统间的协同发展。

第九章 研究结论及建议

―――――― 第一节 研究结论 ――――――

本书使用 2005～2018 年中国 282 个地级市的面板数据，将全国经济板块划分成东中西三大地区以及南北两大地区。第一，从经济、社会、生态、基础设施四个维度构建了中国城市韧性水平指标评价体系，利用熵值法测度了城市韧性综合水平。第二，运用二阶段 Theil 指数测算了中国城市韧性的总体空间差异，并依照东中西和南北方的空间尺度进行分解，进而揭示其差异大小，并从空间和结构双重视角对城市韧性发展差异的来源进行探究。据此，以省级行政区作为基本空间单元，进一步从省际视角出发揭示城市韧性空间差异的大小及主要来源。第三，利用 Kernel 密度估计方法对全国以及各地区城市韧性的总体演进趋势进行分析，能够更加直观展示城市韧性空间差异的分布动态及其演进规律，并借助 Markov 链分析方法详细刻画了不同韧性水平城市之间发生转移的概率大小和转移方向。第四，利用 σ 收敛、绝对 β 收敛和条件 β 收敛对中国城市韧性的收敛性进行实证考察，以期把握中国城市韧性的演进趋势。第五，从经济增长、市场规模、技术创新、外贸水平、财政规模、金融效率六个方面出发，运用地理探测器模型识别各因素对中国城市韧性空间差异产生的驱动强度，以考察中国城市韧性时空演进特征的深层次原因。同时，本书进一步利用空间杜宾模型实证检验了上述六个因素对城市韧性的影响。

第六，本书采用 ARIMA – GM 组合模型，设置四种未来发展情景，模拟预测 2025 ~ 2035 年中国城市韧性及其分维度的发展趋势，从宏观上探究其协调发展水平总体发展趋势。主要研究结论如下。

1. 空间分布格局方面

总体层面上看，中国城市韧性呈现点—面扩散的不平衡分布态势，高水平韧性的城市呈面状分布，主要集聚分布在珠三角、长三角城市群周围；城市韧性空间分布上的"东强西弱，南强北弱"格局与城市韧性增速上的"中快东慢、南快北慢"格局并存。全国的城市韧性发展水平呈稳定持续上升趋势，表现出韧性城市建设取得了较为显著的成效，但仍有较大改进空间。区域层面上看，东部地区与中部地区、西部地区城市韧性存在较大差距，南方地区与北方地区城市韧性发展相对均衡，但仍存在一定差距，各地区在发展速度上存在显著的空间差异，且这种差距亟待进一步降低。具体看，区域层面城市韧性的发展水平与全国层面测度结果基本一致，东中西三大地区以及南北两大地区城市韧性发展水平均保持上升趋势，但整体水平偏低且呈现鲜明的区域非均衡特征，从东中西三大地区看，东部地区的城市韧性指数最高，西部地区最低；从南北两大地区看，南方地区城市韧性指数略高于北方地区。东中西三大地区以及南北两大地区城市韧性发展水平存在增速差异，从东中西三大地区看，中部地区增速最快，东部地区增速最慢；从南北两大地区看，南方地区城市韧性发展水平增速高于北方地区。

2. 空间差距格局方面

中国城市韧性的空间差距存在一定波动，但整体呈上升趋势。从东中西三大地区看，东部地区是城市韧性最高的地区，但高韧性城市并未有效推动东部地区城市韧性的整体发展，导致东部地区成为中国城市韧性发展内部差异最大的地区；中部地区内部差异相对较小，武汉、长沙、郑州、合肥、南昌、太原等城市韧性的发展有效带动了整体韧性发展。从南北两大地区看，南方地区内部差异显著大于北方地区。南方地区沿海城市众多，珠三角是中国城市韧性较为发达的地区，但珠三角城市韧性的发展也并未有效推动南方地区韧性的总体发展。Moran's I 指数表明，中国城市韧性存在较强的空间正相关关系，城市间城市韧性存在"邻里模仿"与外溢效应，相邻城市的集聚趋势更为明显。从标准差椭圆分析结果看，中国城市韧性的空间分布格局正在发生变化，空间分布由"东北—西南"向"正北—正南"方向靠拢，且呈现出一定的空间集聚趋势。

3. 空间差异来源方面

中国城市韧性的空间差异呈小幅波动上升态势，大部分省份的内部差异均呈上升趋势，其中广东省的省内差异最大。在省间差异方面，就东中西三大区域而言，东部地区的省间差异最大，西部地区次之，中部地区最小，但均呈上升趋势；在南北方两大地区内，南方地区的省间差异大于北方地区，但考察期内南方地区的省间差异有所下降，而北方地区省间差异呈扩大趋势。在中国城市韧性发展差异的空间来源方面，从东中西三大区域和南北两大地区看，省内差异都是中国城市韧性空间差异的主要来源，其次是省间差异，区域间差异贡献最小。在结构来源方面，在全国整体层面上，经济韧性的贡献最大，其次是生态韧性和基础设施韧性，社会韧性的贡献最小；在区域层面上，东部地区、西部地区和南方地区的城市韧性差异的主要结构来源均为经济韧性，中部地区城市韧性差异的主要结构来源则为社会韧性。

4. 动态演进方面

中国城市韧性水平呈现出稳步提升态势，同时存在着城市韧性高水平地区和低水平地区两大集合。城市韧性高水平地区发展速度较快，且城市韧性高水平省份逐渐增多，低水平省份逐渐减少，但部分

172

城市韧性发展水平速度很快，与韧性发展水平较慢的城市形成较大差距，从而导致城市韧性高水平地区和城市韧性低水平地区之间的差距不断扩大。中国城市韧性发展水平整体保持长期稳定发展态势，当城市韧性水平达到一定高度之后，高水平地区与低水平存在极化现象，难以通过空间溢出效应实现本地区向更高水平转变。同时城市韧性动态演进过程中存在显著的空间效应，一个城市周边城市的韧性水平往往会影响该城市韧性水平的动态转移。城市韧性水平较高的城市对相邻城市有一定的拉动作用，城市韧性水平较低的城市对相邻城市有一定的抑制作用。中国城市韧性存在一定程度的"马太效应"，处于低水平、高水平的城市发生转移的可能性较小，总体上具有维持原状态的稳定性，城市韧性发展易出现自我强化，呈现"高者更高，低者愈低"的极化特性。

5. 收敛性检验方面

σ 收敛的检验结果显示，在全国层面上，中国城市韧性不存在 σ 收敛。在地区层面上，从横向看，仅有西部地区城市韧性在 2011 年以前存在 σ 收敛，此后呈发散态势，其他地区均不存在 σ 收敛。从纵向看，南方地区和北方地区均不存在 σ 收敛。绝对 β 收敛检验结果显示，在全国层面，城市韧性在全国层面存在绝对 β 收敛，收敛速度为 5.64%。分阶段看，不同时段的收敛情况有所不同，"十一五""十二五"和"十三五"期间全国各城市的韧性水平均呈收敛态势，收敛速度分别为 66.06%、52.90% 和 67.58%。在地区层面上，无论是东中西三大地区还是南北地区均存在绝对 β 收敛中。条件 β 收敛的检验结果显示，中国城市韧性在全国层面以及地区层面均存在条件 β 收敛，经济增长、市场规模、技术创新、外贸水平、财政规模和金融效率等因素能够在一定程度上加快城市韧性的收敛。

6. 驱动因素方面

一方面，地理探测器模型显示，从自身构成看，经济韧性是中国城市韧性空间分异的主要驱动因素；从外源因素看，各种因素在不同时期和不同地区对中国城市韧性的驱动作用不同。分时期看，每万人专利授权数对中国城市韧性的驱动作用最强；分地区看，外贸依存度、固定资产投资额、每万人专利授权数和人均社会消费品消零售总额对中国城市韧性的驱动作用较大。不同因素的空间交互作用对中国城市韧性空间分异的驱动作用显著大于单一因素。另一方面，空间杜宾模型显示，经济增长和外贸依存度对城市韧性水平无显著影响，市场规模、技术创新和财政规模对城市韧性水平有正向促进作用，金融效率的总效应为负，对经济相近城市的城市韧性水平均具有一定程度负向的溢出效应。

7. 中国城市韧性预测方面

本书利用 ARIMA – GM 组合模型预测中国城市韧性，结果显示，城市的韧性水平与经济、基础设施、地理环境和气候等因素密切相关，这些因素共同决定了城市面对挑战时的适应能力和恢复能力。四种情景模拟的状况中，中国城市韧性水平持续上升，其中情景四的模拟预测结果最好，主要是因为在该情景模式下，各子系统都有较为可观的增长速率，使得子系统之间的韧性指数水平得到快速提升。

第二节　中国城市韧性的提升路径

改革开放以来，中国经济发展取得举世瞩目的巨大成就。然而，随着中国逐渐成为超大规模经济体，发展的同时也衍生出诸多潜在风险，决定了统筹发展与安全的客观必然性。立足于百年变局与世纪疫情，当前中国发展的内外部环境复杂多变，决定了不同城市面临的不确定性扰动和未知风险空前多样，且各城市在资源禀赋、区位条件、产业结构、基础设施、公共服务等方面的空间异质性特征尤为明显，从而导致各城市的韧性水平差异显著，并进一步影响到中国城镇化质量提升以及共同富裕目标实现。此背景下，有必要结合本书，以理论创新引领实践探索，以实践探索推动理论创新，顶层设计中国城市韧性的提升路径，助推高质量发展扎实开展，保障宏观经济行稳致远。

一、深挖城市韧性的提升潜力

相比国外发达国家，中国城镇化进程起步相对较晚，在快速发展过程中也不断暴露出诸多理解误区与实践障碍。纵观中国城市韧性发展现状，整体上虽呈稳定持续上升趋势，但客观上存在区域间水平差异较大的特征事实，既表明省际层面的发展不平衡现象，更昭示出多数地区仍具备巨大的提升潜力，亟待在强化学习与创新能力的基础上，实现城市韧性的深度与广度提升，尤见城市韧性低增速、低水平地区。

（一）经济韧性层面

经济建设水平决定城市发展高度。经济韧性是城市韧性各层面中最为关键的一环，是其他韧性层面跨越式提升的前提条件，相关建设涉及产业配套、动力创新、国际交往等诸多内容。随着全球化进程加快与中国全面深化改革步伐提速，各城市亟待在加强对外交流与合作的基础上，获取高质量发展机遇并提升自身韧性水平，从而不断强化应对各类风险挑战能力。

一方面，优化城市营商环境，加大招商引资力度。坚持上级政府高位推动，以审批最少、流程最优、体制最顺、机制最活、效率最高、服务最好为目标，完善市场环境、提升政务服务、强化法治保障、减免审批环节、降低税收负担，为各类市场主体营造安全稳定、统一开放、公开透明、公平公正、便利快捷的良好营商环境，保障重大产业合作项目落地。另一方面，加强与外商投资企业的合作与交流，建立健全稳定可靠的产业链供应链体系。借助盘活存量资产、优化营商环境、建设诚信政府、给足政策支持、加速绿色崛起、创新金融服务、保护知识产权等手段而构筑城市招商引才"强磁场"，重点引进新科技成果，助推高精特新企业快速成长并保障供应链稳定畅通，力争在短期内形成一批高速成长的"明星"企业。其中，东部沿海发达地区要在巩固国际分工地位的同时，主动向全球产业链高端攀升；中西部地区要充分利用自身资源禀赋，积极承接国内外产业转移，继而在全国范围内加快自主创新以提升产业链现代化水平，形成数字化、智能化创新驱动下"双循环"发展新格局。

（二）社会韧性层面

农业转移人口市民化与城市文明建设是中国城镇化建设的两大并行特征，也决定了城市社会韧性建设的时代背景与主要内容。中国目前正经历一场人类历史上最大规模的人群在最短的时间内拥入最没有准备的城市的强烈冲击，由此带来经济社会各领域全方位、立体式变革，并深刻引导了城市文明建设进程。经济持续下行期间，鉴于社会包容性降低、资源竞争性凸显、阶层隔离性固化等因素，农业转移人口所面临的社会排斥风险空前加剧，有待通过教育渠道而强化其基本素质与综合能力，继而加速社会融合、适应与认同，最终在提升农业转移人口市民质量的同时提升城市社会韧性水平。

一方面，完善农业转移人口职业技能培训。各级政府以及各类社会团体要做好组织协调工作，积极利用国家各项扶持政策、城乡各类培训平台以及线上线下各种渠道，整合职业教育、继续教育、网络教育等资源，鼓励高等学校、各类职业院校和培训机构积极开展职业教育和技能培训，建立健全覆盖度高、实用性强、针对性强的农业转移人口就业培训体系，强化用工企业的岗位培训责任，推广新型实用科学技术，保证职业技能培训实效。需要特别指出的是，对于逐渐成为主流的新生代农业转移人口，是市民化的潜在核心对象，理应成为新市民化群体的中坚力量，应格外注重在数字化时代背景下提升其专业化技能水平与人力资本积累，尽快出台有助于报考各类职业院校的相关配套政策并纳入国民培训教育体系，重视后续就业指导与职业规划，助其融入以大数据、云计算、物联网、人工智能、遥感等为核心的新一轮科技革命，在扩大职业范围与就业领域的同时提高适应力与持续性，继而在城镇站稳脚跟并积极接受新的生活理念与方式。另一方面，保障农业转移人口子女平等享有受教育权利。可尝试将农业转移人口子女义务教育纳入各级政府教育发展规划和财政保障范畴，科学分配教育资源，合理规划中小学布局，科学核定教师编制，足额拨付教育经费，保障农业转移人口子女在流入地公办学校或政府购买学位的学校接受义务教育。对未能在公办学校就学的农业转移人口子女，可采取政府购买服务、利用社会力量等方式，保障其在普惠性民办学校接受义务教育的权利。

（三）生态韧性层面

尽管当前城市建设面临着兼顾经济发展与生态保护的巨大挑战，但仍应正视生态文明建设的重要内涵，践行"绿水青山就是金山银山"的发展理念，致力强化城市生态韧性。

一方面，发展固然消耗资源，亦能带来资源。换言之，发展过程也可以是基于不断深化认识自然规律，以持续提高勘探、开采、利用、生产等方面技术水平而实现资源反复利用，并持续产生效益的过程。立足于各区域生态资源禀赋特征以及全国居民消费结构升级趋势，以花木产业、经济林果以及生态茶园等为代表的绿色农业等仍有较大成长空间，借力于充分挖掘田园风光、乡土文化等潜在要素，可形成经济效率提升与生态功能释放的互动局面，充分彰显"双赢"的可行性。另一方面，侧重于改善城市绿化状况。在规章制度设计、行政壁垒消除、负面清单管理、关键领域监督、发展蓝图规划等方面，加大城市生态建设投入力度，增加城市公园、植物园、青年广场等绿地面积，推广垂直绿化和屋顶花园，以乡土树种、行道树、观赏竹等为重点而引进优良植物品种，推广居民广泛参与的社区绿化活动，系统推进水资源保护、水污染防治、水环境改善、水生态修复，开展重大生态保护与修复工程，扩大绿色生态发展示范区建设规模。

（四）基础设施韧性层面

建设投资是城市基础设施韧性提升的主要保障。城市基础设施投资属于资本密集型投资，对前序部门发展、本部门增长以及间接带动的相关产出增加均具有巨大促进作用，对地方城镇化进程尤为关键。但城市基础设施项目的公共属性，也决定其具有建设周期长、投资收益慢、经济回报低、沉没成本高等特点，往往难以吸引民间社会资本进入，以至于全国绝大多数中西部地区城市均由政府长期承担投融资的主体职责。结合当前全国范围内城市基础设施投资及供给状况，未来应进一步围绕公共交通系统建设、社区规划设计等重点领域，积极改善居民居住配套设施。据此，各城市应广开投融资渠道并积极引入多元化投资主体，致力于打造政府、市场共同参与的多元化城市基础设施投融资格局，继而发挥基础设施的先行引领和支撑作用。

一是改进土地开发机制，将由基础设施完善后所获得的土地增值收入，再次投入到城市基础设施项目建设中，实现城建资本良性循环。二是积极利用资本市场，并适当支持保险基金介入有收益的经营性城市基础设施项目。三是广泛引入新型基础设施投融资方式，积极引进社会资本，不断拓宽城市基础设施投融资渠道，推广 BOT、PPP 等投融资模式。四是改善城市营商环境，积极引进各类民间资本参与城市基础设施建设，并赋予民营企业和国有企业在项目竞投标、后续建设运营等方面同等地位，甚至更多的政策优惠，激发民间资本投资热情。

二、注重城市韧性的区域协同

城市韧性提升具有深刻的价值意蕴和严密的逻辑机理，并在中国现实情境下不断演化出新内涵。研究表明，中国城市韧性水平持续上升，但区域差异性不容忽视，折射出部分地区在城市韧性建设的基本要求落实、制约因素化解、潜在优势发挥等方面仍存在诸多短板，亟待实施差别化城市韧性提升策略，最终推动区域协同发展。

（一）东部地区视角

东部地区经济发展程度较高、产业基础雄厚、创新能力较强，拥有长江三角洲等众多城市群，是中国经济发展的"桥头堡"与"火车头"，城市韧性发展水平在全国范围内处于领先地位。但同时，东部地区也是中国城市韧性发展内部差异最大的地区。鉴于此，东部地区应充分利用前期城镇化与工业化成果，增强城市韧性提升的区域带动效应，不断拓展城市发展空间。

一是强化交通基础设施保障能力。构建规模适宜、结构优化、衔接顺畅的综合交通网以及安全、便捷、高效、绿色、经济的现代化综合交通运输体系，优化综合运输通道内各种运输方式线路资源配置，构建"公铁水空"立体交通运输大通道。推动新技术与交通基础设施融合发展，推动交通基础设施数字转型、智能升级。加快构建数字化采集体系、网络化传输体系和智能化应用体系，推动公路规划、设计、建造、养护、运行管理等全要素全周期数字化。二是提升能源基础设施支撑能力。依托于新能源推广浪潮，加快实施"风光水储""源网荷储"等新能源综合项目，加快推动氢能产业示范基地建设，推进电网、油气管网等现代化智能建设，加强资源节约集约利用、污染防治和生态保护，加大"双碳"和能源领域技术、材料、装备研发创新力度，加快建立现代化能源供应保障体系。三是加强省际重大水利工程建设。完善区域水利发展布局，推进水环境、水安全、水联通一体治理和保护，完善安全可控的水网工程体系，探索建立原水联动及水资源应急供应机制，提升防洪和供水安全保障。

（二）中部地区视角

中部地区城市韧性内部差异相对较小，武汉市、长沙市、郑州市、合肥市、南昌市、太原市等中心城市的韧性发展有效带动了地区城市的整体韧性发展。从长远看，中部地区城市仍需注重城乡融合发展与科技创新发展，为进一步提高经济实力与韧性水平而奠定坚实基础。

一方面，积极引导外商投资，实现经济多元化布局。依托于国家各类城市对口帮扶规划，并借助市场机制，通过"飞地经济"、合作园区、特色产业园区等多种形式，对口承接东部地区产业转移，链式发展产业集群，推进本地高新区和高新技术企业高质量发展。同时，深化文化互通，加快交通联通，推动产业贯通，探索创新融通，推进要素协同，力促全面合作。另一方面，提升产业园区建设质量，加大科技研发投入力度。充分借鉴国内外产业园区在规划设计、运营管理、招商引资等方面经验，发挥自身经济、科技、人才、管理优势，通过企业自主合作、行业抱团合作、园区平台合作等方式，提升产业园区建设规格，在产业发展、科技成果转移、人才培育引进、科技金融结合、知识产权运用保护、新型创新组织培育、城市产业融合等领域加强与发达地区的全面合作，定期举办产业园区高质量发展交流论坛。同时，前瞻性布局战略科技创新平台，主动对接、深度嵌入国家级、省级战略科技力量体系，争取"国"字头科研机构设立独立研究院所。

（三）西部地区视角

西部地区经济社会发展水平相对滞后于其他地区，城镇化进度及城市韧性水平仍处于亟待提升阶段，需秉承五大新发展理念而夯实城市产业基础，继而为城市韧性水平的提升创造有利条件。

一是推动城市产业融合发展。全国范围内，"有城无'市'，有镇无'产'"已成普遍现象，难以吸引人口落户以及推动城镇可持续发展，尤见于西部地区。城镇化过程，某种意义上也是本地产业重新整合、经济资源优化配置过程。此过程中，城区扩展是形，产业发展才是实。没有产业支撑，劳动力、资本等生产要素将加速向外流动，微观上，本地经济"空心化"问题愈发突出，城镇化之路越走越窄；宏观上，区域发展"马太效应"愈发严峻，经济协调发展与人口合理分布均举步维艰。据此，西部地区应积极践行"筑巢引凤"发展策略，改善自身产业发展环境，创造结构优化质量较高的产业体系，逐步壮大城镇承载力、经济包容性与发展持续性，实现真正意义上的"产城融合"。二是避免城市发展战略定位雷同。城市建设不能"千篇一律"，更不能"千城同貌"，避免发展战略定位雷同，这是广大中西部地区城市进行城镇化建设极易犯的错误。根据区域经济学原理，城市群应以"互补"为重要建设依据。目前，西部地区除重庆市、成都市、昆明市、兰州市等少数中心城市外，其他城市的经济社会发展水平仍相当有限，尤其要注意发挥比较优势，有针对性地引导特色小镇和小城镇健康发展，力争形成产业互补、具备特色的发展新局面。

（四）北部地区视角

北部地区人口众多，拥有京津冀等众多城市群，是中国传统工业中心地带。然而，鉴于时代发展变迁与产业结构升级，以东北老工业基地衰落为标志，以城市人口不断流失为表征，北部地区多数城市的韧性水平呈现不断下滑态势。未来，北部地区应进一步加大新型城镇化步伐，增强城市活力。一是坚持新型城镇化发展方向。围绕农业转移人口市民化，既以此为平台来实现人力、资金、技术等生产要素集聚，破除延续已久的城乡分割二元体制，促进城乡融合发展；又以此为契机推动新型城镇化建设，重视城镇的消费、投资功能，扩大内需并形成新的经济增长点，最终实现社会稳定与经济发展的战略目标。二是顶层设计城镇化建设规划。既要尊重一般性规律，更要重视属地发展特征，侧重关注改革进程滞后、改革主体动力不强的领域，如棚户区改造、新城区改造、城镇基础设施扩容等。同时，聚焦于覆盖面广、带动性强或具有全局性、战略性影响的领域，如农村土地退出制度等。三是健全法制型城镇化管理模式。面对城镇化进程中各种新情况、新问题，要通过加强制度供给来强化城镇化基础，改变城镇化进程中制度供给短缺局面等。同时，各级政府要立足自身职责而转变观念，积极承担城镇化管理制度建设重任，改变长期以来泛行政化的倾向。四是健全农业转移人口市民化制度。提高农业转移人口退农意愿，坚持物质补偿与精神引导双向驱动。加速农业转移人口市民化进程，坚持社会融入、成本分担、体制配套三力协作。促进农业转移人口有序迁移，坚持布局合理、户籍改革、政策倾斜三方保证。按照经济社会发展总体规划，统筹资源环境约束和产业转移趋势，鼓励各地解决好农业转移人口的辖区落户问题，统筹设计财政转移支付与农业转移人口市民化挂钩机制。

（五）南部地区视角

南部地区地处长江以南，拥有珠江三角洲、海峡西岸等众多城市群，经济发展水平相对较高，城市建设起步相对较早，城市韧性指数高于北方地区。未来，南部地区应坚持以"都市韧性圈"带动区域城市韧性发展，加强与其他城市的关联，共创良好的协同发展氛围。一方面，考虑到南部地区是农业转移人口的主要输入地，未来需基于城镇社会治理而预防各类潜在风险。因此，需要深化"以人为本""社会质量""权利公平"等内涵解读，以可持续发展为导向来预判性构建"农业转移人口市民化大质量观",积极打造"政府—市场—社会"三位一体的社会协同治理模式,正视新旧市民之间在就业、社保等领域潜在的竞争关系,建立城镇贫困监控体系,完善再就业服务体系,健全社会保障体系,修正社会治理机制,继而在社会充满活力且和谐有序中推进社会治理。另一方面,充分发挥高端产业发展优势,完善城市功能布局。加大城市风貌、品位、文脉等方面管理力度,加大光伏建筑一体化、森林楼宇、装配式建筑、零碳建筑等方面创新力度,加大青年人才交流中心、创新创业中心等方面的投入力度,推动花园城市、智慧城市、青年友好型城市等建设。同时,有序拓宽城市中心城区发展空间,分阶段推动重点片区综合开发,大力发展电子商务、金融服务、会展服务、检验检测等生产性服务业,完善现代商贸流通体系,在全国范围内建设"开启美好城市生活"的标杆区域。

三、瞄准城市韧性的治理抓手

纵观中国城市韧性发展基本格局,既存在区域普遍性特征,又具有地方个性化差异。结合实证分析结果可知,城市韧性发展差异的成因多元化,有必要系统、全面地廓清相关主要驱动因素及其交互影响,有针对性地瞄准城市韧性的治理抓手,继而有效缩小城市韧性的空间差异。

（一）内源因素维度

从内源因素维度看,样本考察期内,经济因素和环境因素始终是东中西三大地区城市韧性的关键影响因子。根据各区域区情市情,提出以下城市韧性提升建议。一是东部地区。需进一步发挥产业、科技、资本、人力资源等优势,持续强化创新能力,加速"城产教科创"全面融合发展。尤其是借助新一轮科技革命契机,围绕产业规划高端特色、产业园区升级趋势、产业体系协同标准、产业结构转型进度、产业项目创新方向、产业业态演变规律等，大力培育高端制造业与现代服务业，提高城市经济结构的适应性。同时，加强空气质量治理措施，在工业排放、车辆尾气等方面采取有效措施减少污染源，增加绿化覆盖率并保护生态环境。二是中部地区。除继续加大水、路、电、气、网等基础设施建设力度之外，需加速城乡融合发展，赋能乡村全面振兴，为城市高质量发展营造环境。特别需要强调的是，应深刻剖析本地城乡循环堵点，消除所形成的内需市场集聚效应，借助三大产业之间融合渗透和交叉重组，科学择定农村产业融合的主导产业、具体形式、参与群体、适度规模及扶持手段，继而以延长产业链、保障供给链、提升价值链、完善利益链、拓展生态链而挖掘农业非传统功能、扩展农村新经营领域、增强产品市场竞争力。同时，推进农业面源污染动态监测预警和治理常态化，以典型工矿企业周边农区、污水灌区、城市郊区、高集约化蔬菜基地等为重点区域，采取农艺调控、退耕还林还草、用途管制等举措，探索建立污染源预防、风险管控、治理与修复、监管能力建设等土壤质量防控体系。三是西部地区。进一步发挥生态环境保护屏障功能，推动资源型经济向绿色低碳经济转型，大力实施各类生态补偿举措。正视生态经济的发展驱动效应，辅以定价、补偿、惩罚、核算等正向激励机制，致力于开创绿色产品与服务精准性研发、前瞻性投资、高品质生产、品牌化营销、个性化消费等新局面，继而以提高信任溢价与功能溢价而获取市场溢价，最终将固有的生态环境资源内化为社会财富。同时，深度挖掘发展潜力，支持市场需求量大、产值高、竞争力强的特色产业发展，因地制宜、因时制宜、因事制宜地瞄准资源比较优势并主动转化为产业竞争优势，继而推动区域特色产业集聚并推动当地经济发展与城乡建设。

从内源因素维度看，样本考察期内，社会因素和环境因素是南北地区城市韧性的关键影响因子。在社会因素方面，亟待更新城市居民的观念与意识，提高对自然灾害和突发事件的应对能力；建立健全应急管理机制，完善风险预警系统，并进行定期演练；加强社区组织建设，促进邻里互助与合作。在环境因素方面，注重城市规划与设计，在建设过程中充分考虑自然灾害风险；推动生态保护与恢复工作，增加绿化覆盖率、改善水资源利用效率等；加强基础设施建设并提高其抗震、防洪等能力。

（二）外源因素维度

从外源因素维度看，样本考察期内，技术创新能力和市场规模是东中西三大地区城市韧性最主要的影响因子。现代化经济体系正值建设关键期，强调以深入实施制造强国战略、发展壮大战略性新兴产业、促进服务业繁荣发展、建设现代化基础设施体系为抓手而转变发展方式、优化经济结构、转换增长动力。此背景下，各区域均应高度重视构建实体经济、科技创新、现代金融、人力资源协同发展的现代产业体系。在技术创新能力提升上。东部地区应以共享市场机遇、落实人才战略、创新项目平台等方式来推动资金、技术、人才、信息、知识、数据等先进生产要素流入，促进技术创新、知识转移和成果转化；中部地区应大力支持建设各类科技成果转化中心、测试检测中心、科技人员创业平台、高新技术产业孵化基地、专家工作站等，主动发展技术交易市场，健全各级科技成果转化工作网络；西部地区需要注重人才培养和引进工作，引进培育一批走在创新前沿、拥有自主知识产权、核心竞争力突出的创新型、领军型、龙头型、地标型企业。在扩大市场规模方面。东部地区需通过进一步发展现代服务业，加强新材料、新能源、航空航天、生物医药、金融业、信息技术业、专业服务业、文化创意业等高附加值产业发展；中部地区需积极推动农村转型升级，培育特色农产品品牌，并持续开拓国内外市场；西部地区需利用丰富的自然资源优势，发展绿色能源、休闲旅游等产业，并吸引更多民间投资者参与。

从外源因素维度看，样本考察期内，经济增长和技术创新是南北地区城市韧性的主要影响因子。在经济增长方面，南北地区需通过加强产业结构调整、促进跨区域合作与交流等方式来提升城市韧性。南方地区需重点发展高附加值产业，以提高城市抗风险能力；而北方地区则需注重资源优势转型利用，推动农业转移人口就业创业，并加强农产品精深加工等领域的发展。在技术创新方面，南北地区均应致力于推动数字化转型、智能化建设与绿色化发展。南方地区可借助先进信息技术，在城市规划、交通管理、环境保护等领域实施智慧城市建设；北方地区则可探索绿色低碳技术应用，如清洁能源开发利用、节能减排措施等。

第三节　中国城市韧性的改善建议

所有社会问题都源自人类自身，都涉及人们如何相互交往与共处（王珏和王硕，2020；Sforti，2004）。建设韧性城市也不例外。科技的进步和基础设施的完善可以在技术层面上应对城市所面临的各种挑战。但要实现在危机来临之前做好全面防范、在危机中做出精准应对、在危机后实现有效提升这一目标，我们必须关注构建和增强城市的"社会系统"功能。在心理、社会、管理、文化等各个维度上，城市正在不断提高其在危机中寻求机会的能力。然而，由于自然灾害等突发公共事件的不可预测性、影响范围广泛以及地区间资源分配的不均衡性，城市韧性的提升路径在理念更新、主体参与和机制设计方面仍有较大改进空间。

一、创新韧性城市建设的复合思维模式

（一）秉持"软硬兼施"理念，重视韧性城市"软实力"建设

通过对不同韧性城市的比较分析，可以发现在危机预测、资源分配、政策执行以及协同合作等方面，一些城市存在明显不足。从整体层面看，要在保持高韧性城市稳步提升的同时，加大低韧性城市的建设力度，重点提升低韧性城市的城市安全系数以及自然、人为灾害的应急处理能力，并根据城市韧性发展评价指标体系制定与实施城市韧性建设的追赶策略，推动城市韧性建设的落实、持续和深入。从各区域内部看，重点要关注各区域内城市韧性发展薄弱的城市，加大城市间在经济、社会、生态、基础设施等维度的资源、技术、经验共享，带动薄弱地区城市韧性建设与发展。从东中西三大地区看，东部地区城市韧性各分维度指数均值远超全国平均水平，说明东部地区城市韧性各维度均表现良好。经济韧性的上升幅度最大，但基础设施韧性出现下降，说明东部地区应进一步加强基础设施建设。中部地区城市韧性四个一级指标的分布较为均匀，且四个分指标均出现了向外层扩展的趋势，但生态韧性指数值较低，表现出大力发展生态韧性的必要性。西部地区基础设施建设长期位于较低且出现向内收敛的趋势，因此应加大基础设施的建设力度，吸引来自东部地区的技术和人才援建，通过提升创新能力提高自身硬实力。从南北两大地区看，南方地区城市韧性各维度韧性水平发展态势良好，经济韧性、社会韧性、生态韧性均呈向外扩展趋势，但基础设施韧性出现小幅度下降，因此应进一步加强基础设施建设。北方地区生态韧性发展水平较低，需要进一步加大对生态的重视力度。

（二）秉持"见树见林"理念，双管齐下提升城市韧性

韧性城市的构建类似于管理一个复杂的生态系统，需要城市管理

者具备全局视野并进行全面的规划。但目前情况表明，城市韧性所需的关键资源和要素在不同地区和社群之间分布极不均衡。例如，在教育和经济资源丰富的地区，居民通常拥有更高的风险应对能力，相比之下，城市的边缘地带和远郊地区的居民则可能面临更大的挑战。正如"木桶短板"理论所指出，这种差距在城市遭受灾难时可能会导致巨大的损失。因此，在强调城市整体韧性时，必须全方位关注城市的各个组成部分。同时，更需要将社会公平问题融入韧性城市的规划和策略中。例如，在新冠疫情期间，政府进行交通和人流管制，因此需要建立以城市社区为核心的社交网络，以提供老年人等弱势群体所需的支持。对于那些生活在城市低收入家庭的儿童来说，教育资源可能相对匮乏，因此需要思考如何确保相关群体在隔离期间也能够获得良好的教育。总之，韧性城市的建设既需要全局考虑，又需要关注局部情况，根据不同地区的发展水平、社群文化、人口特征等因素而进行资源的公平分配。

（三）秉持"合作共生"理念，多元协同提升城市韧性

城市并非独立存在，而是由多个主体相互交互构成的有机系统。重视中国城市韧性发展的不充分问题，应落脚于深挖城市韧性的提升潜力方面。中国城市韧性发展过程中，尤其应注重中西部地区城市韧性水平提高，通过多种措施提升整体城市韧性水平和缩小城市间韧性水平差异。政府拥有大量公共资源，负有守护公共安全之责，理当在城市风险治理中发挥主导作用。可以在体制机制、政策法规、基础设施、公共服务、产业发展等方面促进韧性城市建设，将风险意识和韧性理念无缝融入城市的规划、建设、运行和管理之中，对城市风险进行精细化、高效能治理，尽最大可能消除风险生成的诱因，尽最大努力减少风险带来的损失。此外，城市治理离不开有效市场的深度参与，如数字企业开发的智能化治理工具、保险公司对城市风险的转移

和分担、专业机构对城市风险的评估和把控等，不仅使企业自身实现了经济功能与社会功能、商业价值与社会价值的统一，更有助于进一步降低风险防范成本、提高风险治理绩效。城市风险防范需要社会组织和广大民众的协同配合和鼎力支持，一方面应培育和扶持一批应急救援组织、慈善救助组织、平安志愿者队伍等，进一步完善各类社会组织参与风险治理的机制和方式；另一方面则应提高全民风险认知水平，培养全民自救互救技能，在全社会形成居安思危、同舟共济、互帮互助的风险治理文化。

（四）秉持"平战结合"理念，以常态思维打造韧性城市

韧性城市的建设需要在不确定的环境中培养和调整各种要素，包括心理、社会、管理和文化等，以增强城市的适应能力。这些能力不应该仅在一次危机发生时才被激发和运用，而是需要在城市的日常运行中得以培养和发挥作用，从而为城市居民的福祉做出持续性贡献。在倡导"平战结合"的理念下，韧性城市的构建可以贯穿城市的方方面面，不局限于危机管理。例如，社区可以积极举办各种互动的公共安全宣传活动，不仅可以提高个人的危机意识和知识水平，还可以促进市民之间的积极互动，扩展社会网络，增进邻里互信。政府可以加强与社会工作者和救灾公益组织的紧密合作，不仅可以为城市的应急管理体系提供额外支持，还有助于建立积极的政府与社会合作关系，为多元主体参与城市治理打下坚实基础。因此，无论是提高市民在紧急情况下的认同感和集体意识，还是增强市民在日常生活中的归属感和自豪感，都是在韧性城市建设中塑造和传播"平战结合"理念的重要价值。这种综合性的、持续性的项目不仅有助于城市更好地应对危机，还能够提升城市居民的生活质量，使城市更加宜居和可持续发展。

二、健全韧性城市建设的多元协作机制

在城市韧性的提升过程中，政府、社会组织、企业、个人四大主体需要不断修正和更新自身理念。各主体可以在决策者、执行者、支持者、参与者等多重角色中扮演不同的角色，以更好地发挥各自的作用。同时，需要加强纵向联动和横向协作，确保各主体之间密切合作，共同推动城市韧性提升。

（一）强化政府主导角色

首先，政府需要将韧性城市构建置于城市治理的核心位置，将安全文化传播、韧性社区建设和危机协同治理等元素融入相关规划中，形成一套综合的顶层规划体系。该规划应当明确将韧性城市建设纳入城市发展的全局考量，为各级政府、各地区和各主体的参与提供明确的方向和目标。政府的政策引导和决策应当有助于激发韧性城市建设的积极性，确保城市的整体安全和发展。其次，政府应合理分配资源，认识到城市韧性建设的回报通常较为缓慢，有别于传统的"锦标赛式"官员绩效评估体制。因此，需要对城市韧性建设评估标准进行调整，加大对城市韧性的考核权重，以引导管理者调整资源分配策略。政府可以通过这种方式，推动韧性城市建设的长期可持续发展，不仅依赖于硬件投资，还注重软性因素的培养和提升。最后，政府应积极为多元协作创造机会。政府不应仅仅是为市民制订规划，而应与市民一同参与规划过程。这可以确保信息和反馈能够双向流动，政府在实践中充当"掌舵者"而非"划桨者"的角色。政府应当基于多方商议，明确社会主体的权责边界，并积极创造合作机会和建立合作渠道，以推动城市治理的多元化和协同性发展，更好地满足市民需求，提高城市韧性水平。

（二）重视社会组织支撑作用

自 2008 年汶川地震发生以来，社会组织在灾害治理中的角色日

益受到关注。由于具备公益性性质，社会组织在城市韧性提升方面拥有显著的优势，可成为政府的有力合作伙伴。社会组织可从以下三方面发挥作用：首先，内部协同合作，构建面向韧性城市的"公益链条"。城市的非政府组织（NGO），包括基金会、社会团体和社会服务机构等，涵盖了社区治理、应急管理和公众教育等各种领域。这些组织可以根据自身的特点和优势，瞄准切入点，并进行内部协同合作，共同打造韧性城市建设的"公益链条"，实现合作的效益远大于各自单独行动的效果。其次，外部联结。作为政府、企业和市民之间的桥梁，社会组织除了专注于自身使命外，还应加强多元主体之间的联系和协调，在不同领域促进政府、企业和市民之间的合作，以推动城市韧性提升。最后，社会组织应特别关注政府、企业和公众较为忽视的领域，如社会资本构建、危机文化传播、弱势群体关怀以及灾后心理疏导等。社会组织可以在这些自身擅长的领域开展实验性工作，逐一攻克难题，通过"小而美"的先行实践找到社会主体合作的关键点，并进行政策倡导，有助于政策改进、合作共赢和公众参与提供经验和信心的支持。

（三）助推企业协同发展

企业在城市经济中扮演着不可或缺的支柱角色，其社会责任的充分履行对城市的抗灾能力和社会稳定具有深远影响。危机事件如果导致大规模失业，将不可避免地引发社会动荡，进而可能催生次生灾害，对企业的生存和社会的可持续发展构成重大威胁。因此，企业必须积极参与协同合作，为城市韧性的提升做出贡献。一方面，企业应加强自身的组织韧性，通过制定危机应对策略和灾害减轻措施，减少危机对其经营的冲击。同时，企业也应该争取为市民提供稳定的就业机会，这不仅能减轻危机和失业所引发的社会紧张情绪，还有助于稳定民众的情绪和生计，为城市社会的恢复提供坚实的支持。另一方面，企业可以借助市场工具，积极与政府和社会组织合作，提供急需的救灾物资、技能培训以及其他支持措施。特别值得强调的是，企业应当积极支持公益机构在城市韧性提升方面进行广泛、全面、多维度的尝试，推动其从"小而美"的实验扩展为"广而优"的实际实践。这包括与公益组织合作，共同开展社会救助项目、灾后重建和城市韧性培训等活动，以确保城市社会能够更好地应对各种突发事件和挑战，建设更加强大和稳健的城市社会体系。

（四）鼓励个人履行市民责任

人的发展是城市最主要的竞争力，城市居民的韧性则构成城市韧性的基本单元。每位城市居民都应认识到并承担在城市韧性建设中的责任和义务。首先，增强风险意识和科学素养。市民通过学习掌握各类突发事件的基本知识，如自然灾害、事故灾难、公共卫生事件、社会公共安全事件等，不仅可以提高在危机时的自救和互救能力，减少对公共资源的需求，还能有助于保持社会的心态稳定和秩序有序。这种积极的学习和教育意识有助于全体市民更好地应对城市面临的各种挑战。其次，积极参与和共建韧性社区。社区是城市的最小治理单元，是构成城市的基本单位，也是危机应对的第一道防线。市民应积极参与所在社区的韧性建设，打破陌生邻里关系，加强社区联系，增强危机社会资本。建立更加紧密的社区网络可以提高危机时的协同应对能力，减轻灾害带来的损失，同时也能够创造更加友善和谐的社区环境，这一点在农业转移人口社区中更加重要。最后，恪守中华民族的传统美德。尽管在危机事件中，公共利益和个人权利之间可能存在冲突和张力，但中国人民顾大局、敢于奋斗、强调奉献的价值观一直是中国城市渡过危机的核心力量。这些传统美德应该成为每位市民的信条，为所在城市的文化底蕴和中国特色韧性城市增添一抹亮色。市民的奉献精神和团结合作意识将在城市面临挑战时发挥至关重要的作用，共同构建更加坚强的城市社会。通过以上方式，每位市民都可以为城市韧性提升做出贡献，共同建设更加安全、稳定和可持续的城市环境。城市韧性建设需要每个人的参与和努力，只有全体市民团结一心，城市才能更好地应对各种风险和挑战，实现长期稳定繁荣。

三、加大韧性城市建设的政策支持力度

韧性城市的构建需要一套涵盖协调合作、安全教育、风险传播和城市评估等方面的综合机制，以确保支撑城市社会系统在整个危机周期中与硬件设施相互衔接，并共同提高抗灾能力。

（一）深度合作机制

构建中国特色社会主义韧性城市是一个充满理论和实际挑战的全新任务，需要建立一个既能够探索新理论范式又能够实施行动策略的合作机制。对各地区内部核心城市而言，高韧性城市应弱化自身马太效应，同时城市韧性水平较低的城市需增强对项目、技术等要素资源的吸纳能力来积极应对城市韧性水平较高城市的辐射效应，增强低韧性城市的韧性度和城市内生发展能力。在中国城市韧性集聚过程中，要发挥集聚地区韧性水平高的城市的辐射带动作用，积极将本地区的韧性资源优势惠及周边地区，进而推动周边城市韧性发展。另外，面对城市韧性存在两极分化的现象，要发挥城市"涓滴效应"，通过韧性水平高的城市与韧性水平低的城市间互动和合作交流，加大城市间在经济、社会、生态、基础设施等维度的资源、技术、经验共享，带动薄弱地区城市韧性建设与发展，逐步缩小发展差距，进而促进城市韧性的平衡发展。具体来看，首先，整合地区内各城市的优势与相对优势，优化城市之间的产业分工和功能结构，减弱城市间的产业同构度，减少城市之间的消耗性竞争，增强地区内部的凝聚合力和经济活

力；其次，增强劳动力市场灵活性和收入分配的公平性，促进劳动力
在城市、行业、企业之间自由流动，保证劳有所得，改善居民生活状
况；再次，积极推进新型城镇化发展，缩小公共服务、文化教育、卫
生健康、通信交通和资本融通领域的城乡差距，促进整个社会的均衡
发展，构建城市群生态环境综合管理体系，实现生态环境的上下共
治、政企共建、人人共享；最后，构建城市群一体化、网络化创新体
系，在追求科技创新能力纵深拓展的同时，加强科技创新水平的横向
溢出。

（二）嵌入式教育机制

受过良好教育的劳动力和社会资本因素在减缓灾害冲击方面的作
用显著，有助于减轻城市受到压力源冲击时的影响。特别是有针对性
的危机教育，有助于丰富个体的知识储备、丰富个体的实际经验、增
强个体的自我效能感，从而培养其面对逆境时的勇气、适应能力和积
极态度，这是构建韧性城市中不可或缺的一环。尽管像北京、上海、
广州等经济发达地区都已经建立了体验式安全教育基地，但还有许多
城市在安全教育和应急科普方面的投资有限。因此，建议各城市积极
推行"嵌入式教育机制"，以更好地促进城市居民的韧性建设。首先，
将危机教育有机融入常规学校教育体系中。在现有课程中融入与城市
风险管理和危机应对相关的要素，使其与专业课程相融合，实现教育
资源的最大化利用，也可以达到"潜移默化"的效果。这种方式可以
确保每位学生都能接触到危机管理的知识，提高应对能力。其次，将
危机教育与城市空间相结合。在商圈、公园等人流密集的地方建立趣
味性的应急模拟场馆，使市民在参与娱乐活动的同时能够便捷、高效
地学习相关信息。这种互动式的学习环境可以让市民更加深刻地理解
应急措施，提高市民们在紧急情况下的反应速度和决策能力。最后，
改变危机教育的方式。从"反思型教育"转向"预防型教育"，除了

培训应急自救能力外，还着重宣导提升抗逆力的理念和方法。这意味着不仅要教导市民如何应对已经发生的灾害，还要培养其危机预防意识，更加注重安全和风险管理，以降低潜在危机带来的影响。通过以上方式，城市可以更好地将危机教育融入日常生活中，提高市民的韧性和自我保护能力，为城市韧性提升做出贡献。这种积极的危机教育策略有助于城市更好地应对各种风险和挑战，确保城市可持续发展和居民的安全与幸福。

（三）引导性传播机制

一个城市若拥有良好的社会心态和公众舆论，就能够更好地保持集体理性，使城市在面对各种冲击时保持安定与活力，从而在城市韧性建设中充当一种"防波墙"和"黏合剂"。在全媒体时代的风险治理中，具有引导性的传播机制是防止谣言传播、抑制恐慌情绪、维护社会心态稳定的关键因素。为了优化这一传播机制，我们应该重点关注以下两个方面：首先，常态中韧性城市建设的信息沟通与传播。城市管理者应该充分利用网络媒体和社交渠道，向公众传递与城市韧性相关的政策、项目、进展、知识等信息，以提高市民对这一议题的关注和了解程度。通过定期发布城市韧性建设的成果和进展，可以增强市民的信心，让其更加积极地参与城市韧性建设，共同创造一个更安全、更宜居的城市环境。其次，非常态中的有针对性舆论引导。城市应建立应急舆论引导机制，以在危机时刻及时传递准确信息，遏制虚假信息的传播，防止谣言扩散。引导性传播不仅可以防止谣言传播，还可以为真实信息提供更多的传播空间，同时也可以保护弱势群体，减少城市社区之间的分隔。这需要政府、媒体和社会组织之间的密切合作，以确保信息的及时、准确和透明传达。通过上述努力，城市可以更好地建立和维护具有引导性的传播机制，增强城市韧性，提高城市在面对各种挑战时的适应能力和稳定性。

（四）平衡型评估机制

目前，学术界和业界对于韧性城市的理解还存在分歧，因此建立合理、科学、可行的评估机制需要持续的关注和努力，重点应放在以下三个方面：首先，需要平衡评估指标的内容。评估指标在绩效评估中具有重要作用，但目前韧性城市的评估指标体系中，可量化的要素相对较少。为了引导城市韧性建设，评估体系应该包括心理韧性、社会韧性、管理韧性、文化韧性等多个维度，并对其进行更详细的划分，以促使城市管理者增加相应投入。例如，在社会韧性维度中，可以考虑包括社会网络密度、社区互助程度、灾害准备计划覆盖率等更具体的指标。其次，需要平衡评估的主体类型。韧性城市建设是一个多元参与的系统性工作，在进行城市韧性评估时，不能局限于政府或第三方评估机构的传统思维，社会组织、企业、社区工作者、普通市民都应该参与其中。这不仅可以提高城市居民的主人翁意识，更重要的是，各利益相关方在共同探讨和评估过程中可以找出差距，以评估促进改进，为未来的参与行动设定目标并提供动力。政府可以鼓励和支持各利益相关方的积极参与，建立一个多元化的评估体系。最后，需要平衡评估的时机。不仅需要在灾害冲击后进行灾后调查评估，还应积极进行动态、持续的"日常体检"，将相关监测数据进行统一分析和储存，以支持城市政府的敏捷管理。这有助于提供数据支持，使城市能够更好地应对各种挑战。此外，定期的评估也可以帮助城市管理者了解韧性建设进展，及时调整策略和资源分配，以确保城市在面对未来的不确定性时能够保持高度的应对能力。

第四节　研究展望

本书试图通过理论阐释和实证检验，全面探索中国城市韧性的发展过程、差异的变化过程及其关键影响因素。尽管笔者在大量文献学习和资料收集的基础上，针对中国城市韧性作了尽可能严谨深入的分析，并得到了一些研究成果，但由于研究条件和笔者理论水平的限制，本书仍存在一些不足及可扩展的地方，这也为后续研究指明了方向。

首先，尽管本书专注于中国城市韧性及其相关研究的理论分析和实证考察，但鉴于数据可得性，针对城市韧性空间差异来源分析，仅能精确到省级层面。城市韧性作为未来中国城市高质量发展的重要评价标准之一，在空间发展上存在着严重的非均衡特征，不仅在地区间存在着明显差异，在各省内部依然存在着巨大差距。城市韧性水平较低省份内部也有韧性水平较高的城市，城市韧性水平较高的省份内部也有韧性水平较低的城市。如果对差异来源无法进一步精确探索，将导致本书提出的建议与部分地区实际情况存在偏差。进一步细化研究视角是未来重要的研究方向。

其次，尽管本书在现有的研究框架下，通过 Dagum 基尼系数、Kernel 核密度分析、Markov 链分析、收敛性分析和地理探测器模型对城市韧性进行了初步理论分析与实证检验，探寻了中国城市韧性的空间差异、演进趋势及其驱动因素。但是本书并未就相关驱动因素对中国城市韧性的作用机制进行深入探讨。未来，应有针对性地开展相关研究并对不同渠道产生差异的原因作出实证检验，这有助于厘清不同地区驱动因素的作用方向和强度，这将会是一个值得深入研究和分析的重要方向。

最后，中国城市韧性的快速增长主要来源于城市经济韧性和社会韧性的快速提升。经济和社会的变革不仅依靠政府的政策调整，还与市场活力、产业布局、居民观念意识等因素息息相关。然而，本书在研究内容上仅聚焦于宏观层面城市韧性水平及其差异的时空变化过程，并未从中观和微观层面对产业和个人在城市韧性提升过程中的作用进行系统探究。未来有必要在现有研究基础上，将研究视角转向政府政策、市场行为、绿色产业发展、居民低碳意识等因素对城市韧性的发展影响，寻找中国城市韧性提升的动力来源，这将是促进城市韧性快速发展的重要基础，也将是今后重要的研究方向。

附录 部分年份城市韧性水平

附表1 2005年282个地级市城市韧性

城市	城市韧性	城市	城市韧性	城市	城市韧性	城市	城市韧性
深圳市	0.7112	江门市	0.1195	酒泉市	0.0891	荆州市	0.0700
上海市	0.3398	哈尔滨市	0.1188	呼伦贝尔市	0.0887	益阳市	0.0694
广州市	0.3225	徐州市	0.1185	九江市	0.0886	临汾市	0.0689
珠海市	0.2996	鞍山市	0.1183	聊城市	0.0885	宜春市	0.0689
北京市	0.2777	廊坊市	0.1178	齐齐哈尔市	0.0884	贵港市	0.0688
南京市	0.2714	湘潭市	0.1177	宿迁市	0.0878	滁州市	0.0685
苏州市	0.2463	衢州市	0.1167	自贡市	0.0878	武威市	0.0685
厦门市	0.2422	本溪市	0.1144	临沂市	0.0878	商丘市	0.0684
无锡市	0.2326	保定市	0.1125	巴彦淖尔市	0.0877	榆林市	0.0680
杭州市	0.2257	焦作市	0.1124	大同市	0.0872	梧州市	0.0679
中山市	0.2154	泉州市	0.1123	湛江市	0.0870	绥化市	0.0674
天津市	0.2129	黄石市	0.1110	石嘴山市	0.0869	安康市	0.0672
克拉玛依市	0.2042	邢台市	0.1104	龙岩市	0.0869	资阳市	0.0671
沈阳市	0.2029	抚顺市	0.1097	绵阳市	0.0866	云浮市	0.0668
东营市	0.2020	丽水市	0.1092	黄山市	0.0865	南阳市	0.0665
宁波市	0.2014	潮州市	0.1087	鹰潭市	0.0862	朔州市	0.0665
大连市	0.2007	营口市	0.1083	汕尾市	0.0856	防城港市	0.0663
青岛市	0.1958	株洲市	0.1077	晋中市	0.0853	邵阳市	0.0662

续表

城市	城市韧性	城市	城市韧性	城市	城市韧性	城市	城市韧性
佛山市	0.1957	辽阳市	0.1077	开封市	0.0853	宣城市	0.0659
武汉市	0.1956	泰安市	0.1076	娄底市	0.0850	达州市	0.0658
南昌市	0.1954	连云港市	0.1075	通化市	0.0841	宁德市	0.0656
济南市	0.1938	漳州市	0.1068	南平市	0.0841	驻马店市	0.0656
太原市	0.1937	日照市	0.1063	德阳市	0.0840	赤峰市	0.0652
咸阳市	0.1918	濮阳市	0.1060	晋城市	0.0840	钦州市	0.0651
常州市	0.1915	淮南市	0.1059	萍乡市	0.0837	乐山市	0.0650
威海市	0.1841	柳州市	0.1054	上饶市	0.0833	眉山市	0.0649
长沙市	0.1838	肇庆市	0.1052	雅安市	0.0832	通辽市	0.0645
海口市	0.1812	邯郸市	0.1052	鹤岗市	0.0828	广安市	0.0645
乌鲁木齐市	0.1786	攀枝花市	0.1048	滨州市	0.0827	玉林市	0.0645
郑州市	0.1755	沧州市	0.1048	郴州市	0.0826	宿州市	0.0642
合肥市	0.1750	淮北市	0.1047	北海市	0.0826	吴忠市	0.0638
呼和浩特市	0.1743	景德镇市	0.1041	枣庄市	0.0824	菏泽市	0.0637
绍兴市	0.1694	桂林市	0.1039	河源市	0.0818	贺州市	0.0631
镇江市	0.1690	潍坊市	0.1038	黄冈市	0.0816	怀化市	0.0629
成都市	0.1675	丹东市	0.1026	清远市	0.0815	松原市	0.0622
嘉兴市	0.1658	洛阳市	0.1022	宝鸡市	0.0809	汉中市	0.0621
嘉峪关市	0.1653	淮安市	0.1022	辽源市	0.0807	商洛市	0.0621
东莞市	0.1643	梅州市	0.1008	张掖市	0.0805	白城市	0.0614
西安市	0.1641	阜新市	0.0999	鹤壁市	0.0804	保山市	0.0610
湖州市	0.1566	蚌埠市	0.0998	衡水市	0.0800	定西市	0.0610
西宁市	0.1552	新余市	0.0996	衡阳市	0.0798	朝阳市	0.0609
烟台市	0.1529	锦州市	0.0986	鸡西市	0.0790	七台河市	0.0609
包头市	0.1524	宜昌市	0.0984	铜川市	0.0788	平凉市	0.0609
金华市	0.1511	新乡市	0.0978	张家口市	0.0787	吉安市	0.0606
舟山市	0.1511	平顶山市	0.0973	襄樊市	0.0786	黑河市	0.0599
秦皇岛市	0.1503	吉林市	0.0970	伊春市	0.0784	六安市	0.0596
贵阳市	0.1503	南宁市	0.0966	金昌市	0.0782	运城市	0.0592

城市	城市韧性	城市	城市韧性	城市	城市韧性	城市	城市韧性
兰州市	0.1500	德州市	0.0965	佳木斯市	0.0775	天水市	0.0589
石家庄市	0.1480	安阳市	0.0963	赣州市	0.0773	广元市	0.0587
银川市	0.1466	莆田市	0.0962	承德市	0.0765	咸宁市	0.0585
马鞍山市	0.1453	揭阳市	0.0957	双鸭山市	0.0765	永州市	0.0583
福州市	0.1452	盐城市	0.0952	周口市	0.0765	渭南市	0.0580
长春市	0.1449	阳江市	0.0951	乌兰察布市	0.0756	崇左市	0.0580
大庆市	0.1434	葫芦岛市	0.0949	荆门市	0.0753	阜阳市	0.0573
昆明市	0.1424	牡丹江市	0.0949	庆阳市	0.0750	安顺市	0.0573
惠州市	0.1412	韶关市	0.0945	四平市	0.0743	亳州市	0.0570
扬州市	0.1401	漯河市	0.0943	铁岭市	0.0739	遂宁市	0.0567
盘锦市	0.1393	十堰市	0.0943	孝感市	0.0733	内江市	0.0551
南通市	0.1388	济宁市	0.0942	曲靖市	0.0730	临沧市	0.0551
铜陵市	0.1381	阳泉市	0.0936	白山市	0.0729	白银市	0.0548
淄博市	0.1355	丽江市	0.0935	张家界市	0.0728	宜宾市	0.0540
芜湖市	0.1327	三明市	0.0934	常德市	0.0727	河池市	0.0536
三亚市	0.1322	鄂州市	0.0934	随州市	0.0727	六盘水市	0.0536
泰州市	0.1296	长治市	0.0933	南充市	0.0724	忻州市	0.0529
台州市	0.1283	玉溪市	0.0931	遵义市	0.0724	来宾市	0.0514
温州市	0.1264	延安市	0.0930	安庆市	0.0720	巴中市	0.0504
鄂尔多斯市	0.1253	普洱市	0.0919	池州市	0.0716	陇南市	0.0483
许昌市	0.1252	岳阳市	0.0918	吕梁市	0.0712	百色市	0.0479
唐山市	0.1208	三门峡市	0.0911	泸州市	0.0712	昭通市	0.0433
乌海市	0.1205	重庆市	0.0906	信阳市	0.0708		
汕头市	0.1198	茂名市	0.0894	抚州市	0.0705		

附表2 2009年282个地级市城市韧性

城市	城市韧性	城市	城市韧性	城市	城市韧性	城市	城市韧性
深圳市	0.6072	西宁市	0.1283	桂林市	0.0948	怀化市	0.0704

续表

城市	城市韧性	城市	城市韧性	城市	城市韧性	城市	城市韧性
东莞市	0.4158	焦作市	0.1275	湛江市	0.0946	驻马店市	0.0702
克拉玛依市	0.3434	辽阳市	0.1262	聊城市	0.0941	随州市	0.0700
上海市	0.3394	湘潭市	0.1257	十堰市	0.0939	益阳市	0.0700
广州市	0.3172	石嘴山市	0.1248	濮阳市	0.0930	商丘市	0.0699
珠海市	0.2811	台州市	0.1241	绵阳市	0.0927	通辽市	0.0699
北京市	0.2809	沧州市	0.1237	晋中市	0.0926	七台河市	0.0698
南京市	0.2701	连云港市	0.1233	阳江市	0.0922	宁德市	0.0697
厦门市	0.2621	泰州市	0.1216	鹤壁市	0.0919	孝感市	0.0696
苏州市	0.2458	洛阳市	0.1214	朔州市	0.0919	钦州市	0.0694
无锡市	0.2336	潮州市	0.1207	辽源市	0.0903	松原市	0.0694
杭州市	0.2292	黄石市	0.1207	宜昌市	0.0903	荆州市	0.0693
成都市	0.2161	哈尔滨市	0.1199	汕尾市	0.0901	吉安市	0.0693
郑州市	0.2086	南宁市	0.1196	岳阳市	0.0901	乐山市	0.0691
天津市	0.2081	汕头市	0.1187	衡水市	0.0893	四平市	0.0690
合肥市	0.2076	唐山市	0.1175	周口市	0.0892	广元市	0.0688
长沙市	0.2066	江门市	0.1174	晋城市	0.0891	平凉市	0.0687
济南市	0.2032	揭阳市	0.1160	玉溪市	0.0890	信阳市	0.0685
南昌市	0.1982	廊坊市	0.1156	龙岩市	0.0889	南充市	0.0683
武汉市	0.1972	黄山市	0.1156	延安市	0.0888	吕梁市	0.0679
佛山市	0.1931	景德镇市	0.1151	漯河市	0.0881	云浮市	0.0678
中山市	0.1924	衢州市	0.1147	北海市	0.0873	黑河市	0.0671
常州市	0.1917	丽水市	0.1142	池州市	0.0872	渭南市	0.0666
许昌市	0.1904	蚌埠市	0.1140	丽江市	0.0872	曲靖市	0.0660
呼和浩特市	0.1900	徐州市	0.1133	铜川市	0.0868	咸宁市	0.0660
太原市	0.1895	株洲市	0.1132	雅安市	0.0859	眉山市	0.0659
大连市	0.1879	泉州市	0.1126	承德市	0.0858	乌兰察布市	0.0658
石家庄市	0.1838	营口市	0.1124	金昌市	0.0857	遂宁市	0.0657
沈阳市	0.1838	本溪市	0.1112	呼伦贝尔市	0.0848	玉林市	0.0655
青岛市	0.1819	重庆市	0.1102	黄冈市	0.0846	汉中市	0.0648

城市	城市韧性	城市	城市韧性	城市	城市韧性	城市	城市韧性
宁波市	0.1770	潍坊市	0.1099	通化市	0.0844	南阳市	0.0645
乌鲁木齐市	0.1749	柳州市	0.1097	莆田市	0.0844	朝阳市	0.0644
绍兴市	0.1744	济宁市	0.1095	铁岭市	0.0842	白城市	0.0642
威海市	0.1738	邯郸市	0.1092	鹤岗市	0.0840	忻州市	0.0642
咸阳市	0.1703	抚顺市	0.1086	伊春市	0.0838	普洱市	0.0639
西安市	0.1690	日照市	0.1073	清远市	0.0836	永州市	0.0637
东营市	0.1685	淮南市	0.1059	宝鸡市	0.0835	宿州市	0.0633
鄂尔多斯市	0.1681	吉林市	0.1058	萍乡市	0.0834	天水市	0.0631
舟山市	0.1677	新余市	0.1057	安庆市	0.0830	赤峰市	0.0629
芜湖市	0.1637	锦州市	0.1055	娄底市	0.0819	阜阳市	0.0629
包头市	0.1637	阳泉市	0.1050	双鸭山市	0.0818	安康市	0.0628
镇江市	0.1635	肇庆市	0.1048	运城市	0.0818	遵义市	0.0623
海口市	0.1632	攀枝花市	0.1048	三明市	0.0817	齐齐哈尔市	0.0619
兰州市	0.1600	长治市	0.1045	佳木斯市	0.0817	宜宾市	0.0613
铜陵市	0.1577	平顶山市	0.1044	宣城市	0.0815	六安市	0.0608
马鞍山市	0.1573	九江市	0.1035	张掖市	0.0813	庆阳市	0.0604
河源市	0.1569	开封市	0.1034	榆林市	0.0812	泸州市	0.0600
嘉兴市	0.1555	淮安市	0.1030	襄樊市	0.0807	商洛市	0.0593
昆明市	0.1541	安阳市	0.1026	茂名市	0.0800	内江市	0.0585
银川市	0.1539	滨州市	0.1022	白山市	0.0795	贵港市	0.0584
三亚市	0.1539	德州市	0.1020	鸡西市	0.0793	百色市	0.0583
秦皇岛市	0.1536	临沂市	0.1013	巴彦淖尔市	0.0792	资阳市	0.0583
邢台市	0.1528	漳州市	0.1010	滁州市	0.0790	梧州市	0.0582
嘉峪关市	0.1521	淮北市	0.1008	赣州市	0.0783	贺州市	0.0581
贵阳市	0.1474	韶关市	0.1007	自贡市	0.0777	达州市	0.0581
湖州市	0.1470	鹰潭市	0.1006	郴州市	0.0773	广安市	0.0579
大庆市	0.1462	三门峡市	0.0996	邵阳市	0.0770	白银市	0.0578
盘锦市	0.1443	酒泉市	0.0991	上饶市	0.0764	武威市	0.0550
福州市	0.1414	梅州市	0.0988	亳州市	0.0763	定西市	0.0542

续表

城市	城市韧性	城市	城市韧性	城市	城市韧性	城市	城市韧性
保定市	0.1413	丹东市	0.0986	荆门市	0.0762	来宾市	0.0540
淄博市	0.1411	衡阳市	0.0986	六盘水市	0.0752	安顺市	0.0540
长春市	0.1398	泰安市	0.0983	抚州市	0.0749	河池市	0.0535
金华市	0.1389	阜新市	0.0978	宜春市	0.0748	崇左市	0.0535
烟台市	0.1388	枣庄市	0.0973	临汾市	0.0745	绥化市	0.0515
南通市	0.1376	盐城市	0.0969	葫芦岛市	0.0742	巴中市	0.0503
乌海市	0.1356	张家口市	0.0968	菏泽市	0.0738	保山市	0.0500
惠州市	0.1353	宿迁市	0.0966	吴忠市	0.0737	临沧市	0.0450
扬州市	0.1334	牡丹江市	0.0962	防城港市	0.0736	陇南市	0.0441
温州市	0.1324	德阳市	0.0953	常德市	0.0733	昭通市	0.0430
新乡市	0.1311	大同市	0.0952	南平市	0.0730		
鞍山市	0.1300	鄂州市	0.0950	张家界市	0.0706		

附表3　2013年282个地级市城市韧性

城市	城市韧性	城市	城市韧性	城市	城市韧性	城市	城市韧性
深圳市	0.6562	黄石市	0.1455	濮阳市	0.1026	吴忠市	0.0783
东莞市	0.5059	揭阳市	0.1450	大同市	0.1013	张掖市	0.0775
广州市	0.3791	扬州市	0.1447	漯河市	0.1010	随州市	0.0773
上海市	0.3756	温州市	0.1444	鄂州市	0.1008	鸡西市	0.0772
珠海市	0.3640	沧州市	0.1435	德阳市	0.0998	通辽市	0.0772
厦门市	0.3166	南宁市	0.1428	枣庄市	0.0997	泸州市	0.0772
南京市	0.3154	蚌埠市	0.1424	宿迁市	0.0991	双鸭山市	0.0764
北京市	0.3140	哈尔滨市	0.1414	雅安市	0.0986	云浮市	0.0760
苏州市	0.3008	泉州市	0.1400	宜昌市	0.0982	汉中市	0.0760
大连市	0.2837	金华市	0.1398	赣州市	0.0980	南平市	0.0758
天津市	0.2797	新乡市	0.1386	佳木斯市	0.0974	眉山市	0.0756

城市	城市韧性	城市	城市韧性	城市	城市韧性	城市	城市韧性
杭州市	0.2601	连云港市	0.1379	池州市	0.0974	遂宁市	0.0754
无锡市	0.2481	湘潭市	0.1373	萍乡市	0.0970	忻州市	0.0753
长沙市	0.2481	辽阳市	0.1366	临沂市	0.0968	白城市	0.0753
成都市	0.2474	焦作市	0.1361	茂名市	0.0962	六盘水市	0.0751
南昌市	0.2427	德州市	0.1354	丽江市	0.0952	宜春市	0.0748
武汉市	0.2420	汕头市	0.1319	晋城市	0.0946	钦州市	0.0741
太原市	0.2302	台州市	0.1314	铁岭市	0.0945	孝感市	0.0740
鄂尔多斯市	0.2275	本溪市	0.1310	牡丹江市	0.0945	阜阳市	0.0739
郑州市	0.2268	黄山市	0.1299	呼伦贝尔市	0.0945	吕梁市	0.0732
常州市	0.2262	江门市	0.1291	周口市	0.0944	黑河市	0.0732
合肥市	0.2251	重庆市	0.1287	聊城市	0.0942	朝阳市	0.0729
济南市	0.2237	锦州市	0.1286	铜川市	0.0933	南阳市	0.0728
呼和浩特市	0.2235	新余市	0.1284	清远市	0.0927	遵义市	0.0726
绍兴市	0.2230	株洲市	0.1275	上饶市	0.0927	安康市	0.0725
舟山市	0.2216	济宁市	0.1260	延安市	0.0921	赤峰市	0.0725
青岛市	0.2196	淮南市	0.1252	朔州市	0.0917	张家界市	0.0722
铜陵市	0.2187	徐州市	0.1231	葫芦岛市	0.0916	荆州市	0.0721
镇江市	0.2185	石嘴山市	0.1228	阳江市	0.0907	广元市	0.0720
沈阳市	0.2178	柳州市	0.1224	岳阳市	0.0903	玉林市	0.0719
中山市	0.2124	阜新市	0.1220	张家口市	0.0899	益阳市	0.0719
宁波市	0.2095	抚顺市	0.1214	湛江市	0.0898	七台河市	0.0716
海口市	0.2093	唐山市	0.1200	运城市	0.0895	驻马店市	0.0714
西安市	0.2077	丹东市	0.1195	三明市	0.0895	南充市	0.0712
佛山市	0.2070	潍坊市	0.1183	滁州市	0.0894	宁德市	0.0710
盘锦市	0.2045	淮安市	0.1181	榆林市	0.0893	渭南市	0.0709
咸阳市	0.2035	肇庆市	0.1176	自贡市	0.0889	宜宾市	0.0708
乌鲁木齐市	0.2018	淮北市	0.1175	白山市	0.0886	六安市	0.0698

续表

城市	城市韧性	城市	城市韧性	城市	城市韧性	城市	城市韧性
石家庄市	0.1995	吉林市	0.1172	承德市	0.0883	商丘市	0.0696
许昌市	0.1973	潮州市	0.1164	防城港市	0.0880	达州市	0.0691
三亚市	0.1951	衡阳市	0.1159	安庆市	0.0880	梧州市	0.0688
贵阳市	0.1919	廊坊市	0.1154	莆田市	0.0876	永州市	0.0686
嘉兴市	0.1919	漳州市	0.1152	衡水市	0.0872	齐齐哈尔市	0.0676
宿州市	0.1899	三门峡市	0.1151	襄樊市	0.0869	内江市	0.0673
昆明市	0.1885	丽水市	0.1148	金昌市	0.0863	信阳市	0.0668
马鞍山市	0.1861	长治市	0.1142	郴州市	0.0860	庆阳市	0.0662
克拉玛依市	0.1839	攀枝花市	0.1139	巴彦淖尔市	0.0857	广安市	0.0658
兰州市	0.1820	开封市	0.1137	龙岩市	0.0854	来宾市	0.0655
威海市	0.1800	邯郸市	0.1136	鹤岗市	0.0852	曲靖市	0.0645
包头市	0.1786	景德镇市	0.1131	菏泽市	0.0847	安顺市	0.0640
秦皇岛市	0.1769	九江市	0.1130	娄底市	0.0844	平凉市	0.0638
邢台市	0.1766	宣城市	0.1126	乌兰察布市	0.0835	天水市	0.0635
银川市	0.1757	衢州市	0.1119	吉安市	0.0832	白银市	0.0633
惠州市	0.1743	泰安市	0.1117	宝鸡市	0.0832	资阳市	0.0632
长春市	0.1685	鹰潭市	0.1107	河源市	0.0826	贺州市	0.0627
福州市	0.1675	韶关市	0.1104	酒泉市	0.0824	百色市	0.0615
嘉峪关市	0.1647	盐城市	0.1103	临汾市	0.0822	武威市	0.0601
芜湖市	0.1621	梅州市	0.1094	黄冈市	0.0822	崇左市	0.0598
洛阳市	0.1577	阳泉市	0.1091	玉溪市	0.0811	定西市	0.0593
湖州市	0.1542	通化市	0.1090	伊春市	0.0811	普洱市	0.0590
东营市	0.1538	日照市	0.1086	四平市	0.0802	商洛市	0.0590
南通市	0.1530	安阳市	0.1081	怀化市	0.0800	保山市	0.0584
乌海市	0.1523	平顶山市	0.1078	咸宁市	0.0798	贵港市	0.0577
鞍山市	0.1522	桂林市	0.1064	松原市	0.0795	河池市	0.0570
保定市	0.1521	辽源市	0.1064	乐山市	0.0794	临沧市	0.0556
大庆市	0.1520	晋中市	0.1061	荆门市	0.0793	巴中市	0.0522

城市	城市韧性	城市	城市韧性	城市	城市韧性	城市	城市韧性
烟台市	0.1509	滨州市	0.1053	常德市	0.0791	绥化市	0.0501
淄博市	0.1477	鹤壁市	0.1039	亳州市	0.0790	昭通市	0.0496
西宁市	0.1470	绵阳市	0.1038	汕尾市	0.0789	陇南市	0.0432
营口市	0.1463	十堰市	0.1034	邵阳市	0.0785		
泰州市	0.1461	北海市	0.1031	抚州市	0.0784		

附表4 2018年282个地级市城市韧性

城市	城市韧性	城市	城市韧性	城市	城市韧性	城市	城市韧性
深圳市	0.7101	乌海市	0.1796	长治市	0.1223	伊春市	0.0941
东莞市	0.5690	株洲市	0.1794	襄樊市	0.1221	永州市	0.0941
珠海市	0.5181	扬州市	0.1771	上饶市	0.1188	遂宁市	0.0932
广州市	0.4827	长春市	0.1743	平顶山市	0.1187	宝鸡市	0.0932
上海市	0.4464	揭阳市	0.1727	河源市	0.1185	榆林市	0.0931
北京市	0.4216	蚌埠市	0.1699	宿迁市	0.1182	通辽市	0.0927
南京市	0.3736	本溪市	0.1691	六盘水市	0.1175	南充市	0.0926
厦门市	0.3589	黄山市	0.1638	张家口市	0.1169	鹤岗市	0.0924
杭州市	0.3550	重庆市	0.1619	牡丹江市	0.1168	张家界市	0.0916
武汉市	0.3470	台州市	0.1619	自贡市	0.1159	鸡西市	0.0915
郑州市	0.3377	泉州市	0.1617	吉林市	0.1156	赤峰市	0.0907
苏州市	0.3329	南宁市	0.1603	丽江市	0.1154	内江市	0.0905
南昌市	0.3268	鹰潭市	0.1602	常德市	0.1143	商丘市	0.0904
长沙市	0.3252	江门市	0.1593	遵义市	0.1139	云浮市	0.0903
无锡市	0.3056	黄石市	0.1590	抚顺市	0.1139	南阳市	0.0900
成都市	0.3047	新余市	0.1581	鄂州市	0.1135	驻马店市	0.0892
青岛市	0.3009	柳州市	0.1567	白山市	0.1130	荆州市	0.0886
舟山市	0.2940	大庆市	0.1565	宜春市	0.1130	宿州市	0.0884
合肥市	0.2902	三门峡市	0.1558	枣庄市	0.1128	眉山市	0.0883

续表

城市	城市韧性	城市	城市韧性	城市	城市韧性	城市	城市韧性
乌鲁木齐市	0.2897	焦作市	0.1557	娄底市	0.1122	宜宾市	0.0878
中山市	0.2886	连云港市	0.1555	雅安市	0.1121	双鸭山市	0.0877
绍兴市	0.2859	衢州市	0.1548	阜新市	0.1121	资阳市	0.0873
惠州市	0.2854	赣州市	0.1544	岳阳市	0.1114	南平市	0.0871
鄂尔多斯市	0.2854	肇庆市	0.1525	吉安市	0.1106	钦州市	0.0869
宁波市	0.2792	绵阳市	0.1524	抚州市	0.1095	广元市	0.0868
天津市	0.2748	九江市	0.1513	丹东市	0.1089	忻州市	0.0867
太原市	0.2686	营口市	0.1507	荆门市	0.1089	汉中市	0.0862
嘉兴市	0.2668	丽水市	0.1495	金昌市	0.1088	临汾市	0.0862
济南市	0.2641	潮州市	0.1495	安庆市	0.1088	延安市	0.0859
常州市	0.2597	徐州市	0.1492	周口市	0.1088	运城市	0.0852
贵阳市	0.2573	德州市	0.1483	阳泉市	0.1087	葫芦岛市	0.0848
克拉玛依市	0.2549	廊坊市	0.1481	铜川市	0.1080	七台河市	0.0845
西安市	0.2487	鞍山市	0.1445	莆田市	0.1079	铁岭市	0.0845
三亚市	0.2473	汕头市	0.1441	大同市	0.1074	梧州市	0.0824
佛山市	0.2463	淮安市	0.1440	湛江市	0.1072	齐齐哈尔市	0.0819
许昌市	0.2458	沧州市	0.1434	清远市	0.1067	宁德市	0.0818
呼和浩特市	0.2426	唐山市	0.1433	玉溪市	0.1065	普洱市	0.0812
马鞍山市	0.2398	晋中市	0.1430	孝感市	0.1055	吕梁市	0.0810
芜湖市	0.2342	石嘴山市	0.1429	临沂市	0.1055	渭南市	0.0810
大连市	0.2334	潍坊市	0.1418	龙岩市	0.1053	崇左市	0.0808
海口市	0.2331	宣城市	0.1402	乌兰察布市	0.1050	四平市	0.0808
威海市	0.2319	攀枝花市	0.1392	茂名市	0.1044	广安市	0.0803
昆明市	0.2306	衡阳市	0.1390	汕尾市	0.1038	黑河市	0.0802
兰州市	0.2277	鹤壁市	0.1385	佳木斯市	0.1033	曲靖市	0.0801
镇江市	0.2253	济宁市	0.1372	菏泽市	0.1031	白城市	0.0794
嘉峪关市	0.2224	盐城市	0.1365	通化市	0.1018	朝阳市	0.0783
新乡市	0.2191	滁州市	0.1362	防城港市	0.1014	平凉市	0.0774
沈阳市	0.2165	阳江市	0.1346	邵阳市	0.1013	松原市	0.0773

城市	城市韧性	城市	城市韧性	城市	城市韧性	城市	城市韧性
湖州市	0.2144	梅州市	0.1345	承德市	0.1009	随州市	0.0760
邢台市	0.2113	漳州市	0.1340	辽源市	0.1006	玉林市	0.0758
秦皇岛市	0.2087	邯郸市	0.1337	泸州市	0.1003	贺州市	0.0748
石家庄市	0.2019	泰安市	0.1324	乐山市	0.0998	信阳市	0.0736
盘锦市	0.1998	北海市	0.1306	怀化市	0.0991	保山市	0.0736
铜陵市	0.1983	桂林市	0.1303	安顺市	0.0990	武威市	0.0721
南通市	0.1983	濮阳市	0.1300	聊城市	0.0990	百色市	0.0720
烟台市	0.1952	淮北市	0.1300	咸宁市	0.0986	来宾市	0.0718
银川市	0.1946	辽阳市	0.1296	巴彦淖尔市	0.0984	庆阳市	0.0717
福州市	0.1942	郴州市	0.1294	晋城市	0.0984	白银市	0.0715
洛阳市	0.1941	萍乡市	0.1293	黄冈市	0.0983	贵港市	0.0684
湘潭市	0.1902	景德镇市	0.1293	衡水市	0.0980	安康市	0.0680
咸阳市	0.1895	漯河市	0.1279	三明市	0.0979	临沧市	0.0673
开封市	0.1880	德阳市	0.1278	酒泉市	0.0977	河池市	0.0666
东营市	0.1879	宜昌市	0.1274	朔州市	0.0977	天水市	0.0637
泰州市	0.1876	锦州市	0.1269	亳州市	0.0970	定西市	0.0635
保定市	0.1853	滨州市	0.1262	达州市	0.0969	昭通市	0.0596
西宁市	0.1832	淮南市	0.1261	益阳市	0.0960	巴中市	0.0591
温州市	0.1828	十堰市	0.1254	吴忠市	0.0959	商洛市	0.0512
哈尔滨市	0.1825	日照市	0.1247	六安市	0.0958	陇南市	0.0506
淄博市	0.1824	韶关市	0.1243	张掖市	0.0957	绥化市	0.0502
包头市	0.1818	池州市	0.1242	阜阳市	0.0956		
金华市	0.1808	安阳市	0.1224	呼伦贝尔市	0.0954		

参考文献

［1］冯俏彬，韩博．新冠肺炎疫情对我国财政经济的影响及其应对之策［J］．财政研究，2020（04）：15－21.

［2］刘晓星，张旭，李守伟．中国宏观经济韧性测度——基于系统性风险的视角［J］．中国社会科学，2021（01）：12－32，204.

［3］刘哲希，陈彦斌．"十四五"时期中国经济潜在增速测算——兼论跨越"中等收入陷阱"［J］．改革，2020（10）：33－49.

［4］清华大学中国经济思想与实践研究院（ACCEPT）宏观预测课题组，李稻葵，厉克奥博等．"防过冷"：宏观经济治理的基础性任务——2023年上半年中国经济形势分析与下半年经济发展展望［J］．改革，2023（06）：54－72.

［5］徐江，邵亦文．韧性城市：应对城市危机的新思路［J］．国际城市规划，2015，30（02）：1－3.

［6］邵亦文，徐江．城市韧性：基于国际文献综述的概念解析［J］．国际城市规划，2015，30（02）：48－54.

［7］张明斗，李维露．东北地区城市韧性水平的空间差异与收敛性研究［J］．工业技术经济，2020，39（05）：3－12.

［8］李涛，朱珊珊，黄献明．基于气候灾害影响的国际韧性城市建设研究进展［J］．科技导报，2020，38（08）：30－39.

［9］王峤，臧鑫宇．应对突发公共事件的韧性城市空间规划维度探讨［J］．科技导报，2021，39（05）：65－73.

［10］陈为公，张娜，张友森，等．基于 DEMATEL – ISM 的城市灾害韧性影响因素研究［J］．灾害学，2021，36（01）：1 – 6.

［11］朱正威，刘莹莹，杨洋．韧性治理：中国韧性城市建设的实践与探索［J］．公共管理与政策评论，2021，10（03）：22 – 31.

［12］陈晓红，娄金男，王颖．哈长城市群城市韧性的时空格局演变及动态模拟研究［J］．地理科学，2020，40（12）：2000 – 2009.

［13］张明斗，冯晓青．长三角城市群内各城市的城市韧性与经济发展水平的协调性对比研究［J］．城市发展研究，2019，26（01）：82 – 91.

［14］孙阳，张落成，姚士谋．基于社会生态系统视角的长三角地级城市韧性度评价［J］．中国人口·资源与环境，2017，27（08）：151 – 158.

［15］王文瑞，郭子萍，万炜，等．兰州市城市韧性时空特征研究——基于规模 – 密度 – 形态分析框架［J］．兰州大学学报（自然科学版），2021，57（01）：39 – 46.

［16］李亚，翟国方．我国城市灾害韧性评估及其提升策略研究［J］．规划师，2017，33（08）：5 – 11.

［17］潘竟虎，魏石梅．中国地级及以上城市网络结构韧性测度［J］．地理学报，2021，76（06）：1394 – 1407.

［18］路兰，周宏伟，许清清．多维关联网络视角下城市韧性的综合评价应用研究［J］．城市问题，2020（08）：42 – 55.

［19］彭翀，林樱子，顾朝林．长江中游城市网络结构韧性评估及其优化策略［J］．地理研究，2018，37（06）：1193 – 1207.

［20］赵瑞东，方创琳，刘海猛．城市韧性研究进展与展望［J］．地理科学进展，2020，39（10）：1717 – 1731.

［21］杨莹，林琳，钟志平，等．基于应对公共健康危害的广州社

区恢复力评价及空间分异［J］. 地理学报，2019，74（02）：266－284.

　　［22］白立敏，修春亮，冯兴华，等. 中国城市韧性综合评估及其时空分异特征［J］. 世界地理研究，2019，28（06）：77－87.

　　［23］孙亚南，尤晓彤. 城市韧性的水平测度及其时空演化规律——以江苏省为例［J］. 南京社会科学，2021（07）：31－40.

　　［24］王光辉，王雅琦. 基于风险矩阵的中国城市韧性评价——以284个城市为例［J］. 贵州社会科学，2021（01）：126－134.

　　［25］刘彦平. 城市韧性系统发展测度——基于中国288个城市的实证研究［J］. 城市发展研究，2021，28（06）：93－100.

　　［26］张明斗，冯晓青. 中国城市韧性度综合评价［J］. 城市问题，2018（10）：27－36.

　　［27］张鹏，于伟，张延伟. 山东省城市韧性的时空分异及其影响因素［J］. 城市问题，2018（09）：27－34.

　　［28］朱金鹤，孙红雪. 中国三大城市群城市韧性时空演进与影响因素研究［J］. 软科学，2020，34（02）：72－79.

　　［29］鲁飞宇，殷为华，刘楠楠. 长三角城市群工业韧性的时空演变及影响因素研究［J］. 世界地理研究，2021，30（03）：589－600.

　　［30］修春亮，魏冶，王绮. 基于"规模—密度—形态"的大连市城市韧性评估［J］. 地理学报，2018，73（12）：2315－2328.

　　［31］史玉芳，牛玉. 关中平原城市群韧性空间关联网络及其影响因素研究［J］. 干旱区地理，2023（07）：1－14.

　　［32］张思思，马晓钰，崔琪. 中国城市韧性的时空动态演变及影响因素分析［J］. 统计与决策，2023，39（03）：110－115.

　　［33］麻学锋，胡双林. 旅游城市韧性与居民幸福水平时空适配特征及影响因素——以张家界为例［J］. 资源科学，2022，44（11）：2373－2385.

［34］欧阳虹彬，叶强．弹性城市理论演化述评：概念、脉络与趋势［J］．城市规划，2016，40（03）：34－42.

［35］方创琳，王岩．中国城市脆弱性的综合测度与空间分异特征［J］．地理学报，2015，70（02）：234－247.

［36］吴传钧．论地理学的研究核心——人地关系地域系统［J］．经济地理，1991（03）：1－6.

［37］陆大道．关于地理学的"人－地系统"理论研究［J］．地理研究，2002（02）：135－145.

［38］方创琳，王振波，刘海猛．美丽中国建设的理论基础与评估方案探索［J］．地理学报，2019，74（04）：619－632.

［39］王成，代蕊莲，陈静等．乡村人居环境系统韧性的演变规律及其提升路径——以国家城乡融合发展试验区重庆西部片区为例［J］．自然资源学报，2022，37（03）：645－661.

［40］张平，林昕，张永翔等．我国城市多尺度社会－生态系统可持续管理框架研究［J］．中国农业大学学报，2022，27（07）：199－209.

［41］张志强，孙成权，程国栋，等．可持续发展研究：进展与趋向［J］．地球科学进展，1999（06）：589－595.

［42］王宗军．综合评价的方法、问题及其研究趋势［J］．管理科学学报，1998（01）：75－81.

［43］郭亚军．综合评价理论、方法及应用［M］．北京：科学出版社，2007.

［44］彭张林，张爱萍，王素凤，等．综合评价指标体系的设计原则与构建流程［J］．科研管理，2017，38（S1）：209－215.

［45］刘华军，王耀辉，雷名雨．中国战略性新兴产业的空间集聚及其演变［J］．数量经济技术经济研究，2019，36（07）：99－116.

［46］黄杰，金华丽．中国绿色创新效率的区域差异及其动态演进［J］．统计与决策，2021（21）：67－71.

［47］王晶晶，焦勇，江三良．中国八大综合经济区技术进步方向的区域差异与动态演进：1978～2017［J］．数量经济技术经济研究，2021，38（04）：3－21.

［48］沈丽，鲍建慧．中国金融效率的分布动态演进：1978～2008年——基于非参数估计方法的实证研究［J］．数量经济技术经济研究，2013，30（05）：33－47.

［49］刘华军，杜广杰．中国经济发展的地区差距与随机收敛检验——基于2000～2013年DMSP/OLS夜间灯光数据［J］．数量经济技术经济研究，2017，34（10）：43－59.

［50］杨骞，秦文晋．中国产业结构优化升级的空间非均衡及收敛性研究［J］．数量经济技术经济研究，2018，35（11）：58－76.

［51］蔺鹏，孟娜娜．绿色全要素生产率增长的时空分异与动态收敛［J］．数量经济技术经济研究，2021，38（08）：104－124.

［52］于伟，张鹏，姬志恒．中国城市群生态效率的区域差异、分布动态和收敛性研究［J］．数量经济技术经济研究，2021，38（01）：23－42.

［53］李言，雷红．中国地方政府税收努力的区域差异及收敛性研究［J］．数量经济技术经济研究，2021，38（04）：63－82.

［54］张子龙，薛冰，陈兴鹏，等．中国工业环境效率及其空间差异的收敛性［J］．中国人口·资源与环境，2015，25（02）：30－38.

［55］张莅黎，赵果庆，吴雪萍．中国城镇化的经济增长与收敛双重效应——基于2000与2010年中国1968个县份空间数据检验［J］．中国软科学，2019（01）：98－116.

［56］邱冬阳，彭青青，赵盼．创新驱动发展战略下固定资产投资结构与经济增长的关系研究［J］．改革，2020（03）：85－97.

［57］林攀，余斌，刘杨洋，等．中国新旧动能转换的空间分异及影响因素研究［J］．经济地理，2021，41（11）：19－27．

［58］李广昊，周小亮．推动数字经济发展能否改善中国的环境污染——基于"宽带中国"战略的准自然实验［J］．宏观经济研究，2021（07）：146－160．

［59］谷文林，李爽，施宇倩．财政收入对经济发展推动性的区域差异研究［J］．经济研究导刊，2018（20）：135－139．

［60］李美平，汪浩瀚．中国对外贸易与金融效率的互动关系特征及实证检验［J］．财经研究，2011，37（08）：103－112．

［61］王劲峰，徐成东．地理探测器：原理与展望［J］．地理学报，2017，72（01）：116－134．

［62］王少剑，王洋，蔺雪芹等．中国县域住宅价格的空间差异特征与影响机制［J］．地理学报，2016，71（08）：1329－1342．

［63］朱鹤，刘家明，陶慧等．北京城市休闲商务区的时空分布特征与成因［J］．地理学报，2015，70（08）：1215－1228．

［64］徐姗，吴青青．中国城乡融合水平时空分异特征及影响因素分析［J］．统计与决策，2023，39（20）：114－119．

［65］高煜昕，高明．城市生活垃圾碳排放效率空间关联网络及影响因素［J］．中国环境科学，2023，43（11）：5900－5912．

［66］马逸初，孙晓红，马斌．京津冀城市群公共文化服务与经济高质量发展耦合协调研究［J］．经济与管理，2024，38（02）：17－26．

［67］郭兴磊，张倩．金融集聚对绿色经济发展水平的空间溢出效应分析［J］．生态经济，2023，39（05）：103－110．

［68］戴永安，张潇．环境政策的空间溢出与城市能源偏向型技术进步［J］．世界经济，2023，46（05）：119－151．

［69］龚勤林，宋明蔚，贺培科等．数字经济、流动空间与城乡

收入差距〔J〕. 上海经济研究，2023（06）：95－108.

　　〔70〕高健，郭琬婷. 我国科技创新驱动与旅游业高质量发展——基于空间溢出和区域异质性的分析〔J〕. 河南科学，2023，41（07）：1073－1082.

　　〔71〕董康银，赵君，董秀成. 中国对外直接投资对东道国碳排放效应研究——基于空间溢出视角〔J〕. 工业技术经济，2023，42（07）：133－142.

　　〔72〕郭秋秋，马晓钰. 数字金融对经济增长的影响及其效应研究〔J〕. 统计与决策，2023，39（14）：147－151.

　　〔73〕魏峰，殷文星. 中国经济韧性水平测度、时空演化与区域差异〔J〕. 统计与决策，2023，39（16）：85－90.

　　〔74〕李斌，苏珈漩. 产业结构调整有利于绿色经济发展吗？——基于空间计量模型的实证研究〔J〕. 生态经济，2016，32（06）：32－37.

　　〔75〕杜江，张伟科，范锦玲. 农村金融发展对农民收入影响的双重特征分析——基于面板门槛模型和空间计量模型的实证研究〔J〕. 华中农业大学学报（社会科学版），2017（06）：35－43，149.

　　〔76〕张子豪，谭燕芝. 数字普惠金融与中国城乡收入差距——基于空间计量模型的实证分析〔J〕. 金融理论与实践，2018（06）：1－7.

　　〔77〕孙志红，吕婷婷. 金融生态环境、信贷资源配置对我国僵尸企业影响的研究——基于空间计量模型实证〔J〕. 中南大学学报（社会科学版），2019，25（01）：121－131.

　　〔78〕曹玉昆，翟相如. 金融支持对林业产业发展的影响——基于空间计量模型的实证〔J〕. 统计与决策，2020，36（13）：150－153.

　　〔79〕陈一，罗黎辉. 数字经济、产业结构升级与绿色全要素生产率——基于空间计量模型的研究〔J〕. 技术经济与管理研究，

2023（10）：21 – 24.

［80］王亮，蒋依铮．数字普惠金融、技术创新与经济增长——基于交互影响与空间溢出效应的分析［J］．金融与经济，2022（04）：33 – 44，82.

［81］宋玉茹，董小君，许诗源等．中国经济韧性水平测度与时空格局演变分析［J］．统计与决策，2023，39（09）：103 – 108.

［82］丁仁船，邬登辉，蔡弘．经济状况、迁移特征对流动人口社会阶层变动的影响机制［J］．重庆交通大学学报（社会科学版），2023，23（03）：55 – 64.

［83］赵凯茜，马俊杰，李翅．国内外社区可持续发展研究现状与趋势［J］．建筑创作，2022（04）：163 – 169.

［84］苏立平，田容至．"一带一路"沿线国投资便利化建设对中国 OFDI 的影响研究［J］．统计与管理，2022，37（12）：63 – 71.

［85］李冠廷，王启文，高继军，等．流域生态恢复潜力评估不同赋权方法适用情景分析［J］．环境工程学报，2023，17（10）：3159 – 3168.

［86］张金清，李梓豪．公司高质量发展水平能否预测其股票市场表现——基于机器学习方法［J］．金融经济学研究，2023（10）：1 – 16.

［87］勤思．企业中长期规划难在哪里？［J］．商业文化，2014（25）：68 – 73.

［88］原云霄，王宝海．基于 ARIMA 模型对我国服务价格指数的预测［J］．数学的实践与认识，2018，48（07）：130 – 137.

［89］潘静，张颖，刘璐．基于 ARIMA 模型与 GM（1，1）模型的居民消费价格指数预测对比分析［J］．统计与决策，2017（20）：110 – 112.

［90］杨颖梅．基于 ARIMA 模型的北京居民消费价格指数预测［J］．统计与决策，2015（04）：76 – 78.

［91］王耕，王嘉丽，苏柏灵．基于 ARIMA 模型的辽河流域生态足迹动态模拟与预测［J］．生态环境学报，2013，22（04）：632 – 638.

［92］李莼，程敏霞，王晓愚．基于计量模型的生态旅游需求预测应用研究——以阿勒泰地区为例［J］．新疆环境保护，2023，45（02）：30 – 37.

［93］任洪杰，李辉尚，冯祎宇．基于时空视角的广东省农业碳排放动态演化特征及发展趋势研究［J］．中国生态农业学报（中英文），2023，31（08）：1287 – 1300.

［94］刘琼芳．基于 ARIMA – GM 模型的福建省经济人口承载力预测研究［J］．福建金融管理干部学院学报，2021（02）：45 – 53，60.

［95］王珏，王硕．公共健康的伦理博弈与道德边界——基于新冠肺炎疫情的实证研究［J］．探索与争鸣，2020（04）：275 – 286，292.

［96］Holling. Resilience and Stability of Ecological Systems［J］. Annual Review of Ecology & Systematics，1973，4（04）：1 – 23.

［97］Pimm S L. The Complexity and Stability of Ecosystems［J］. Nature，1984，307（5949）：321 – 326.

［98］Adger W N. Social and Ecological Resilience：Are They Related?［J］. Progress in Human Geography，2000，24（03）：347 – 364.

［99］Fiksel J. Sustainability and Resilience：toward a Systems Approach［J］. Sustainability：Science，Practice and Policy，2006，2（02）：14 – 21.

［100］Rose A. Economic Resilience to Natural and Man – Made Disasters：Multidisciplinary Origins and Contextual Dimensions［J］. Environmental Hazards，2007，7（04）：383 – 398.

［101］Wood S K，Walker H E，Valentino R J，et al. Individual Differences in Reactivity to Social Stress Predict Susceptibility and Resilience to a Depressive Phenotype：Role of Corticotropin – Releasing Factor

［J］. Endocrinology, 2010, 151（04）: 1795 - 1805.

［102］Zhu J, Ruth M. Exploring the Resilience of Industrial Ecosystems［J］. Journal of Environmental Management, 2013, 122: 65 - 75.

［103］Aylett A. Institutionalizing the Urban Governance of Climate Change Adaptation: Results of an International Survey［J］. Urban Climate, 2015, 14: 4 - 16.

［104］Alberti M, Marzluff J M. Ecological Resilience in Urban Ecosystems: Linking Urban Patterns to Human and Ecological Functions［J］. Urban Ecosystems, 2004, 7: 241 - 265.

［105］Pickett S T A, Cadenasso M L, Grove J M. Resilient Cities: Meaning, Models, and Metaphor for Integrating the Ecological, Socio - Economic, and Planning Realms［J］. Landscape and Urban Planning, 2004, 69（04）: 369 - 384.

［106］Brown A, Dayal A, Rumbaitis Del Rio C. From Practice to Theory: Emerging Lessons from Asia for Building Urban Climate Change Resilience［J］. Environment and Urbanization, 2012, 24（02）: 531 - 556.

［107］Wardekker J A, De Jong A, Knoop J M, et al. Operationalising a Resilience Approach to Adapting an Urban Delta to Uncertain Climate Changes［J］. Technological Forecasting and Social Change, 2010, 77（06）: 987 - 998.

［108］Chiang Y. Exploring Community Risk Perceptions of Climate Change - A Case Study of a Flood - Prone Urban Area of Taiwan［J］. Cities, 2018, 74: 42 - 51.

［109］Samuelsson K, Giusti M, Peterson G D, et al. Impact of Environment on People's Everyday Experiences in Stockholm［J］. Landscape and Urban Planning, 2018, 171: 7 - 17.

［110］Daniela L, Visvizi A, Gutiérrez - Braojos C, et

al. Sustainable Higher Education and Technology – Enhanced Learning (TEL) [J]. Sustainability, 2018, 10 (11): 3883.

[111] Hudec O, Reggiani A, Šiserová M. Resilience Capacity and Vulnerability: A Joint Analysis with Reference to Slovak Urban Districts [J]. Cities, 2018, 73: 24 –35.

[112] Feng X, Xiu C, Bai L, et al. Comprehensive Evaluation of Urban Resilience based on the Perspective of Landscape Pattern: A Case Study of Shenyang City [J]. Cities, 2020, 104: 102722.

[113] Luo X, Cheng C, Pan Y, Yang T. Coupling Coordination and Influencing Factors of Land Development Intensity and Urban Resilience of the Yangtze River [J]. Delta Urban Agglomeration Water, 2022, 14 (07): 1083.

[114] Chen Y, Su X, Zhou Q. Study on the Spatiotemporal Evolution and Influencing Factors of Urban Resilience in the Yellow River Basin [J]. International Journal of Environmental Research and Public Health, 2021, 18.

[115] Prawiranegara M. Spatial Multi – criteria Analysis (SMCA) for Basin – Wide Flood Risk Assessment as a Tool in Improving Spatial Planning and Urban Resilience Policy Making: A Case Study of Marikina River Basin, Metro Manila – Philippines [J]. Procedia – Social and Behavioral Sciences, 2014, 135: 18 –24.

[116] Kaaviya R, Devadas V. Water Resilience Mapping of Chennai, India Using Analytical Hierarchy Process [J]. Ecological Processes, 2021, 10: 1 –22.

[117] Li G. Research on Comprehensive Application of DEM and GIS Spatial Overlay [J]. Analysis Technology in Land Quantitative Evaluation, 2006.

220

［118］Zhang A, Yu－qi Yang, Tianyi Chen, et al. Exploration of Spatial Differentiation Patterns and Related Influencing Factors for National Key Villages for Rural Tourism in China in the Context of a Rural Revitalization Strategy ［J］. Using GIS－Based Overlay Analysis Arabian Journal of Geosciences, 2021, 14.

［119］Guptha G C, Swain S, Al－Ansari N, et al. Evaluation of An Urban Drainage System and Its Resilience Using Remote Sensing and GIS ［J］. Remote Sensing Applications: Society and Environment, 2021, 23: 100601.

［120］Zhen Z, Zhang J, Zhang Y, Chen Y, Yan J. Urban Flood Resilience Evaluation Based on GIS and Multi－Source Data: A Case Study of Changchun City Remote Sensing, 2023: 15.

［121］Bai H, Ziwei Li, Hanlong Guo, Haopeng Chen, Luo P. Urban Green Space Planning Based on Remote Sensing and Geographic Information ［J］. Systems Remote Sensing, 2022, 14: 4213.

［122］Ebrahimi A, Mortaheb M M, Hassani N, Mohammadreza Taghizadeh－Yazdi. A Resilience－Based Practical Platform and Novel Index for Rapid Evaluation of Urban Water Distribution Network Using Hybrid Simulation Sustainable Cities and Society, 2022, 82: 103884.

［123］Siama Begum, Rachel S. Fisher, Ferranti E, Quinn A. Evaluation of Climate Change Resilience of Urban Road Network Strategies Infrastructures, 2022, 7 (11): 146.

［124］Di Caro P. Testing and Explaining Economic Resilience with An Application to Italian Regions ［J］. Papers in Regional Science, 2017, 96 (01): 93－113.

［125］Meerow S, Newell J P, Stults M. Defining Urban Resilience: A Review ［J］. Landscape and Urban Planning, 2016, 147: 38－49.

［126］Breathnach P, van Egeraat C, Curran D. Regional Economic Resilience in Ireland: the Roles of Industrial Structure and Foreign Inward Investment［J］. Regional Studies, Regional Science, 2015, 2（01）: 497 - 517.

［127］Magdalena G, Aleksandra N, Tofiluk A. Sustainable Urban Agriculture as Functional Hybrid Unit［J］. Issues of Urban Resilience Buildings, 2021, 11（10）: 462.

［128］Datola G, Bottero M, and E. De Angelis Enhancing Urban Resilience Capacities: An Analytic Network Process - Based Application［J］. Environmental and Climate Technologies, 2021, 25.

［129］Yang L, Yang H, Zhao X, Yang Y. Study on Urban Resilience from the Perspective of the Complex Adaptive System Theory: A Case Study of the Lanzhou - Xining Urban Agglomeration［J］. International Journal of Environmental Research and Public Health, 2022, 19.

［130］Shi Y, Zhou L, Guo X, Li J. The Multidimensional Measurement Method of Urban Sprawl and Its Empirical Analysis in Shanghai［J］. Metropolitan Area Sustainability, 2023, 15（02）: 1020.

［131］Joerin J, Shaw R, Takeuchi Y, et al. Action - oriented Resilience Assessment of Communities in Chennai, India［J］. Environmental Hazards, 2012, 11（03）: 226 - 241.

［132］Cutter S L, Ash K D, Emrich C T. The Geographies of Community Disaster Resilience［J］. Global Environmental Change, 2014, 29: 65 - 77.

［133］Kontokosta C E, Malik A. The Resilience to Emergencies and Disasters Index: Applying Big Data to Benchmark and Validate Neighborhood Resilience Capacity［J］. Sustainable Cities and Society, 2018, 36: 272 - 285.

［134］ Pal I， Bhatia S. Disaster Risk Governance and City Resilience in Asia – Pacific Region ［J］. 2018： 137 – 159.

［135］ Labaka L， Maraña P， Giménez R， et al. Defining the Roadmap towards City Resilience ［J］. Technological Forecasting and Social Change， 2019， 146： 281 – 296.

［136］ Zheng Y， Xie X， Lin C， et al. Development as Adaptation： Framing and Measuring Urban Resilience in Beijing ［J］. Advances in Climate Change Research， 2018， 9 （04）： 234 – 242.

［137］ Chen Y， Zhu M， Zhou Q， et al. Research on Spatiotemporal Differentiation and Influence Mechanism of Urban Resilience in China Based on MGWR Model ［J］. International Journal of Environmental Research & Public Health， 2021， 18 （03）： 1056.

［138］ Ren X. A Comparative Study on Urban Ecological Resilience in the Pearl River Delta Region. J. Landsc. Res. 2019， 11： 54 – 58.

［139］ Liu W， Zhan J， Zhao F， Yan H， Zhang F， Wei X. Impacts of Urbanization – Induced Land – Use Changes on Ecosystem Services： A Case Study of the Pearl River Delta Metropolitan Region， China. Ecol. Indic. 2019， 98： 228 – 238.

［140］ Shi C， Zhan J， Yuan Y， Wu F， Li Z. Land Use Zoning for Conserving Ecosystem Services under the Impact of Climate Change： A Case Study in the Middle Reaches of the Heihe River Basin. Adv. Meteorol. 2015， 496942.

［141］ White G F. Natural Hazards， Local， National， Global ［M］. Oxford University Press， 1974.

［142］ Lankao P R， Qin H. Conceptualizing Urban Vulnerability to Global Climate and Environmental Change ［J］. Current Opinion in Environmental Sustainability， 2011， 3 （03）： 142 – 149.

［143］Pelling M, Uitto J I. Small Island Developing States: Natural Disaster Vulnerability and Global Change ［J］. Global Environmental Change Part B: Environmental Hazards, 2001, 3 (02): 49 – 62.

［144］Xiang P, Wang Y, Deng Q. Inclusive Nature – Based Solutions for Urban Regeneration in a Natural Disaster Vulnerability Context: A Case Study of Chongqing, China, 2017, 9.

［145］Ghaffarian S, Kerle N, Filatova T. Remote Sensing – Based Proxies for Urban Disaster Risk Management and Resilience: A Review Remote Sensing, 2018, 10.

［146］Mansur A V, Brondízio E S, Roy S, et al. An Assessment of Urban Vulnerability in the Amazon Delta and Estuary: a Multi – Criterion Index of Flood Exposure, Socio – Economic Conditions and Infrastructure ［J］. Sustainability Science, 2016, 11: 625 – 643.

［147］Ellena M, Breil M, Soriani S. The Heat – Health Nexus in the Urban Context: A Systematic Literature Review Exploring the Socio – Economic Vulnerabilities and Built Environment Characteristics ［J］. Urban Climate, 2020, 34: 100676.

［148］Contreras D, Chamorro A, Wilkinson S. The Spatial Dimension in the Assessment of Urban Socio – Economic Vulnerability Related to geohazards ［J］. Natural Hazards and Earth System Sciences, 2020, 20 (06): 1663 – 1687.

［149］Zhang R, Lu Y, Du H. Vulnerability and Resilience in the Wake of COVID – 19: Family Resources and Children's Well – Being in China Chinese Sociological Review, 2021, 54.

［150］Taylor Martin, Marschke M, Win S. Bridging Systems and People – Centred Approaches in Urban Vulnerability Research: Insights for Resilience from Dawei, Myanmar Urban Climate Resilience in Southeast

Asia, 2019: 19 – 40.

[151] Ebert A, Kerle N, Stein A. Urban Social Vulnerability Assessment with Physical Proxies and Spatial Metrics Derived from Air – And Spaceborne Imagery and GIS Data [J]. Natural hazards, 2009, 48: 275 – 294.

[152] Wisner B, Uitto J. Life on the Edge: Urban Social Vulnerability and Decentralized, Citizen – Based Disaster Risk Reduction in Four Large Cities of the Pacific Rim [M] //Facing Global Environmental Change: Environmental, Human, Energy, Food, Health and Water Security Concepts. Berlin, Heidelberg: Springer Berlin Heidelberg, 2009: 215 – 231.

[153] Uejio C K, Wilhelmi O V, Golden J S, et al. Intra – urban Societal Vulnerability to Extreme Heat: the Role of Heat Exposure and the Built Environment, Socioeconomics, and Neighborhood Stability [J]. Health & Place, 2011, 17 (02): 498 – 507.

[154] Fraser T, Naquin N. Better together? The Role of Social Capital in Urban Social Vulnerability [J]. Habitat International, 2022, 124: 102561.

[155] Connolly J. From Systems Thinking to Systemic Action: Social Vulnerability and the Institutional Challenge of Urban Resilience, 2018, 17.

[156] Hong W, Jiang R, Yang C, et al. Establishing an Ecological Vulnerability Assessment Indicator System for Spatial Recognition and Management of Ecologically Vulnerable Areas in Highly Urbanized Regions: A Case Study of Shenzhen, China [J]. Ecological Indicators, 2016, 69: 540 – 547.

[157] Kang H, Tao W, Chang Y, et al. A Feasible Method for the Division of Ecological Vulnerability and Its Driving Forces in Southern

Shaanxi［J］. Journal of Cleaner Production, 2018, 205: 619 – 628.

［158］Tang Q, Wang J, Jing Z. Tempo – Spatial Changes of Ecological Vulnerability in Resource – Based Urban Based on Genetic Projection Pursuit Model［J］. Ecological Indicators, 2021, 121: 107059.

［159］Grazia Brunetta, Salata S. Mapping Urban Resilience for Spatial Planning—A First Attempt to Measure the Vulnerability of the System Sustainability, 2019, 11 (08): 2331.

［160］Elshabrawy M, El – Basyouny K, Kwon T. Integrating Ecological Vulnerability and Climate Resiliency: A Novel Gis – Based Method for Fire Hazard Modeling Canadian journal of Civil Engineering, 2023, 50, 7.

［161］Mehmood A. Of Resilient Places: Planning for Urban Resilience［J］. European Planning Studies, 2016, 24 (02): 407 – 419.

［162］Ajibade I. Can a Future City Enhance Urban Resilience and Sustainability? A Political Ecology Analysis of Eko Atlantic City, Nigeria［J］. International Journal of Disaster Risk Reduction, 2017, 26: 85 – 92.

［163］Cutter S L, Barnes L, Berry M, et al. A Place – Based Model for Understanding Community Resilience to Natural Disasters［J］. Global Environmental Change, 2008, 18 (04): 598 – 606.

［164］Alim T N, Feder A, Graves R E, et al. Trauma, Resilience, and Recovery in a High – Risk African – American Population［J］. American Journal of Psychiatry, 2008, 165 (12): 1566 – 1575.

［165］Holling C S. Engineering Resilience Versus Ecological Resilience［J］. Engineering within Ecological Constraints, 1996, 31 (1996): 32.

［166］Troell M, Joyce A, Chopin T, et al. Ecological Engineering in Aquaculture—Potential for Integrated Multi – Trophic Aquaculture (IMTA) in Marine Offshore Systems［J］. Aquaculture, 2009, 297 (1 –4): 1 –9.

［167］Costanza R. Ecosystem Health and Ecological Engineering

[J]. Ecological Engineering, 2012, 45: 24 – 29.

[168] Wyman P A, Cowen E L, Work W C, et al. Developmental and Family Milieu Correlates of Resilience in Urban Children who Have Experienced Major Life Stress [J]. American Journal of Community Psychology, 1991, 19 (03): 405.

[169] Miller D B, MacIntosh R. Promoting Resilience in Urban African American Adolescents: Racial Socialization and Identity as Protective Factors [J]. Social Work Research, 1999, 23 (03): 159 – 169.

[170] Zimmerman M A, Ramírez – Valles J, Maton K I. Resilience among Urban African American Male Adolescents: A Study of the Protective Effects of Sociopolitical Control on Their Mental Health [J]. American Journal of Community Psychology, 1999, 27 (06): 733 – 751.

[171] Simona – Andreea Apostu, Valentina Vasile, Razvan Vasile, Rosak – Szyrocka J. Do Smart Cities Represent the Key to Urban Resilience? Rethinking Urban Resilience International Journal of Environmental Research and Public Health, 2022, 19.

[172] Tao Shi, Yurong Qiao, Qian Zhou, Jiguang Zhang. The Regional Differences and Random Convergence of Urban Resilience in China Technological and Economic Development of Economy, 2022, 28 (04): 1 – 24.

[173] Xiansheng Chen, Ruisong Quan. A Spatiotemporal Analysis of Urban Resilience to the COVID – 19 Pandemic in the Yangtze River Delta Natural Hazards, 2021, 106.

[174] Tao Hong, Bing Wang, Lu Li. The Coupling Relationship between Urban Resilience Level and Urbanization Level in Hefei Mathematical Problems in Engineering, 2022, 13 (02): 46.

[175] Holling C S. Understanding the Complexity of Economic, Ecological, and Social Systems [J]. Ecosystems, 2001, 4 (05): 390 – 405.

［176］ Folke C. Resilience：The Emergence of a Perspective for Social - Ecological Systems Analyses ［J］. Global Environmental Change, 2006, 16 (03)：253 - 267.

［177］ Peltoniemi M, Vuori E. Business Ecosystem as the New Approach to Complex Adaptive Business Environments ［C］//Proceedings of eBusiness Research Forum, 2004, 2 (22)：267 - 281.

［178］ Westley F R, Tjornbo O, Schultz L, et al. A Theory of Transformative Agency in Linked Social - Ecological Systems ［J］. Ecology and Society, 2013, 18 (03).

［179］ Abel N, Cumming D H M, Anderies J M. Collapse and Reorganization in Social - Ecological Systems：Questions, Some Ideas, and Policy Implications ［J］. Ecology and Society, 2006, 11 (01).

［180］ Olumuyiwa Bayo. Low Carbon Ecological Agriculture in the Developing World - A Panacea for Environmental Remediation, 2013, 49.

［181］ Berry B J L. Cities as Systems within Systems of Cities ［J］. Papers in Regional Science, 1964, 13 (01)：147 - 163.

［182］ Walker B, Holling C S, Carpenter S R, et al. Resilience, Adaptability and Transformability in Social - Ecological Systems ［J］. Ecology and Society, 2004, 9 (02).

［183］ Davoudi S, Brooks E, Mehmood A. Evolutionary Resilience and Strategies for Climate Adaptation ［J］. Planning Practice & Research, 2013, 28 (03)：307 - 322.

［184］ Engle N L, de Bremond A, Malone E L, et al. Towards a Resilience Indicator Framework for Making Climate - Change Adaptation Decisions ［J］. Mitigation and Adaptation Strategies for Global Change, 2014, 19：1295 - 1312.

［185］ Giulia Datola, Bottero M, Angelis E. How Urban Resilience

Can Change Cities: A System Dynamics Model Approach Communication Systems and Applications, 2019, 11622, 108 – 122.

[186] Tao Ji, Yanhong Yao, Yue Dou, Shejun Deng, Shijun Yu, Yunqiang Zhu, Huajun Liao. The Impact of Climate Change on Urban Transportation Resilience to Compound Extreme Events Sustainability, 2022, 14 (07), 3880.

[187] Su Q, Hsueh – Sheng Chang, Pai S. A Comparative Study of the Resilience of Urban and Rural Areas under Climate Change International Journal of Environmental Research and Public Health, 2022, 19.

[188] Pugliese F, Gerundo C, De Paola F, Caroppi G, Giugni M. Enhancing the Urban Resilience to Flood Risk Through a Decision Support Tool for the LID – BMPs Optimal Design Water Resources Management, 2022, 36.

[189] Bottero M, Giulia Datola, De Angelis E. A System Dynamics Model and Analytic Network Process: An Integrated Approach to Investigate Urban Resilience Land, 2020, 9 (08), 242.

[190] Sohn L B. Stockholm Declaration on the Human Environment, the [J]. Harv. Int'l. LJ, 1973, 14: 423.

[191] Basiago A D. Economic, Social, and Environmental Sustainability in Development Theory and Urban Planning Practice [J]. Environmentalist, 1998, 19: 145 – 161.

[192] Jacobs M. Sustainable Development as a Contested Concept [J]. Fairness and Futurity: Essays on Environmental Sustainability and Social Justice, 1999, 1: 21 – 46.

[193] Suganty Kanapathy, Khai Ern Lee, Sivapalan S, Mokhtar M, Zakaria S, Zahidi A. Sustainable Development Concept in the Chemistry Curriculum International Journal of Sustainability in Higher Education,

2019，20（01）：2－22.

［194］Wojtkowiak D，Cyplik P. Operational Excellence within Sustainable Development Concept－Systematic Literature Review Sustainability，2020，12（19），7933.

［195］Sharifi A，Khavarian－Garmsir A R. The COVID－19 Pandemic：Impacts on Cities and Major Lessons for Urban Planning，Design，and Management［J］. Science of the Total Environment，2020，749：142391.

［196］Hepburn C，Qi Y，Stern N，et al. Towards Carbon Neutrality and China's 14th Five－Year Plan：Clean Energy Transition，Sustainable Urban Development，and Investment Priorities［J］. Environmental Science and Ecotechnology，2021，8：100130.

［197］Asghar N，Amjad M，Rehman H，Mubbasher Munir，Reda Alhajj. Achieving Sustainable Development Resilience：Poverty Reduction through Affordable Access to Electricity in Developing Economies Journal of Cleaner Production，2022，376.

［198］Zhao Y，Wang D. Spatial Connection Network Characteristics and Development Trend Forecast of Natural Gas Industry's Sustainable Development Resilience in China Science in Progress，2023，106.

［199］Yang Y，Bao W，Liu Y. Coupling Coordination Analysis of Rural Production－Living－Ecological Space in the Beijing－Tianjin－Hebei Region［J］. Ecological Indicators，2020，117：106512.

［200］Cai B，Shao Z，Fang S，et al. Finer－Scale Spatiotemporal Coupling Coordination Model between Socioeconomic Activity and Eco－Environment：A Case Study of Beijing，China［J］. Ecological Indicators，2021，131：108165.

［201］Ye X，Niyogi D. Resilience of Human Settlements to Climate

Change Needs the Convergence of Urban Planning and Urban Climate Science Computational Urban Science, 2022, 2.

[202] Chen M, Yu Jiang, Wang E, Yi Wang, Jun Zhang. Measuring Urban Infrastructure Resilience via Pressure – State – Response Framework in Four Chinese Municipalities Applied Sciences, 2022, 12 (06), 2819.

[203] Batty M, Axhausen K W, Giannotti F, et al. Smart Cities of the Future [J]. The European Physical Journal Special Topics, 2012, 214: 481 – 518.

[204] Li B, Hou B, Yu W, et al. Applications of Artificial Intelligence in Intelligent Manufacturing: a Review [J]. Frontiers of Information Technology & Electronic Engineering, 2017, 18: 86 – 96.

[205] Howell R, van Beers C, Doorn N. Value Capture and Value Creation: The Role of Information Technology in Business Models for Frugal Innovations in Africa [J]. Technological Forecasting and Social Change, 2018, 131: 227 – 239.

[206] Wang H, Liu Z, Zhou Y. Assessing Urban Resilience in China from the Perspective of Socioeconomic and Ecological Sustainability [J]. Environmental Impact Assessment Review, 2023, 102: 107163.

[207] Wang K L, Jiang W, Miao Z. Impact of High – Speed Railway on Urban Resilience In China: Does Urban Innovation Matter? [J]. Socio – Economic Planning Sciences, 2023, 87: 101607.

[208] Wang Y, Wang S, Li G, Zhang H, Jin L, Su Y, Wu K. Identifying the Determinants of Housing Prices in China Using Spatial Regression and the Geographical Detector Technique [J]. Applied Geography, 2017, 79: 26 – 36.

[209] Weglarczyk S. (2018). Kernel Density Estimation and Its

Application. In ITM Web of Conferences（Vol. 23, p. 00037）. EDP Sciences.

［210］Wilbanks T J, Sathaye J. Integrating Mitigation and Adaptation as Responses to Climate Change: a Synthesis［J］. Mitigation and Adaptation Strategies for Global Change, 2007, 12: 957 – 962.

［211］Arora R, Kaushik S C, Arora R. Multi – Objective and Multi – Parameter Optimization of Two – Stage Thermoelectric Generator in Electrically Series and Parallel Configurations through NSGA – II［J］. Energy, 2015, 91: 242 – 254.

［212］Macedo P. A Two – Stage Maximum Entropy Approach for Time Series Regression［J］. Communications in Statistics – Simulation and Computation, 2022: 1 – 11.

［213］Yang X. Spatial Difference and Convergence of Equalization of Public Services Inside Cities in China［J］. Journal of Xinyang Normal University（Philosophy and Social Sciences Edition）, 2022, 42（01）: 49 – 57.

［214］Yi P, Wang S, Li W, Dong Q. Urban Resilience Assessment Based on "window" Data: The Case of Three Major Urban Agglomerations in China［J］. International Journal of Disaster Risk Reduction, 2023, 85: 103528.

［215］Zhan D, Kwan M P, Zhang W, Yu X, Meng B, Liu Q. The Driving Factors of Air Quality Index in China［J］. Journal of Cleaner Production, 2018, 197: 1342 – 1351.

［216］Zhang X, Luo Y, Li Z, Jia L, Zhai H, Wang L. Impact Factors Research of Spatial Pattern of Air Quality in China［J］. Journal of Xinyang Normal University（Natural Science Edition）, 2020, 33（01）: 83 – 88.

［217］Zhao R, Fang C, Liu J, Zhang L. The Evaluation and Obstacle Analysis of Urban Resilience from the Multidimensional Perspective in Chinese Cities ［J］. Sustainable Cities and Society, 2022, 86: 104160.

［218］Boots B, Tiefelsdorf M, Global and local Spatial Autocorrelation in Bounded Regular Tessellations ［J］. Journal of Geographical Systems, 2000, 2: 319 – 348.

［219］Amirzadeh M, Sobhaninia S, Sharifi A. Urban Resilience: A Vague or an Evolutionary Concept? ［J］ Sustainable Cities and Society, 2022, 81: 103853.

［220］Boucheron S, Lugosi G, Massart P. Concentration Inequalities using the Entropy Method ［J］. The Annals of Probability, 2003, 31 (03): 1583 – 1614.

［221］Bristow G, Healy A. Regional Resilience: an Agency Perspective ［J］. Regional studies, 2014, 48 (5): 923 – 935.

［222］Campanella T, Urban J. Resilience and the Recovery of New Orleans ［J］. Journal of the American Planning Association, 2006, 72 (02): 141 – 146.

［223］Cheng T, Zhao Y, Zhao C. Exploring the Spatio – Temporal Evolution of Economic Resilience in Chinese Cities during the COVID – 19 crisis ［J］. Sustainable Cities and Society, 2022, 84: 103997.

［224］Flahaut B, Mouchart M, San Martin E, et al. The Local Spatial Autocorrelation and the Kernel Method for Identifying Black Zones: A Comparative Approach ［J］. Accident Analysis & Prevention, 2003, 35 (06): 991 – 1004.

［225］Fan C, Myint S. A Comparison of Spatial Autocorrelation Indices and Landscape Metrics in Measuring Urban Landscape Fragmentation ［J］. Landscape and Urban Planning, 2014, 121: 117 – 128.

［226］Lefever D W. Measuring Geographic Concentration by Means of the Standard Deviational Ellipse ［J］. American Journal of Sociology, 1926, 32 (01): 88 – 94.

［227］Yuill R S. The Standard Deviational Ellipse; an Updated Tool for Spatial Description ［J］. Geografiska Annaler: Series B, Human Geography, 1971, 53 (01): 28 – 39.

［228］Gong J. Clarifying the Standard Deviational Ellipse ［J］. Geographical Analysis, 2002, 34 (2): 155 – 167.

［229］Shorrocks A F. The Class of Additively Decomposable Inequality Measures ［J］. Econometrica, 1980, 48 (03): 613 – 625.

［230］Akita T. Decomposing Regional Income Inequality in China and Indonesia Using Two – Stage Nested Theil Decomposition Method ［J］. The Annals of Regional Science, 2003, 37 (1): 55 – 77.

［231］Wang R, Wang Q, Yao S. Evaluation and Difference Analysis of Regional Energy Efficiency in China under the Carbon Neutrality Targets: Insights from DEA and Theil models ［J］. Journal of Environmental Management, 2021, 293: 112958.

［232］Silverman B W. Using Kernel Density Estimates to Investigate Multimodality ［J］. Journal of the Royal Statistical Society: Series B (Methodological), 1981, 43 (01): 97 – 99.

［233］Zambom A Z, Ronaldo D. A Review of Kernel Density Estimation with Applications to Econometrics ［J］. International Econometric Review, 2013, 5 (01): 20 – 42.

［234］Botev Z I, Grotowski J F, Kroese D P. Kernel Density Estimation via Diffusion ［J］. The Annals of Statistics, 2010, 38 (5).

［235］Babaud J, Witkin A P, Baudin M, et al. Uniqueness of the Gaussian Kernel for Scale – Space Filtering ［J］. IEEE Transactions on

Pattern Analysis and Machine Intelligence, 1986 (1): 26 – 33.

[236] Zhao X, Fan L. Spatial Distribution Characteristics and Convergence of China's Regional Energy Intensity: An Industrial Transfer Perspective [J]. Journal of Cleaner Production, 2019, 233: 903 – 917.

[237] Ahern J. From Fail – Safe to Safe – To – Fail: Sustainability and Resilience in the New Urban World [J]. Landscape and Urban Planning, 2011, 100 (04): 341 – 343.

[238] Chung K L. Markov Chains [J]. Springer – Verlag, New York, 1967.

[239] Norris J R. Markov Chains [M]. Cambridge University Press, 1998.

[240] Wang W, Xu Z, Lu W, et al. Determination of the Spread Parameter in the Gaussian Kernel for Classification and Regression [J]. Neurocomputing, 2003, 55 (3 – 4): 643 – 663.

[241] González D P, Monsalve M, Moris R, et al. Risk and Resilience Monitor: Development of Multiscale and Multilevel Indicators for Disaster Risk Management for the Communes and Urban Areas of Chile [J]. Applied Geography, 2018, 94: 262 – 271.

[242] Fahlberg A, Vicino T J, Fernandes R, Potiguara V. Confronting Chronic Shocks: Social Resilience in Rio de Janeiro's Poor Neighborhoods [J]. Cities, 2020, 99: 102623.

[243] Feng X, Xiu C, Bai L, Zhong Y, Wei Y. Comprehensive Evaluation of Urban Resilience based on the Perspective of Landscape Pattern: A Case Study of Shenyang City [J]. Cities, 2020, 104: 102722.

[244] Forzieri G, Bianchi, A, E Silva F B, Herrera M A M, Leblois A, Lavalle C, Feyen L. Escalating Impacts of Climate Extremes on Critical Infrastructures in Europe [J]. Global Environmental Change,

2018，48：97－107.

［245］Carle S F，Fogg G E. Modeling Spatial Variability with One and Multidimensional Continuous－Lag Markov chains ［J］. Mathematical Geology，1997，29：891－918.

［246］Roberts G O，Rosenthal J S. General State Space Markov Chains and MCMC Algorithms ［J］.2004.

［247］Tang J，Wang L，Yao Z. Spatio－Temporal Urban Landscape Change Analysis Using the Markov Chain Model and a Modified Genetic Algorithm ［J］. International Journal of Remote Sensing，2007，28（15）：3255－3271.

［248］Cuadrado－Roura J R，Garcia－Greciano B，Raymond J L. Regional Convergence in Productivity and Productive Structure：The Spanish Case ［J］. International Regional Science Review，1999，22（01）：35－53.

［249］Shankar·R，Shah A. Bridging the Economic Divide within Countries：A Scorecard on the Performance of Regional Policies in Reducing Regional Income Disparities ［J］. World Development，2003，31（8）：1421－1441.

［250］Young A T，Higgins M J，Levy D. Sigma Convergence Versus Beta Convergence：Evidence from US County－Level Data ［J］. Journal of Money，Credit and Banking，2008，40（05）：1083－1093.

［251］Norris P，Inglehart R. Cosmopolitan Communications：Cultural Diversity in a Globalized World ［M］. Journalism & Mass Communication Quarterly，Cambridge University Press，2009.

［252］Niknam T，Fard E T，Pourjafarian N，et al. An Efficient Hybrid Algorithm based on Modified Imperialist Competitive Algorithm and K－means for Data Clustering ［J］. Engineering Applications of Artificial Intelligence, 2011, 24 (02): 306 –317.

[253] Le Gallo J, Dall'Erba S. Spatial and Sectoral Productivity Convergence between European Regions, 1975 – 2000 [J]. Papers in Regional Science, 2008, 87 (04): 505 –525.

[254] Del Bo C, Florio M, Manzi G. Regional Infrastructure and Convergence: Growth Implications in a Spatial Framework [J]. Transition Studies Review, 2010, 17: 475 –493.

[255] Churchill S A, Inekwe J, Ivanovski K. Conditional Convergence in Per Capita Carbon Emissions since 1900 [J]. Applied Energy, 2018, 228: 916 –927.

[256] Hernantes J, Maraña P, Gimenez R, Sarriegi J M, Labaka L. Towards Resilient Cities: A Maturity Model for Operationalizing Resilience [J]. Cities, 2019: 84, 96 – 103.

[257] Gull S F, Skilling J. (1984, October). Maximum Entropy Method in Image Processing. In Iee Proceedings f (Communications, Radar and Signal Processing).

[258] Feng Y, Lee C C, Peng D. Does Regional Integration Improve Economic Resilience? Evidence from Urban Agglomerations in China [J]. Sustainable Cities and Society, 2023, 88: 104273.

[259] Chang S I, Tsai C F, Shih D H, et al. The Development of Audit Detection Risk Assessment System: Using the Fuzzy Theory and Audit Risk Model [J]. Expert Systems with Applications, 2008, 35 (03): 1053 – 1067.

[260] Wang J F, Hu Y. Environmental Health Risk Detection with Geog-Detector [J]. Environmental Modelling & Software, 2012, 33: 114 –115.

[261] Panarchy: Understanding Transformations in Human and Natural Systems [M]. Biological Conservation, Island Press, 2002.

［262］ Klein R, Nicholls R J, Thomalla F. Resilience to Natural Hazards: How Useful is this Concept? ［J］. Global Environmental Change Part B Environmental Hazards, 2003, 5 (1 - 2): 35 - 45.

［263］ Wu J. Landscape Ecology, Cross - Disciplinarity, and Sustainability Science ［J］. Landscape Ecology, 2006, 21 (01): 1 - 4.

［264］ Jha A K, Miner T W, Stanton - Geddes Z. (Eds.). (2013). Building Urban Resilience: Principles, Tools, and Practice. World Bank Publications.

［265］ Jiao L, Wang L, Lu H, Fan Y, Zhang Y, Wu Y. An Assessment Model for Urban Resilience based on the Pressure - State - Response Framework and BP - GA Neural Network ［J］. Urban Climate, 2023, 49: 101543.

［266］ Kontokosta C E, Malik A. The Resilience to Emergencies and Disasters Index: Applying Big Data to Benchmark and Validate Neighborhood Resilience Capacity ［J］. Sustainable Cities and Society, 2018, 36: 272 - 285.

［267］ Tobler W R. A Computer Movie Simulating Urban Growth in the Detroit Region ［J］. Economic Geography, 1970, 46 (sup1): 234 - 240.

［268］ Jia R, Shao S, Yang L. High - Speed Rail and CO_2 Emissions in Urban China: A Spatial Difference - In - Differences Approach ［J］. Energy Economics, 2021, 99: 105271.

［269］ Li T, Fellini S, van Reeuwijk M. Urban Air Quality: What is the Optimal Place to Reduce Transport Emissions? ［J］. Atmospheric Environment, 2023, 292: 119432.

［270］ Anselin L, Florax R J G M. New Directions in Spatial Econometrics: Introduction ［M］. New Directions in Spatial Econometrics. Berlin, Heidelberg: Springer Berlin Heidelberg, 1995: 3 - 18.

［271］ Liu Y, Han L, Pei Z, Jiang Y. Evolution of the Coupling Coordination between the Marine Economy and Urban Resilience of Major Coastal Cities in China ［J］. Marine Policy, 2023, 148: 105456.

［272］ Lu H, Zhang C, Jiao L, Wei Y, Zhang Y. Analysis on the Spatial - Temporal Evolution of Urban Agglomeration Resilience: A Case Study in Chengdu - Chongqing Urban Agglomeration, China ［J］. International Journal of Disaster Risk Reduction, 2022, 79: 103167.

［273］ Marana P, Eden C, Eriksson H, Grimes C, Hernantes J, Howick S, Serrano N. Towards a Resilience Management Guideline—Cities as a Starting Point for Societal Resilience ［J］. Sustainable Cities and Society, 2019, 48: 101531.

［274］ C. Storti Americans At Work: A Guide to the Can - Do People, 2004.